JN102227

労働法の
基本〔第2版〕

本久洋一・小宮文人・淺野高宏 編
Motohisa Yoichi　Komiya Fumito　Asano Takahiro

法律文化社

第 2 版はしがき

　初版（2019年 4 月）より 2 年を経過した。最初の 1 年はリアル講義において、次の 1 年は、コロナ禍の最中のオンライン講義において、本書は、多角的かつ根底的な検討の機会を得た。そこで、第 2 版では、新たに編者に淺野高宏氏をお迎えして編集体制を増強するとともに、この間の労働立法および裁判例の変動を反映させるということに止まらず、細部にわたって多くの改訂を行った。コロナ禍は、本書がマルチチュードの概念によって打ち出した、労働者概念の揺らぎ、および非正規労働者、非労働者への諸困難の集中を浮き彫りにしている。この第 2 版が臨む労働社会は、さらなる激動の時期となることが予想される。本書が労働法の基本の理解を通して、次代の労働法を展望する基礎の 1 つとなることができれば幸いである。改版にあたっては、初版に引き続き、法律文化社の小西英央氏による緻密かつ配慮に溢れたご助力をいただいた。心から感謝申し上げる。

　2021年 4 月

編者を代表して　本久　洋一

はしがき

　労働法は、わが国社会において、最も身近で、切実に必要とされている法のひとつである。他面、労働法は、意外なほどその内容を知られておらず、平然と破られていることも多い。労働法ないしワークルールの教育は、道幸哲也氏（北大名誉教授）年来のご主唱の通り、この社会の持続可能性を構築するために必要不可欠な営為ということができる。

　本書は、大学あるいは各種専門学校等における労働法の講義や社会人向けのワークルール研修等の際に、受講生の手元にあって、使い勝手の良い、労働法のマニュアルを念頭に編成した。

　工夫の第1は、「囲み判例」という形で、75件ほどの重要判例を精選し、事実・判旨をきちんと記載する形で本文と一体化したことである。第2は、理想の執筆陣を集めたことである。商法、社会保障法との隣接分野については、それぞれの専門研究者に協力を仰いだ。労働時間法には、実務家に参加していただいた。労働契約法には、清新な若手を投入した。労働組合法については、学界の重鎮クラスをお招きした。第3に、働き方改革法等の最新法令、変転激しい裁判例の最新動向への完全な対応も、また本書のウリのひとつである。

　本書を貫く精神を一言でいうと、執筆勢と同じく、マルチチュードということになる。労働法の対象である労働者は、もはや階級としても国民としても一体性を持つものではない。これを多様（diversity）という観点から眺めることは抵抗がある。そんな高尚なものではないからだ。むしろ、多数ないし群（multitude）として、内部に種々の差異と格差とを抱えながらも、働いて生きている者どもという点では、同様にしか見えない人々。経済の動勢に落葉のように翻弄される、この私でもあり君でもあるが決して我々といった一体感など持ちようもない群集こそが、現在の労働者の原像に相応しい。

　なお、本書の共編者としお引き受け下さった小宮文人先生は、本年3月をもって専修大学法務研究科を退職され、本年7月には古稀を迎えられる。実は、本書の執筆者たちは、都内各所に持ち回りで会場を設営しながら、小宮先生を囲

んでの労働判例研究会において研鑽を重ねてきたものである。この研究会は、当初は小宮先生と私の２名のみであったところ、次第に参加者が増えていき、本年10月には第100回を予定するに至った。本書は、同じく法律文化社よりこの６月に公刊される小宮文人古稀記念論文集とともに、小宮先生を囲んでの研究会の成果を集約し、世に問う意味合いをも有している。

　最後になったが、法律文化社編集部の小西英央氏には、本書の作成にあたって、多大のご助力をいただいた。心から感謝申し上げたい。

　　2019年４月

　　　　　　　　　　　　　　　　編者を代表して　本久　洋一

目　　次

第Ⅰ部　労働法の基礎

第Ⅱ部　労働契約法

第**Ⅲ**部　**労働保護法**

第**Ⅳ**部　**労働組合法**

本文に出てくる囲み判例一覧

凡　例

1．法　令

　法令の表記は、以下の略語によった。また、大方の標記例に従っている。

育介………………育児休業、介護休業等育児又は家族介護を行う労働者の福祉に関する法律
一般法人……………一般社団法人及び一般財団法人に関する法律
会社………………会社法
家労………………家内労働法
刑…………………刑法
憲…………………日本国憲法
健保………………健康保険法
公益通報…………公益通報者保護法
高年………………高年齢者等の雇用の安定等に関する法律
厚年………………厚生年金保険法
公選………………公職選挙法
雇均………………雇用の分野における男女の均等な機会均等及び待遇確保等に関する法律
個人情報保護………個人情報の保護に関する法律
国公………………国家公務員法
雇保………………雇用保険法
最賃………………最低賃金法
職安………………職業安定法
職安則……………同上施行規則
女性則……………女性労働基準規則
地公………………地方公務員法
著作………………著作権法
賃確………………賃金の支払の確保等に関する法律
賃確則……………同上施行規則
通貨………………通貨の単位及び貨幣の発行等に関する法律
特許………………特許法
派遣………………労働者派遣事業の適正な運営の確保及び派遣労働者の保護等に関する法律
派遣則……………同上施行規則
パート・有期………短時間労働者及び有期雇用労働者の雇用管理の改善等に関する法律
不競………………不正競争防止法
民…………………民法
民執………………民事執行法
労安………………労働安全衛生法
労安則……………同上施行規則
労基………………労働基準法
労基則……………同上施行規則
労組………………労働組合法
労契………………労働契約法
労災………………労働者災害補償保険法
労災則……………同上施行規則
労施………………労働施策の総合的な推進並びに労働者の雇用の安定及び職業生活の充実等に関する法律
労調………………労働関係調整法
労働承継…………会社分割に伴う労働契約の承継等に関する法律

厚労告……………厚生労働省告示
労告………………労働省告示

２．解釈例規

発基……労働基準局関係の次官通達
基発……労働基準局長名で発する通達
基収……労働基準局長が疑義に答えて発する通達

３．判　　例

　判例の引用は、最判昭31・11・2民集10巻11号1413頁は最高裁判所判決、最高裁判所民事判例集所
収の意味である。
　その他、「決」は決定、「大阪高判」は大阪高等裁判所判決、「京都地判」は京都地方裁判所判決。
　判例集の略記は以下のとおり。

民集………最高裁判所民事判例集
刑集………最高裁判所刑事判例集
下刑集……下級裁判所刑事裁判例集
労民集……労働関係民事判例集
労裁集……労働関係民事事件裁判集
知財集……知的財産権関係民事・行政裁判例集
判時………判例時報
判タ………判例タイムズ
労判………労働判例
労旬………労働法律旬報
労経速……労働経済判例速報
中労時……中央労働時報
賃社………賃金と社会保障
LEX/DB ‥TKC ローライブラリー

第 **I** 部

労働法の基礎

第1章　労働法とは何か

1　労働法の基本構造

わが国労働法は、次の図のような形で、労働者の保護を図る一群の規範（国際条約、法律、命令、判例等）の総称である。

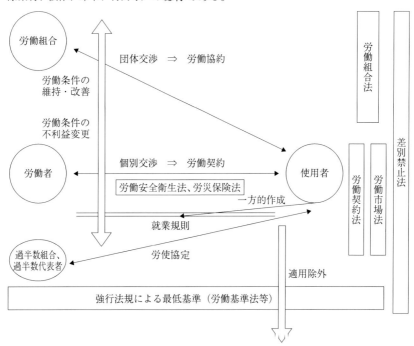

この図において、円形は法主体を、四角形は法律、命令、判例等の規範を、細い矢印は当事者規範の形成を、太い矢印は、労働条件の引上げ・引下げを示す。

2　労働者の経済的地位と労働法

経済的従属性　労働者身分を獲得する代表的な契約類型が労働契約である。ここで身分とは契約上の地位のことをいう。労働者というと、やや古くさく感じられるかもしれない。しかし、わが国就業者の9割超が労働者であるのであって、労働者身分はわが国で最も一般的な生活の手段である。就業者層においては、労働者身分の獲得・維持・継続と自己の生存とが直結する関係にあることが一般的であるということである。

　図の中央は、労働者と使用者の身分が個別交渉に基づく労働契約によって設定されることを示している。労働者は必ず自然人である。使用者は個人事業主であることもあるが、株式会社等の法人であることが大多数である（労働者・使用者の概念については、第2章）。この図は、労働者・労働契約・使用者を種々の法主体なり諸規範が取り囲んでいるように見えないだろうか。

　個別交渉に基づく労働契約については、就活をイメージすると分かりやすい。就活は、その時々の労働市場の情勢によって、売り手市場であったり、買い手市場であったりする。しかし、いくら売り手市場であるといっても、就職活動において、賃金額等の労働条件の交渉が行われることは稀である。労働条件は買い手の言い値であることは、いわば前提になっている。就職活動の果てに、結局どこにも決まらないことだって少なくない。売り手市場とはあくまでも相対的な概念であり、求人者たる企業側と求職者たる就活生との間には、圧倒的な経済的力の差がある。就職後は、就職先企業からの賃金が労働者の主要な生活の資となるわけで、労働者と使用者との経済的力の差は歴然である。

　以上の求職者・求人者間および労働者・使用者間の経済的力の差を「経済的従属性」という。一般的にいって、求職者・労働者は、所有する資産の関係で、他人の事業の下で、当該他人に使用されて働くことを生活の手段とするほかない経済的地位にある一方で、求人者・使用者は、複数の従業員を継続的に雇用し、事業を展開できるだけの資本を所有しているということである。

労働市場法による雇用の促進　労働法は、社会保障法と並んで、生存権（憲25条1項）の実現を担う法体系の一環である。大多数の就業者に

3

とって労働者身分の獲得・維持・継続と自己の生存とが直結しているのが実情である以上、求職活動の支援、継続的職業教育等による求職者の雇用可能性の育成および原職の維持等によって、労働者身分の獲得・維持・継続を容易化することは、労働法的生存権保障の第一義的課題ということができる。憲法27条1項の労働権はまさに、この国家的課題の憲法的表現であって、労働市場法と呼ばれる一群の規範の土台をなしている。

労施法を基本法として、職安法によるハローワーク事業（国家による無償の職業紹介）、雇保法による失業給付、職業能力開発促進法による職業訓練等が、労働市場法の代表的制度である。

以上の基本的枠組みは、職業安定組織の構成に関する第88号条約、雇用政策に関する第122号条約、民間職業仲介事業所に関する第181号条約等のわが国が批准している ILO 条約に定めるところでもある。第181号条約の批准に表れているように、わが国労働法は、雇用促進のために、一定の制限のもとに、労働者派遣事業等を法的に許容するに至っている（第3章7）。

また、労契法16条の解雇規制、同19条の有期契約の雇止め規制、同18条の通算契約期間による有期労働者の無期転換権の定めは、いずれも原職の維持という意味での労働権保障を担う重要な制度ということができる。労働契約の終了規制は、労働市場法としての側面を持つということである。

**労基法等による
セーフティネット**　いくら売り手市場であっても、前述のとおり、求職者は求人者の言い値で契約せざるをえないのが実情である。労働市場の情勢次第によっては、とても生活が維持できないような低い賃金額、あるいは心身に故障を来すような長い労働時間を定める労働契約が頻出する事態も考えられる。さらに、劣悪な職場環境のもとでの作業、危険な業務への従事に際しては、労働災害の防止および補償の両面の制度的保障がなくては、生活のための労働によって却って労働者の生存が脅かされることにもなりかねない。憲法27条2項が労働条件の最低基準の法定を定めているのは、セーフティネットを国が設けることにより以上のリスクを軽減することを宣明するものにはかならない。憲法27条2項を土台として形成された法律には、次のようなものがある。

最賃法に従って決定された最低賃金、労基法の定める労働時間の上限につい

ては、たとえ労働者の同意があっても、これを下回ることはできない。すなわち、最低賃金額および労働時間の上限は、強行法規である（第10章4、第11章1）。求職者・労働者は求人者・使用者の言い値で契約を締結せざるをえない実情には変化はないものの、その言い値には、国家によって最低ラインが定められているということである。

作業環境の基準を詳細に定める法律として、労安法および関連諸法規がある。労働災害の補償については、労基法が使用者の補償義務を定めているが、実務上は、労災保険法の定める保険によってカバーされている（労災保険については、第13章2）。

以上の法律群は、労働条件および作業環境につき最低ラインを設定するとともに、労災保険によって、労災事故等に際しても生活保障を行うという意味で、労働者の労働生活につき、セーフティネットを提供するものということができる。最賃法、労基法、労安法および労災保険法の専門実施機関としては、労働基準監督署が各都道府県労働局のもとに設置されており、特別に実効性の確保が図られている。

わが国は、最低賃金および労災補償・労働安全についてはILO条約を批准しているものの（最低賃金決定に関する第26号条約・第131号条約、業務災害の場合における給付に関する第121号条約、職業上の安全に関する第187号条約）、労働時間に関するILO条約（1日8時間・週48時間制を定める第1号条約、週40時間制を定める第47号条約、最低2週間以上の連続した年次有給休暇を定める第132号条約、有給教育休暇に関する第140号条約）は1つも批准できていない。

実は、わが国のセーフティネットには、労使協定による適用除外の制度により、特に労働時間規制について、大きな穴を開けることが可能になっている。労働時間関係のILO条約を批准できない背景には、わが国の労働時間規制がセーフティネットの体をなしていないことがある（第11章、第12章）。

団体交渉・労働協約による底上げ　憲法28条は、勤労者（労働者と同義）の団結権、団体交渉権、争議権を保障している。これは、個別交渉における求職者・労働者と求人者・使用者との交渉力の差異を、労働者側が労働組合という団結体に集合することにより、団体交渉という形で、集団の力により乗り越えようとするものである。

　憲法28条における（狭義の）団結権とは、労働組合を結成する権利、労働組合に加入する権利および労働組合活動を行う権利をいう。団体交渉権とは、労働組合が使用者との団体交渉を実現する権利、争議権とは、労働組合がストライキやデモを中心として集団行動を行う権利のことである。以上をまとめて広義の団結権という。広義の団結権は、憲法28条においては、勤労者（労働者）個人の権利と定められているが、集団的に行使することが予定されている権利ということができる。

　問題は、現実社会においては、労働組合の諸行動は、使用者側の熾烈な抵抗にあうことが多いということである。この点は、マーロン・ブランドの『波止場』（1954年）の時代と現在とで基本的にはあまり変化はない。

　そこで、憲法28条を土台として、労働組合法により、団結権については、以下のような手厚い保護が設けられている。

　労働組合の結成、労働組合への加入および労働組合活動を理由とする不利益取扱い、団体交渉の拒否ないし不誠実交渉、労働組合への支配介入等は、不当労働行為として禁止されている。不当労働行為については、専門の紛争処理機関として労働委員会（各都道府県労働委員会と中央労働委員会）が設けられており、特別に実効性の確保が図られている（第14章8）。

　正当な争議権行使については、労働組合および争議参加者は、損害賠償責任および刑事責任を免れる（それぞれ民事免責、刑事免責という）。団体交渉・争議の結果、妥結された労働協約については、労働契約の内容を直接的に規律する効力が付与されている（第15章）。以上の諸制度は、争議権、労働協約を絵に描いた餅にしないことを目的とするものである。

　わが国は、団結権に関するILO条約については、結社の自由および団結権の保護に関する第87号条約および団結権および団体交渉権についての原則の適用に関する第98号条約を批准している（ILO闘争については、第14章2）。

労働法の基本構造　以上のように、わが国労働法の基本構造は、極めて簡単である。①労働者身分の獲得・維持・継続を保障する。②労働条件・就業条件につき、セーフティネットを張る。③労働組合活動を特別に保護することによって労使による自主的な労働条件・就業条件の維持・改善を支援する。このトリアーデ（3つの組）は、労働者一般の経済的従属性

という、いわばマクロの視点に立って、労働者の経済的地位の維持・向上を図るものということができる。

3　労働者の法的地位と労働法

法 的 従 属 性　労働契約において、類型的に使用者には、指揮命令権と解雇権とが付与される。さらに就業規則等による特約によって、使用者には、配転命令権、時間外労働命令権、懲戒権等の諸権限が設定されることが通常である（第5章1）。

　解雇権と指揮命令権その他の諸権限とを併せ持つ使用者が、労働契約の範囲内においても、あるいは諸権限の正当な行使の枠内であっても、労働者に対して強大な権力を持つことは、多言を要しない。使用者は、労働者の職業生活に対して、生殺与奪の権限を持つといっても言い過ぎにはならないだろう。この使用者に対する労働者の法的地位は、特に指揮命令権との関係での狭義では「使用従属性」、より広義では「法的従属性」という。法的従属性とは、労働者が使用者の諸権限に従うことが義務付けられている法的地位にあるということである。

判例法理としての
労 契 法　わが国労働法は、濫用禁止ないし信義則といった一般条項を援用して使用者権限の行使を規制することにより労働者の法的従属性の緩和を図る、膨大な判例法理の体系を有している。そのごく一部は、労契法として制定法化されている。

　解雇権に関しては、客観的合理的理由および社会的相当性の2要件を満たさなければ当該解雇を濫用無効とする法理が判例上形成され、労契法に取り入れられた。整理解雇の4要件ないし4要素と呼ばれる整理解雇規制は、欧州諸国における経済的解雇法制に比肩しうる法制度を判例によって構築した、わが国労働法における記念碑的法理ということができる（第9章1）。配転命令権、懲戒権の濫用規制については、それぞれ第6章2、第5章7を参照されたい。

　使用者権限の濫用は、時に労働者に対するハラスメントないし暴力にすら及ぶことがある。また、労働法規の遵守や安全配慮義務等の使用者の基本的義務の懈怠は、時に労働者を死に至らしめることがある。これらの事象に対するわ

が国の労働法的対応の特徴は、損害賠償法理の発達である（第5章6、第13章5）。

　権利濫用、信義則違反、不法行為といった一般条項を駆使して、使用者権限の濫用なり逸脱を規制する手法は、立法の遅れを司法が取り戻している観があるとともに、当該職場社会の特殊事情を結果に反映させやすいという意味で、私法的構成の独壇場という側面を持つ。他面、わが国における「現行法令において、『セクハラ罪』という罪は存在しない」との答弁書の閣議決定（2018年5月18日）に逆に表れているように、現在では、刑事罰をもって規制すべきレベルにある使用者権限の逸脱ないし義務の懈怠（ハラスメント、労災事故、差別的言動等）は数多い。また、配転法理や整理解雇法理のように、確立した判例については、労働契約法において法制化すべきである。

　判例法理を含む労働契約法は、いわばミクロの視点に立つものということができるだろう。戦後労働法とは、労働法がマクロにおいて機能不全を来すようになり、ミクロの労働法の負担が過大となっていく過程ということもできる。

　労働契約に関する紛争の増加を受けて、労働審判法の制定により、ついにわが国においても、裁判所内の専門の紛争処理制度として、裁判官および労使の労働審判員が事件を審理し、調停の成立による解決の見込みがある場合にはこれを試み、その解決に至らない場合には審判を行う「労働審判手続」が創設されるに至っている。

4　わが国労働法の直面する諸問題

　以上のように、わが国労働法は、労働者の経済的従属性および法的従属性について、その緩和を体系的に図るものである。また、労働市場についてはハローワーク、労働条件・就業条件のセーフティネットについては労働基準監督署、労働争議の調整・不当労働行為については労働委員会、労働契約紛争については労働審判手続と、実効性確保制度においても整備が図られている。しかし、いかに壮麗なシステムであっても、労働者の健康で文化的な生活の保障という人本の法的価値の実現に問題があるときには、その見直しを検討すべきである。

非正規雇用の増加　わが国労働法が直面する問題とは、1990年代以降に顕著となった、労働者層全体の経済的地位の低下、特に

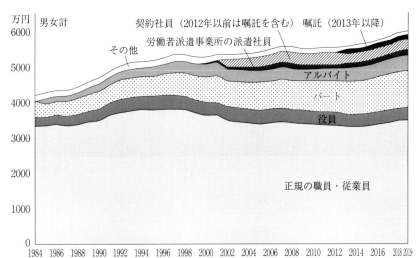

雇用形態別雇用者数（JILPT「ホーム＞統計情報」より）

非正規労働者・個人請負就業者層における貧困の問題である。これは、かつて盛んに論じられた労働の衰退（The Degradation of Labor）とは異なる。労働の衰退とは、工場労働に代表される典型的な従属労働が衰退して、労働がより自律的、創発的かつ多能的になって、ついには機械が伝統的労働を代替するようになり、知力のみを資本とする起業家が簇出するようになるという、薔薇色のお話である。1990年代以降のわが国社会で現実に生じているのは、労働者が増加する一方で、労働者層の所得は、長期にわたって伸び悩んでいる（あるいは低下傾向にある）というものである。

　このグラフをみて、多くの読者は、人口が減少しているのになぜ、労働者が増えているかと疑問を抱かれるのではないか。これは、女性、高年者の労働参加率が上昇すると同時に、外国人労働者の数が急増していることが大きい。問題は、女性、高年者および外国人の大多数が、非正規雇用において労働に従事していることである。2019年の数値をみると、もはや労働者の38.3％（「労働力調査」より）は非正規雇用によっていることが分かる。非正規雇用は、貧困、格差、差別といった全体社会レベルの諸問題が集中する、現在のわが国労働問題の一大焦点である。立法府も、非正規雇用による労働者の雇用条件・労働条件の改善に向けて、ようやく動きはじめている。この問題については、第 3 章

が扱う。

リストラの持続

非正規雇用による労働者の増加とは対照的に、正規雇用による労働者の数は伸び悩んでいる。実は、1990年代以降、正規従業員層は、以下の3つのリストラの波に苦しめられてきた。

第1のリストラの波は、各企業における年功カーブの修正である。一言でいうと、中高年層の賃金の大幅引下げの事案が続出した。リストラのツールとして各企業において大々的に活用されたのが就業規則および労働協約であった。就業規則でなぜ労働条件を引き下げることができるのか、労働組合が労働協約によってリストラに合意するとはどういうことか、しっかりと学んでほしい。この問題については、第7章が担当している。

第2のリストラの波は、企業組織再編として表れた。1990年代からの大不況に直面して、各企業は、「選択と集中」の名のもとに、事業の廃止や譲渡、さらには企業そのものの清算や売却を厭わないようになった。ところが、労働法は、今のところ、使用者そのものが変動するという事態にうまく適応できていない。この問題を専門的に扱うのが第8章である。

第3のリストラの波は、労働者身分そのものを直撃するという形によって行われた。種々の業種について、従前は雇用を当てていた仕事について、個人請負化が進められたのである。これを「非労働者化」という。個人請負化が顕著な業種としては、ドライバー、プログラマー、営業職等がある。例えば、あるトラック運転手が直用から請負制になったとしても、当該運転手の就業環境が変化するわけではない。ところが、当該運転手は、労働者身分であれば享受することのできた労働法および社会保障法上の諸保障のほとんどを失うことになる。この問題は、次の第2章1で扱われる。

労働法の未来

以上のようにして、現在の労働法は課題山積の状態にある。労働者は誰か、使用者は誰か（第2章）といった基礎的な事項ですら、常に流動性が認められるのが労働法の特徴である。

労働問題の構造変化に苦しんでいるのはわが国ばかりではない。労働法改革はグローバルな事象である。特に欧州諸国の労働法改革をみると、①労働市場法、②セーフティネット、および③団体交渉・労働協約という労働法の基本構造（トリアーデ）の各要素を極端まで推し進める傾向が看取される。

　①失業問題に苦しむ欧州では、雇用保障政策の軸足を、厳格な解雇規制による原職の維持というところから、雇用の流動化の促進による再就職支援へと移動させている傾向がみられる（ドイツのハルツ法改革等）。労働市場の活性化によって、適正な再就職が容易になれば、確かに理論的には、解雇はそれほど怖くなくなる。この点、わが国では、新卒一括採用慣行が若年者失業問題という諸外国における中心的労働問題を一挙に解決しており、正社員層の終身雇用慣行への信頼にも根強いものがある。逆に、雇用流動化の前提条件をなす、同一労働同一賃金の徹底、労働年齢層に対する普遍的な生活保障、職業能力資格の社会化等をわが国は欠いており、わが国が新卒一括採用等の硬直的慣行を破壊して、雇用の柔軟化（Flexibility）による雇用保障（Security）への途へと本格的に踏み出すかは微妙なところである。

　②非正規雇用の増加や非労働者化の問題については、欧州では、セーフティネットの普遍化を志向する傾向がみられる（ドイツのミニジョブ制、フランスのRSA 等）。一言でいうと、従前社会保障法制から除外されていた非正規雇用・非労働者層を社会保障制度（欧州では、労働年齢層に対して、住宅手当、家族手当、継続的職業教育等が給付される）に包括して、貧困化を防止するとともに、労働市場の流動性を確保するものである。この点は、わが国として大いに学ぶべきものがあるのではないか。ただし、いくら法が非正規層を包摂しようとしても、イギリスにおけるゼロアワー労働の普及のように、使用者側の潜脱の工夫はやむことがない。就業者に対するセーフティネットの普遍化は、ベーシックインカムへの道筋をも含む。

　③最後に、団体交渉・労働協約法制の普遍化。はっきりとこの方向で労働法改革を打ち出しているのは、フランスである（いわゆるマクロン法）。労働法体系を、企業協定を頂点に据えて、部門協約・（公序的部分を除く）法律・行政命令に対する企業協定による適用除外を許し、企業協定によってカバーされない企業については、従前の労働法上の諸基準を保存した行政命令を適用するというものである。この労働法改革は、各企業の労使対話を促進することによる生産性の根源的上昇（真の均衡点の発見）を図るものであるが、ある意味、わが国の大企業の労使関係は、マクロンの理想に近いものがあるのかもしれない。わが国の労使協定による適用除外は、法改革を待つまでもなく融通無碍であるか

らである。ただし、最近の残業限度時間の法定のように、この点は、わが国では見直しの方向にある（第11章５）。

より深く学ぶための道案内

　労働法の基本構造については、西谷敏『労働法の基礎構造』（法律文化社、2016年）。労働市場法については、萬井隆令『労働者派遣法論』（旬報社、2017年）、鎌田耕一『概説 労働市場法』（三省堂、2017年）。ハルツ法改革については、名古道功『ドイツ労働法の変容』（日本評論社、2018年）。労働法の未来については、本久洋一「労働関係法から労働者法へ」西谷敏・道幸哲也編著『労働法理論の探究』（日本評論社、2020年）所収。近年の雇用社会の変貌について一筆書きで描く理論書として、リュック・ボルタンスキー／エヴ・シャペロ（三浦直希ほか訳）『資本主義の新たな精神 上・下』（ナカニシヤ出版、2013年）、小熊英二『日本社会のしくみ』（講談社、2019年）。本書の副読本として、道幸哲也『雇用社会と法』（放送大学教育振興会、2017年）、道幸哲也・小宮文人・本久洋一『判例ナビゲーション 労働法』（日本評論社、2014年）。労働法の体系書としては、西谷敏『労働法（第３版）』（日本評論社、2020年）をおすすめする。

第**2**章　労働者とは誰か、使用者とは誰か

1　労働者とは誰か

労働者の意義　労働法による保護対象または権利主体を一般的に労働者という。わが国労働法では、立法上も判例上も、各労働法規に統一的な労働者概念を立てるという行き方を採用しておらず、具体的な労働者の範囲は、各労働法規における定義規定または解釈によっている。特に労基法と労組法とでは、法律上における労働者の定義についても判例上における労働者の判断基準についても、大きな相違がある。

労働基準法・労働契約法上の労働者　労契法（平成19年法律第128号）に対して労基法（昭和22年法律第44号）がはるかに先行した立法史上の事情を反映して、わが国では、欧州におけるように労働契約の一方当事者という形で労働者の定義がなされるのではなく、労基法の保護を及ぼすべき者という観点から、個別的労働関係法上の労働者概念が形成された。

　最賃法2条1項、賃確法2条2項および労安法2条1項2号等は、明文の規定により、各法上の「労働者」の定義を労基法上の労働者と同じものとしている。また、 **判例2-1** により、労災法上の労働者もまた、労基法上の労働者と同じであることは、確立している。

> 労基法9条　この法律で「労働者」とは、職業の種類を問わず、事業又は事務所（以下「事業」という。）に使用される者で、賃金を支払われる者をいう。

　本条は、①事業に、②使用される、③賃金を支払われるの3基準により、労

働者を定義するものである。なお、「職業の種類を問わず」との文言は、戦前における職員・工員間の身分差別の廃止を明らかにする意義を持っている。

労契法上の労働者の定義（労契2条1項）は、①事業にの基準を持たないほかは、上記の定義とほぼ同じである。したがって、労基法上の労働者であれば労契法上の労働者に該当することは疑いないが、友人の引越しの手伝いを有償で行う場合のように、事業性のない雇用も考えられるので、労契法上の労働者の方が労基法上の労働者よりもやや広いということができる。

②使用されるの基準は、労働法学上伝統的に、使用従属性の基準として論じられてきた。使用従属関係とは、狭義においては、労務遂行過程における指揮監督関係のみを意味するものであって、経済的依存関係（就業者の所得の主たる源泉であること。経済的従属性といわれる）の有無は含まれない。

この基準によって排除される就業形態は、典型的な形態における請負、委任等である。例えば、畳職人に畳の張り替えを依頼する場合（請負）に、注文主は、当該職人に対して、畳の種類や張り替える部位等の指図をなすことはあっても、作業指示まで行うものではない。また、医師への治療依頼（準委任）、弁護士への訴訟代理の依頼（委任）においては、そもそも患者ないし依頼人は、治療行為や訴訟手続につき、作業指揮をなす知識技能等を持たないことが一般的である。

しかし、裁判実務上、労基法上の労働者性の判断を狭義の使用従属関係の有無のみで一刀両断的に判断された例は、あまりない。就業形態の多様化等により、狭義の使用従属関係の有無により要保護性の高い就業者が除外される弊が顕著になってきたことによる。狭義の使用従属性が、次頁で見るように、総合的判断の一要素の地位にまで格下げされていることは、現在の労基法上の労働者性判断の大きな特徴である。

③賃金を支払われるの基準は、具体的には、賃金の労働対償性（労基11条）のことである。前記畳み張り替え依頼（請負）の例では、報酬の対象は、畳み張り替えという仕事の完成にあり、作業時間等に基づく報酬ではない。なお、「対償」という文言には、労働とは苦役であるという労基法の考え方が垣間みえる（賃金の定義については第10章1）。

労基法上の労働者についての裁判例は数多いが、1985年までの分析としての

労働省「労働基準法研究会報告（労働基準法の「労働者」の判断基準について）」（1985年。以下「1985年労基研報告」）は、今なお、裁判実務上のデファクト・スタンダードの地位を占める。その内容は、次のようなものである。

　1「使用従属性」に関する判断基準：(1)「指揮監督下の労働」に関する判断基準：イ仕事の依頼、業務従事の指示等に対する諾否の自由の有無、ロ業務遂行上の指揮監督の有無、ハ拘束性の有無、ニ代替性の有無（指揮監督関係の判断を補強する要素）、(2)報酬の労務対償性に関する判断基準。2「労働者性」の判断を補強する要素：(1)事業者性の有無：イ機械、器具の負担関係、ロ報酬の額、ハその他（業務遂行上の損害に対する責任を負う、独自の商号使用が認められている等）、(2)専属性の程度、(3)その他。

　1985年労基研報告については、特に「指揮監督下の労働」を「ロ業務遂行上の指揮監督の有無」に限定することなく、イからニの複数の指標から総合的に判断する方式を採用している点が注目される。 **判例 2‐1** は、流通業界における非労働者化の動向を背景に、この基準が用いられた例である。

判例 2‐1　横浜南労基署長（旭紙業）事件〈最判平 8・11・28 労判714号14頁〉
事実　Ｘ（原告、被控訴人、上告人）は、自己の所有するトラックをＡ社の横浜工場に持ち込んで、同社の運送業務に従事していたところ、同工場内での積み込み作業中に転倒し、頸椎骨折、気胸、頭部外傷等の傷害を負った。Ｘは、右傷害につき、Ｙ（国・横浜南労基署長、被告、控訴人、被上告人）に対し、労災保険法上の療養補償給付および休業補償給付を請求。Ｙは、Ｘは労働者ではないとして、各給付につき不支給処分。Ｘより右不支給処分取消請求。1審（横浜地判平 5・6・17 労判643号71頁）請求認容、2審（東京高判平 6・11・24 労判714号16頁）請求棄却。Ｘより上告。
判旨　上告棄却「Ｘは、業務用機材であるトラックを所有し、自己の危険と計算の下に運送業務に従事していたものである上、Ａ社は、運送という業務の性質上当然に必要とされる運送物品、運送先及び納入時刻の指示をしていた以外には、Ｘの業務の遂行に関し、特段の指揮監督を行っていたとはいえず、時間的、場所的な拘束の程度も、一般の従業員と比較してはるかに緩やかであり、ＸがＡ社の指揮監督の下で労務を提供していたと評価するには足りない…。そして、報酬の支払方法、公租公課の負担等についてみても、Ｘが労働基準法上の労働者に該当すると…する事

> 情はない。…Ｘは、専属的にＡ社の製品の運送業務に携わっており、同社の運送係の指示を拒否する自由はなかったこと、毎日の始業時刻及び終業時刻は、右運送係の指示内容のいかんによって事実上決定されることになること、…運賃は、トラック協会が定める運賃表による運送料よりも一割五分低い額とされていたことなど…を考慮しても、Ｘは、労働基準法上の労働者ということはできず、労働者災害補償保険法上の労働者にも該当しない」。

　最高裁判例としては、判例 2 - 1のほかに、マンション内装工事の一部を担当していた一人親方について労基法（労災法）上の労働者性を否定した藤沢労基署長（大工負傷）事件（最判平19・6・28労判940号11頁）、および研修医の労基法（最賃法）上の労働者性を肯定した関西医科大学事件（最判平17・6・3民集59巻5号938頁）等がある。いずれの最高裁判例も、1985年労基研報告における「指揮監督下の労働」の諸基準のような広義の使用従属関係を重視した判断方法を採用している。

　指揮監督下の労働であるか否かは、就労の実態に即して客観的に判断される。したがって、法律（高年38条1項1号）および当該人材シルバーセンターの定款に「雇用によるものを除く」ことが明定されているような場合であっても、労基法（労災法）上の労働者と認められることがあるのは、当然である（労働者性の肯定例として、国・西脇労基署長（加西市シルバー人材センター）事件：神戸地判平22・9・17労判1015号34頁参照）。なお、ワーカーズ・コレクティブ轍・東村山事件（東京高判令元・6・4労判1207号38頁）は、1985年労基研報告にはない独自の基準（組合員の同質性や実質的協議を経た多数決による意思決定）により、ワーカーズ・コレクティブの組合員の労基法上の労働者性を否定するが、他事考慮であって疑問である。

労働組合法上の労働者　労組法3条の労働者の定義は、労働契約にも、労働の関係性にも拠ることなく、労働者の端的な生活形態を中心に定義している点で注目される。

> 労組法3条　この法律で「労働者」とは、職業の種類を問わず、賃金、給料その他これに準ずる収入によつて生活する者をいう。

「賃金、給料その他これに準ずる収入によつて生活する者」を給与生活者と

いう。この労働者の定義は、憲法28条の「勤労者」の概念を具体的に展開したものである。

団結権とは、まずは労働組合を結成したり、労働組合に加入したりする権利であるので、特定の企業において雇用を保持しているか否かは、団結権の主体の基準とはなりえない。給与生活者である以上、失業者もまた団結権を持つ。なお、不安定就業層の増加、およびコミュニティ・ユニオンの活動の活発化により、現在では、特定企業との紐帯をもって団結権の権原とする偏見はかなり棄れてきている。

他方、就業形態の多様化により、労働組合からの団交申入れに対して、企業の側が当該企業の労働者が加入していない旨を理由とする団交拒否事案が増加している。こうした事案の背景には、就業形態の多様化、従前は雇用によって担われていた部署ないし業務の外部請負化、さらには専門職種の生活条件の悪化がある。 判例 2 - 2 は、上記紛争の高まりを受けた 3 つの最高裁判例の 1 つであり、現在の労組法上の労働者性の判断基準の土台を形成した。

判例 2 - 2　INAX メンテナンス事件 〈最判平 23・4・12 労判1026号27頁〉

事実　X社（原告、控訴人、被上告人）と業務委託契約を結んで住宅設備機器の修理補修等の業務に従事するPらカスタマーエンジニア（以下「CE」）は、A労組に加入して、年収の最低保障等を要求事項とする団交をX社に申入れたところ、X社は、CEは労働者ではないとして、団交を拒否した。大阪府労委は団交応諾命令等を下し、中労委もこれを支持した。X社より、Y（国・中労委。被告、被控訴人、上告人）に対し、団交応諾命令等の取消請求。1審（東京地判平 21・4・22 労判982号17頁）は請求棄却、2審（東京高判平 21・9・16 労判989号12頁）は請求認容。Yより上告・上告受理申立。

判旨　上告棄却。①「CEは、X社の上記事業の遂行に不可欠な労働力として、その恒常的な確保のためにX社の組織に組み入れられていた」、②「X社がCEとの間の契約内容を一方的に決定していた」、③「CEの報酬は、…労務の提供の対価としての性質を有する」、④「CEは、基本的にX社による個別の修理補修等の依頼に応ずべき関係にあった」、⑤「CEは、X社の指定する業務遂行方法に従い、その指揮監督の下に労務の提供を行っており、かつ、その業務について場所的にも時間的にも一定の拘束を受けていた」、⑥「CEが自ら営業主体となって修理補修を行っていた例はほとんど存在していなかった」。「以上の諸事情を総合考慮すれば、CEは、X社との関係において労働組合法上の労働者に当たる」。

■判例2-2 の事例判断で用いられている諸基準を参考に、労組法上の労働者の判断枠組みについて、厚労省「労使関係法研究会報告書（労働組合法上の労働者性の判断基準について）」（2011年）は、次のような整理を提示している。

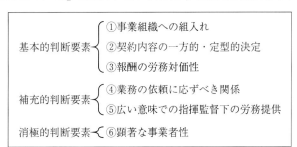

同時期の最高裁判例として、新国立劇場運営財団事件（最判平23・4・12労判1026号 6 頁）は、オペラ劇場の合唱団員について、ビクターサービスエンジニアリング事件（最判平24・2・21労判1043号 5 頁）は、音響製品等の設置・修理等を行う「個人代行店」について、上記の諸基準により、その労組法上の労働者性を肯定している。

以上のような判断方法について注目すべきは、労基法上の労働者性に関する1985年労基研報告と比較すると、狭義の使用従属性（労務遂行過程における指揮監督）の位置付けがさらに後退していることである。労組法上の労働者については、そもそも勘案すべき使用従属関係自体が「広い意味での指揮監督下の労務提供」と広義に捉えられるとともに、補充的判断要素の 1 つという地位しか与えられていない。

最判の諸基準は芸能実演家や個人請負就業者について形成されたものであるが（ソクハイ事件・東京高判平28・2・24別冊中労時1496号52頁［業務委託によるメッセンジャー、肯定]）、フランチャイジーに関する命令例は揺れている（セブン-イレブン・ジャパン事件・中労委命令平31・2・6別冊中労時1526号44頁［フランチャイズによるコンビニ店長、原命令を覆して否定]、公文教育研究会事件・都労委命令令元・5・28労旬1949号51頁［フランチャイズによる教室指導者、肯定］等）。

「中間カテゴリー」 家内労働法は、現在のところわが国唯一の、個人事業主と労働者との「中間カテゴリー」に対する労働保護立法である。

　家内労働者とは、下記の 5 基準を満たすものをいう（家労 2 条 2 項）。①製造・加工業者や販売業者または請負業者（請負的仲介人を含む）から委託を受けること、②物品の提供を受け、その物品を部品・附属品または原材料とする製造・加工等に従事すること、③製造・加工等の対象は委託業者の業務の目的物であること、④「主として労働の対償を得るために」働くものであること、⑤単独で業務に従事するか、同居の親族以外の者を使用しないことを常態とすること。

　家内労働者の中間的性格は、上記③および④の基準に表れている。家内労働者の就業は、他人の事業のための（③）、主として労働の対償を得るための（④）仕事である。家内労働者が労基法上の労働者と一般的に区別される点があるとすれば、労務遂行過程における指揮監督関係（狭義の使用従属性）の有無が中心となるが、前記のように現在では、労基法上の労働者性判断においても狭義の使用従属性の基準は相対化されている。

　家内労働者の非労働者性は、家労法 2 条 6 項が「労働者」の定義を労基法 9 条を同じものと定めているところに表れている。すなわち、「家内労働者」は、家労法により、少なくとも労基法上の労働者には当たらない。

　家労法による家内労働者の保護は、家内労働手帳による委託条件の明確化（家労 3 条）、委託者および家内労働者双方の就業時間の長時間化防止への努力義務（同 4 条）、工賃の支払方法規制（同 6 条、7 条）、最低工賃制度（同 8 条）および安全衛生措置（同 17 条）等である。

　平成 29 年度家内労働等実態調査によると、1 時間当たりの工賃額は、最頻値が 200 円から 400 円未満であり、平均は 516 円である。最低工賃は、工程単価で定められるものであるが、工賃の労働対償性は家内労働者の定義（家労 2 条 2 項）に明らかであるところ、就業条件の低劣さは覆いがたい。

　家内労働者は、労基法上の労働者に当たらないので、労災保険法の保護を受けない。特別加入制度はあるが、対象職種は極めて限定的である。

　問題の中心は、就労実態と関わりなく、家内労働者についてカテゴリカルに労基法上の労働者性が排除される傾向がみられることである。この点、京都西陣織の出機従業者について、1948 年 10 月から京都労働局が労働者と扱ってきたところ、家労法の立法後、就業実態に変化はないにもかかわらず、京都労働基準署が労災保険給付の不支給決定（1980 年 11 月 18 日）をなした経緯は有名である。

　他方、家内労働法は、労働組合法の労働者性には影響を与えない。東京ヘップサンダル工組合を労働組合と認定した1960年8月17日中労委決定（中央労働時報357号36頁）における労働者性判断は、労組法上の労働者性の独自性を打ち出した 判例2-2 のような枠組みのもとにおいてこそ正当に位置付けることができる。

　近年発達してきている在宅ワークは、情報サービス業にかかるサービス給付を中心とする点において、また物品の提供を受けない場合が多いことから、家内労働者の定義には該当しない。したがって、在宅ワークによる就業者は、一般的に、家内労働法の保護を受けない。下請法の2003年6月改正により、在宅ワークについては、下請法が適用されることになったが、労働法上は何らの特段の手当を為されていないのが現状である。

労働保険・被用者保険の被保険者としての労働者

　労災保険法と雇用保険法とをあわせて労働保険という。労災保険法上の被保険者は、労基法上の労働者性によって判断されることは前記 判例2-1 のとおりである。

　雇用保険法上の被保険者は、「適用事業に雇用される労働者」（雇保4条1項）であり、「この法律においては、労働者が雇用される事業を適用事業とする」（雇保5条1項。雇用者数による限定がない点に注意）との定めがあるところ、同法上に「労働者」の定義が見当たらない。

　雇保法上の労働者の範囲については、労基法上の労働者と同様に解する見解が多いが、批判的見解も有力である。判例2-3 は、労基法上の労働者性とは若干異なる基準を示して注目された。

判例2-3　国・大阪西公共職業安定所長事件〈福岡高判平25・2・8判時2214号111頁〉

事実　A社において「専門職スタッフ」として生命保険等の契約成立または保険金・給付金等の支払に係る確認業務に従事していたXら（原告、控訴人）は、大阪西公共職業安定所長に対して雇用保険の被保険者となったことの確認請求をしたところ、却下処分を受けたので、Y（国・大阪西公共職業安定所長。被告、被控訴人）に対して、同処分を取消請求。1審（福岡地判平24・3・28賃社1608号52頁）は請求棄却。Xらより控訴。

判旨 請求認容「雇用保険法は、事業主に対して自らの労務（労働力）を提供してその対価を得ることによって生計を維持する者が、労務提供の場、すなわち、職を失った場合を中心に、生活保護法と異なり、職を失った者の資力の多寡を問わず、新たな職に就くまでの生計の維持、新たな職に就くための支援等をする仕組みを設けているのであり、上記のような事業主に対してその支配下で労務を提供して（労務提供の従属性）、その対価を得ることによって生計を維持する者（労務対償性）が、雇用保険法にいう労働者に該当するということができる。したがって、同法における労働者というためには、事業主に対し、労務を提供し、賃金、給料、手当、賞与その他名称のいかんを問わず、その対償の支払を受ける関係があることを必要とするということができるが、そのような関係が存するというためには、事業主と労働者の間に、民法623条による雇用契約が締結されている場合にとどまらず、仕事の依頼や業務に従事すべき旨の指示等に対する諾否の自由の有無、業務遂行上の指揮命令の有無、場所的・時間的拘束性の有無、代替性の有無、報酬の性格、当該労務提供者の事業者性の有無、専属性の程度、その他の事情をも総合考慮して、上記雇用保険法の趣旨に照らして、上記の同法上の保護を与えるに相当な関係が存すれば足りる」。

　判旨の特色は、末尾の「雇用保険法の趣旨に照らして、上記の同法上の保護を与えるに相当な関係が存すれば足りる」という説示と労働者性を肯定した具体的判断部分に表れている。現在の裁判実務に照らしても本件の「専門職スタッフ」の労基法上の労働者性が肯定されるかどうかは微妙なところであり、判断基準は未熟であるが、雇用保険法上独自の労働者性を志向する **判例 2 - 3** の行き方は支持すべきと考える。

　なお、雇保法上の被保険者性については、労働者性（雇保4条1項）よりも、適用除外（雇保6条）の方が問題とされてきた。適用除外されるのは、①1週間の所定労働時間が20時間未満である者、②同一の事業主の適用事業に継続して31日以上雇用されることが見込まれない者、③季節的雇用、④昼間学生、⑤船員、⑥国、都道府県、市町村その他これらに準ずるものの事業に雇用される者のうち、離職した場合に、他の法令、条例、規則等に基づいて支給を受けるべき諸給与の内容が、求職者給付および就職促進給付の内容を超えると認められる者である。

　①ないし④は、労働保険として事務手続き上同じく扱われることの多い労災法と大きく相違する点である。特に、①および②により、不安定雇用層が、雇

保法の保護の埒外となっている点は見逃せない。

　この点は、わが国における不安定就業層の増加および就業者の高年齢化を背景に、不断に法律のキャッチアップが行われてきたところでもある。かつては65歳以上の労働者も適用除外とされた。また、①および②の基準も、次に述べる健康保険・厚生年金と比べると、雇用保険における緩和のスピードは格段に勝っている。

　健保法および厚年法は、ともに「労働者」の生活保障を法目的に掲げるが（健保1条、厚年1条）、被保険者の範囲はごく限定的であり、労働法上の労働者の相当部分が両法（以下「被用者保険」）の適用範囲外に置かれている。

　労基法上の労働者との比較を念頭に、以下、被用者保険における被保険者資格の特徴を述べる。まず第1は、下記の ▮判例2-4▮ が示す通り、「使用」概念（健保3条1項、厚年9条）が異なることである。

▮判例2-4▮　岡山パン製造事件〈広島高岡山支判昭38・9・23判時362号70頁〉

事実　A社社長であるX（原告、控訴人）についてなしたYら（岡山県知事および岡山県社会保険審査官。被告、被控訴人）による被保険者資格を取得したことを確認する旨の処分につき、Xより無効確認請求。1審（岡山地判昭37・5・23判時362号72頁）は請求棄却。Xより控訴。

判旨　請求棄却。「健康保険法、厚生年金保険法に定める保険給付はいずれも労基法、労災保険法に定める災害補償とその対象を異にし、専ら労働者及びその被扶養者または遺族の生活の安定を図り、福祉の向上に寄与することを目的としているのであつて、憲法第25条の…規定に基づき制定されたものと解すべく、健康保険法、厚生年金保険法のもとにおいては労使間の実勢上の差異を考慮すべき必要がなく、右各法で定める『事業所に使用せられる者』のなかに法人の代表者をも含め、右代表者をして労基法及び労災保険法上の『労働者』と区別することなく、ともに右各法所定の保険制度を利用させることこそ、前記憲法の条項の趣旨にかなう」。

　上記の一般的説示においては労基法上の労働者との相違は判然としないが、本判決が引用する原審は、中小企業主の生活条件や「Xは毎日A社に出勤して、会社代表者として人事の配置、任免や事業の運営等重要な事項の決定を行つており、これに対しA社から月5万円乃至7万円の報酬の支払を受けていたこと」を重視している。現在の取扱を見ると、「業務が実態において法人の経営に対する参画を内容とする経常的な労務の提供であり、かつ、その報酬が当該業

務の対価として当該法人より経常的に支払いを受けるものであるかを基準」と
している（日本年金機構「法人の代表者の被保険者資格について」[2010年3月10日]）。

　本章の問題関心との関係で、重要であるのは、第1に、以上のような被用者
保険における使用概念の独自性が、会社代表者への拡大という方向にとどまり、
個人請負就業者への適用という行き方への発展が看取できないことである。

　第2に、被用者保険では、個人事業主の事業所に使用される場合には、多く
の職種（農業、漁業、サービス業、法務、宗教）が適用除外されるほか、常時使用
する従業員が5名未満の事業所については、職種によらず適用除外となる（健
保3条3項、高年6条1項）。

　第3に、被用者保険における非正規雇用へのアプローチは、健康保険におけ
る日雇特例被保険者制度の外では、遅々として、かつ、限定的である。パート
タイマーへの被用者保険の適用が本格的に実施されたのは、2016年10月からの
ことであり、所定労働時間が週30時間以上であるか、①所定労働時間が週20時
間以上、②月額賃金8.8万円以上、③勤務期間1年以上見込み、④学生ではな
いこと、および⑤従業員規模501名以上の企業（500名以下の場合は労使合意を要
件とする）のすべての基準を満たさなけれならない（健保3条1項9号、厚年12条
1項5号）。

フリーランス　　　フリーランサーの契約形態は、実務上、業務委託とさ
　　　　　　　　　　れることが多いが、その実態は、請負、準委任、さら
には雇用まで様々である。フリーランサーの労働者性については、以上の本節
の記載の通り、各法規の枠組みから実態に即して客観的に評価されるべきもの
で、ケース・バイ・ケースというほかない。どの労働法規に照らしても労働者
性が認められない、いわば真のフリーランサーについては、下請法および独禁
法上の保護が問題となるが、この点については、さしあたり政府による指針案
「フリーランスとして安心して働ける環境を整備するためのガイドライン
（案）」（2020年12月）が参考になる。

2　使用者とは誰か

使用者の意義　労働法の規制対象または責任主体を一般的に使用者という。しかし具体的な使用者の範囲は、各労働法規の趣旨・規制方法によってかなり異なる。これは、法概念の相対性ということ以上に、当該事項について労働者を保護するためには、誰を規制することがより実効的かという目的論的配慮による。以下、労働契約法、労働基準法、および労組法の各法律における使用者について述べる。

労働契約法上の使用者　現在では、下記の原則的な労働契約上の使用者の定義に当てはまらない使用者の例が増えている。

> 労契法2条2項　この法律において「使用者」とは、その使用する労働者に対して賃金を支払う者をいう。

　企業組織のネットワーク化および社外労働者利用の発達を背景にして、当初の労働契約上の使用者（原使用者という）以外の者にも、労働契約上の責任を負わせることが増えてきていることによる。企業組織再編における使用者性の問題については、第8章が取り扱う。ここでは、社外労働者利用の問題を取り上げる。なお、単純な二者関係における労働契約上の使用者性については、労働者性の問題に帰着する。

社外労働者利用における労働契約上の使用者　社外労働者利用については、出向、労働者派遣、請負の3類型がある。出向については、出向命令権の濫用性の基準に関する定め（労契14条）はあるが、定義規定は存在しない（第6章2）。労働者派遣については、労働者派遣法2条1項1号に定義がある（第3章7）。請負については、通達の基準（労働者派遣事業と請負により行われる事業との区分に関する基準［昭和61年労働省告示第37号］）が参考にされることが多い。

　各法規および通説に従って、出向、労働者派遣、請負における労働契約関係を示すと、こうである。

　出向とは、出向元（原使用者）が、労働者の承諾（民625条1項）を得て、出向

先との出向協定に従って、出向元におけ
る労働契約を維持しつつ、比較的に長期
にわたり、出向先が当該労働者を使用す
ることを許す制度である。出向の大きな
特徴は、出向先と労働者との間に、出向
元（原使用者）における労働契約を基本
とする支分的ないし部分的な労働契約関
係が成立するものと解されていることで
ある（二重の労働契約説）。したがって、
出向における労働契約上の使用者は、出
向元と出向先との2者である。

　労働者派遣とは、「自己の雇用する労
働者を、当該雇用関係の下に、かつ、他
人の指揮命令を受けて、当該他人のため
に労働に従事させることをいい、当該他
人に対し当該労働者を当該他人に雇用さ
せることを約してするものを含まないも
のとする」（派遣2条1項1号）。つまり、
派遣元（原使用者）と労働者との間には、
労働契約が存在するが、派遣先との間に
は、定義上（派遣2条2項1号後段参照）、
労働契約関係は成立しない。しかし、派
遣先は、労働者に対して指揮命令権を持
つという意味で、労働契約上の使用者で
はないが、労働法の対象たる使用者であ
る。

　請負とは、請負人が労働者を雇用し、
指揮命令して、注文主の構内で労働させ
る形態である。労動法学ないし経営労務
上の用語であって、典型契約としての請

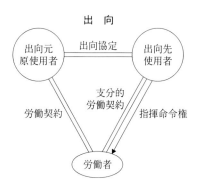

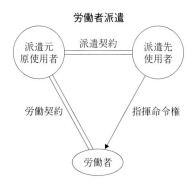

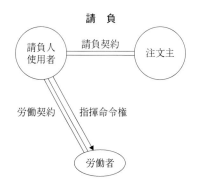

負一般を指すものではない。注文主が自己の営業用建物の構内清掃を請負人に
依頼する場合、請負人の労働者が指揮命令を受けるのは、あくまでも請負人か
らであって、たとえ仕事は注文主の構内であっても、その清掃は注文通りで
あって、注文主の指揮命令によるものではない。つまり、請負において労働契
約上の使用者は請負人のみである。

　実際には、偽装出向、違法派遣、偽装請負等の違法な形態の利用が後を断た
ず、名義と実態との乖離がみられる場合が少なくない。こうした場合に、受入
企業（出向先、派遣先、注文主等）に対して、包括的な雇用責任を追及する法理
として発達したのが、黙示的労働契約成立の法理である。

黙示的労働契約成立の法理　黙示的労働契約成立の基準については、労働契約の要
素（労契 6 条）の観点から、受入企業と労働者との間
に、使用従属関係に加えて、賃金支払関係をも要するという見解が、通説判例
である。

　判例の多くは、違法派遣（偽装請負）の事案に集中している（偽装出向におい
て出向先の雇用責任が認容された例として、ウップスほか事件：札幌地判平 22・6・3
労判1012号43頁）。 **判例 2－5** は、社会的にも労働法学的にも当時の一大争点で
あった、違法派遣（偽装請負）における黙示的労働契約成立の基準に関する最
高裁の判断として注目された。

判例 2－5　松下 PDP 事件〈最判平 21・12・18 民集63巻10号2754頁〉

事実　X（原告、控訴人、被上告人）は、A社に雇用されて、A社が業務委託契約
を締結しているY社において、PDP（プラズマディスプレイパネル）の製造工程
に従事していた。Y社は、大阪労働局の是正指導に従って、PDP 製造工程を労働
者派遣に切り替えるとともに、A社との業務委託関係を解消した。Xは、Y社にお
ける就労継続を希望し、労組との交渉を経て、Y社に有期で雇用され、期間満了に
より退職した。Xは、A社時代よりY社との間に黙示的に無期の労働契約が成立し
ていたと主張し、Y社に対し、地位確認等請求。1審（大阪地判平 19・4・26 労判
941号 5 頁）は、地位確認請求棄却。2審（大阪高判平 20・4・25 労判960号 5 頁）
は、地位確認請求認容。Y社より上告。

判旨　地位確認請求棄却　Y社はA社による人の採用に関与していたことは認められ
ないというのであり、XがA社から支給を受けていた給与等の額をY社が事実上決
定していたといえるような事情もうかがわれず、かえって、Cは、Xに本件工場の

> デバイス部門から他の部門に移るよう打診するなど、配置を含むXの具体的な就業態様を一定の限度で決定し得る地位にあったものと認められるのであって、…その他の事情を総合しても、…Y社とXとの間において雇用契約関係が黙示的に成立していたものと評価することはできない。」

　この事例判断は、現在では、派遣先における①採用への関与、②給与等の額の事実上の決定、③配置を含む具体的な就業形態を一定の限度で決定しうる地位と整理され、派遣先との黙示的労働契約成立の基準として普及している。裁判例では、これに④派遣元が名目的存在にすぎないことを加えた4要素において、総合判断されることが多い。この①から④の基準については、労働契約成立の意思推定における判断要素であると同時に、労働者派遣という法形式の客観的な当てはめという側面をも持っていることに注意が必要である。

労働基準法上の使用者　以下の法文は、労基法上の使用者には、労働契約上の使用者（「事業主」）のみならず、社長・役員（「事業の経営担当者」）、さらには管理職一般（「その他その事業の労働者に関する事項について、事業主のために行為をするすべての者」）が含まれることを示している。これは、労基法が行為者責任を原理としていることによる。

> 労基法10条　この法律で使用者とは、事業主又は事業の経営担当者その他その事業の労働者に関する事項について、事業主のために行為をするすべての者をいう。

　出向については、出向協定に定められた出向元・出向先の権限・責任の配分に応じて、労基法上の使用者責任が配分されるというのが行政解釈である。労働者派遣については、同法44条以下により、派遣元・派遣先の労基法上の責任配分が定められている。

　また、土木・建設等の請負が数次にわたり連鎖する場合の下請労働者については、元請が使用者として労基法上の災害補償責任を負う（労基87条1項）。

労働組合法上の使用者　労組法上の使用者について具体的に問題となってきたのは、主に、不当労働行為（労組7条）の主体としての使用者である。

　労組法には、使用者の定義規定はないが、労組法上の労働者性が認められる就業関係（前記2011年労使関係法研究会報告書参照）における他方当事者が使用者であることは疑いない。

　また、不当労働行為制度上、命令の名宛人は事業主と解する解釈が確立しているので、労基法上の使用者のように、職制等の不当労働行為の具体的な行為者は労組法上使用者として扱われず、事業者たる当該会社等に帰責される。

　問題は、労組法上の労働者性が認められるような関係性が複数の事業主において認められる場合である。 判例2-6 は、労働者派遣とみられる就業関係において、最高裁が使用者の複数性を認めた画期的判決である。

判例2-6 　朝日放送事件〈最判平7・2・28民集49巻2号559頁〉

事実　X社（原告、控訴人、被上告人）は、その業務につき請負契約を3社（以下「請負3社」）と結んでいた。X社において同社のテレビ番組製作業務に継続的に従事していた請負3社従業員の一部は、A労組に加入し、勤務時間の割り振り、労務提供の態様、作業環境等に関する要求事項について、X社に団交を申し入れた。X社は、これに対し、使用者ではないことを理由に団交拒否。A労組より救済申立を受けた大阪地労委は団交応諾命令を下し、Y（国・中労委。被告、被控訴人、上告人）もこれを支持した。X社より、救済命令取消請求。1審（東京地判平2・7・19労判566号17頁）は請求棄却。2審（東京高判平4・9・16労判624号64頁）は請求認容。Yより上告。

判旨　「雇用主以外の事業主であっても、雇用主から労働者の派遣を受けて自己の業務に従事させ、その労働者の基本的な労働条件等について、雇用主と部分的とはいえ同視できる程度に現実的かつ具体的に支配、決定することができる地位にある場合には、その限りにおいて、右事業主は同条の『使用者』に当たる」。「X社は、実質的にみて、請負三社から派遣される従業員の勤務時間の割り振り、労務提供の態様、作業環境等を決定していたのであり、右従業員の基本的な労働条件等について、雇用主である請負三社と部分的とはいえ同視できる程度に現実的かつ具体的に支配、決定することができる地位にあったものというべきであるから、その限りにおいて、労働組合法七条にいう『使用者』に当たる」。

　この 判例2-6 は、派遣先と労働者との間の指揮監督関係を土台として、派遣先の支配の及ぶ限りの団交事項について、派遣先の不当労働行為法上の使用者性を認めるものである。派遣先は、派遣労働者にとって報酬の源泉であって、日々の職場そのものである以上、この判例のルールは、労組法の現代的展

開として大いに首肯しうる。

　問題は、「雇用主と部分的とはいえ同視できる程度に現実的かつ具体的に支配、決定することができる地位」を持つものの範囲である。子会社解散の際には、親会社の支配権行使と子会社労働者の雇用の危殆化が直結する関係にあるので、理論的には、子会社労働者を組織する労組が組合員の雇用の帰趨等を団交事項として親会社に申し入れた場合には、親会社は使用者としてこれを受諾する義務があると考えるが、裁判例は否定例が続いている。他方、エリア担当の中間管理的職務を担う部署（代理店）の全員が業務委託契約により事業主扱いされている会社において、代理店の従業員との関係で会社の使用者性を認めたベルコ事件（北海道労委命令平31・4・26別冊中労時1538号1頁）は、使用者概念の現代的展開として注目される。

より深く学ぶための道案内

　理論状況について、日本労働法学会編『講座労働法の再生第1巻　労働法の基礎理論』（有斐閣、2017年）73頁以下「第2部　労働契約の当事者」の各論文。労働法と社会保障法とを横断する視角として、脇田滋「雇用形態の多様化と社会保障」日本社会保障法学会編『新・講座社会保障法3　ナショナルミニマムの再構築』（法律文化社、2012年）201頁。討論の素材として、2006年のILO「雇用関係に関する勧告（第198号）」（ILO駐日事務所HP＞国際労働基準＞勧告一覧）。研究書として、川口美貴『労働者概念の再構成』（関西大学出版部、2012年）、國武英生『労働契約の基礎と法構造』（日本評論社、2019年）、橋本陽子『労働者の基本概念』（弘文堂、2021年）。近年の業務委託化の動向については、本久洋一「正規従業員の業務委託化について」法律時報93巻1号41頁（2021年）。

第**3**章　労働法とマルチチュード

1　マルチチュード

　第2章1では、労働者の範囲の揺らぎを解説した。本章で提示するのは、労働者の範囲の内でも、法律上、一に括ることができない、多（Multitude）が厳として存在することである。労働法には、特別な法制が用意されているカテゴリーの労働者（女性、高年者、障害者、外国人）が多数存在する。彼らの多くは、非正規雇用で働いているが、各非正規雇用（パート・有期・労働者派遣）の存在もまた、労働者という一における多の顕現にほかならない。この問題を、各カテゴリーの平等の実現という究極目的からの把握のみならず、労働法における特別法制の多数性（Multitude）という内在的視角からも理解しようとするのが本章である。

2　女性、性差、ジェンダー

女性差別の禁止　　使用者は、労働者が女性であることを理由として、賃金について、男性と差別的取扱いをしてはならない（労基法4条）。労基法4条違反の例としては、男女で別の賃金表を適用し、男女の職務に相違がないにもかかわらず男女で異なる扱いにした例（秋田相互銀行事件：秋田地判昭50・4・10判時778号27頁）、性中立的な支給基準であっても、女性に一方的に不利になることを容認して制定されたと推認される場合（**判例3-1**）等がある。労基法4条違反は処罰の対象となり（労基119条1号）、差別的な賃金規定は無効となる。また、労基法4条違反の事実行為については、不法行為

として損害賠償請求ができる。

判例3-1　**三陽物産事件**〈東京地判平6・6・16労判651号15頁〉

事実　Y（被告）は、「非世帯主及び独身の世帯主」の労働者には所定の本人給を支給しないとの支給基準にしたがって、男性には実年齢による本人給を支給し、女性には「勤務地域限定」として26歳相当の賃金に据え置いた。女性のX（原告）らは労基法4条に違反するとして、差額賃金等の支払いを請求した。

判旨　一部認容、一部棄却、一部却下。「Yは、住民票上、女子の大多数が非世帯主又は独身の世帯主に該当するという社会的現実及びYの従業員構成を認識しながら、世帯主・非世帯主の基準の適用の結果生じる効果が女子従業員に一方的に著しい不利益となることを容認して…基準を制定したものと推認することができ、…世帯主・非世帯主の基準は、労基法4条の男女同一賃金の原則に反し、無効であるというべきである。」

女性差別から性差別へ　1985年に制定された男女雇用機会均等法は、女性差別のみを規制対象とする片面的なものであり、定年・退職・解雇についてのみ差別を禁止し、その他は差別をしない努力義務を課したにすぎなかった。女性に対する一般的保護の大部分（残業・深夜業規制等）を削除した1997年の労基法改正と並行して、1997年の雇均法改正（1999年4月1日施行）により、努力義務規定が禁止規定へと変更され、セクシュアル・ハラスメントに対する事業主の配慮義務、ポジティブ・アクションの規定などが新設された（セクシュアル・ハラスメントについては、第5章6）。2006年の法改正により、ついに雇均法は、女性ではなく性別を理由とする差別を禁止する両面的規制へと変容し、現在に至っている。

性差別の禁止　事業主は、労働者の募集および採用について、その性別にかかわりなく均等な機会を与えなければならない（雇均5条）。厚生労働省の指針は、募集および採用にあたり、女性であることを理由に募集の対象から排除すること、男女で採用条件を異なるものとすること、男女別の採用予定人員を設定することなどを禁止事項として例示する（平18・10・11厚労告614号）。

　配置・昇進、降格等について性別を理由とした差別的な取扱いは禁止される（雇均6条）。ただし、ポジティブ・アクション（後述）に当たる場合や、芸術・

芸能、防犯上の要請、業務の性質などの理由がある場合は例外となる。

性的少数者（LGBT）に対する職場での対応も課題となる。裁判例には、性同一性障害と診断され、女性として勤務する経済産業省の職員が、女性トイレの使用を制限されたことにつき、自認する性に即した生活を送る利益を制約しており違法であるとしたものもある（国・人事院（経産省職員）事件・東京地判令元・12・12労判1223号52頁）。

間接差別の禁止　間接差別とは、形式上は性中立的な基準でも、その基準が実質的に一方の性の構成員に相当程度の不利益を与えるものをいう。現在のところ、①労働者の募集・採用にあたり労働者の身長、体重、体力を要件とすること、②労働者の募集、採用、昇進、職種の変更にあたり転居を伴う転勤を要件とすること、③労働者の昇進にあたり転勤経験を要件とすることが、禁止されている（雇均7条、同施行規則2条）。ただし、業務遂行・雇用管理上特に必要であるなど合理的理由を使用者が立証できれば、本条に違反しないことになる。

**女性に対する
ポジティブ・
アクション**　ポジティブ・アクションとは、一般的に、社会的・構造的な差別によって不利益を被っている者に対して、一定の範囲で優遇措置を提供することなどにより、実質的な機会均等を実現することを目的とする措置のことである。雇均法は、事業主による任意のポジティブ・アクションを認めている（雇均8条）。ただし、例えば採用・配置・昇進等において女性を優先することが許されるのは、一定の区分・職務・役職において女性労働者が男性労働者と比較して相当程度少ない場合等（女性の割合が4割を下回る等）に限られる（前掲・厚労省指針）。

2016年4月に「女性の職業生活における活躍の推進に関する法律」（女性活躍推進法）が施行された。301人以上の事業主は、自社の女性の活躍に関する状況把握・課題分析、行動計画の策定・届出・周知・公表等が義務づけられる。300人以下の中小企業は努力義務とされる。

**女性に対する
一般的保護**　満18歳以上の女性については、坑内で行われる業務のうち人力により行われる掘削の業務その他の女性に有害な業務として厚生労働省令で定めるものが禁止される（労基64条の2第2号）。ただし、医師の業務、看護師の業務、取材の業務など、臨時の必要がある場合

に限り、坑内で労働させることができる（女性則1条1項）。現在なお女性について上記坑内労働を一律に排除すべきかについては議論がある。

女性に対する特別的保護（母性保護）

使用者は、6週間（多胎妊娠の場合にあっては、14週間）以内に出産する予定の女性が休業を請求した場合には、出産日まで休業させなければならない（労基65条1項）。このように産前休業は女性からの請求によるが、産後は、8週間のうち6週間については女性からの請求の有無にかかわらず休業させなければならない。ただし、産後6週間を経過した女性が請求した場合において、その者について医師が支障がないと認めた業務に就かせることは、差し支えない（労基65条2項）。

　妊娠中の女性については坑内業務の制限（労基64条の2第1号）がある。また、女性の申し出により、妊婦の軽易業務転換（労基65条3項）、妊産婦等の危険有害業務の就業制限（労基64条の3）等の措置が求められる。保健指導、健康診査のための時間確保（雇均12条）、通勤緩和や休憩など指導事項を守るための措置（雇均13条）等も必要である。

　使用者は妊産婦が請求した場合、時間外・休日・深夜業等をさせてはならない（労基66条）。生後満1年に達しない子どもを育てる女性は、1日少なくとも30分の育児時間を請求できる（労基67条）。なお、出産のために仕事を休み、給与の支払いが受けられなかった場合に健康保険から出産手当金、出産費用については出産育児一時金が支給される。

　使用者は、生理日の就業が著しく困難な女性が休暇を請求したときは、その者を生理日に就業させてはならない（労基68条）。

マタニティ・ハラスメント

マタニティ・ハラスメント（マタハラ）とは、一般的に、働く女性の妊娠・出産・育児等を理由として、解雇その他の不利益取扱いを受け、就業環境を害されることをいう。婚姻、妊娠、出産したことを退職理由として予定すること（雇均9条1項）、女性労働者が婚姻したことを理由として解雇すること（同2項）、妊娠、出産、産休取得等を理由とする解雇その他不利益な取扱いは許されない（同3項）。また、妊娠中・出産後1年を経過しない女性労働者に対する解雇は、事業主が妊娠・出産等の理由による解雇でないことを証明しない限り無効となる（同4項）。

　雇均法9条3項は強行法規である（ 判例3-2 ）。事業主は、妊娠、出産、産休等に関する言動により、当該女性の就業環境が乱されることがないよう必要な措置を講じなければならない（雇均11条の2第1項、マタハラに関する指針として平28・8・2厚労告312号）。裁判例には、産前産後休暇・育児休業取得後に解雇された者の解雇が無効とされたもの（シュプリンガー・ジャパン事件：東京地判平29・7・3労判1178号70頁）、育児休業取得を理由とする昇給抑制を育児介護休業法10条の不利益な取扱いに該当すると判断したもの（学校法人近畿大学（講師・昇給等）事件：大阪地判平31・4・24労判1202号39頁）がある。他方、労働者の勤務態度の問題性を重視する裁判例もみられ、妊娠通知後になされた女性労働者に対する解雇が有効と判断されたもの（ネギシ事件：東京高判平28・11・24労判1158号140頁）、育児休業取得後に有期労働契約に変更され、雇止めされたことが有効と判断されたもの（ジャパンビジネスラボ事件：東京高判令元・11・28労判1215号5頁）などもある。

判例3-2　**広島中央保健生活協同組合事件〈最判平26・10・23労判1100号5頁〉**

事実　Yが運営するA病院の理学療法士Xは、妊娠したことから申し出た軽易な業務への転換が容れられたものの管理職である副主任を免ぜられ、育児休業を終了した後にも副主任に任ぜられなかった（本件措置）。Xは、本件措置は雇均法9条3項違反に当たるとして、管理職手当、損害賠償等を求めて提訴した。原審は、本件措置は、Xの同意を得た上で、Yの人事配置上の必要性に基づいてその裁量権の範囲内で行われたとして請求棄却。

判旨　破棄差戻「雇均法9条3項の規定は、…強行規定として設けられたものと解するのが相当であり、女性労働者につき、妊娠、出産、産前休業の請求、産前産後の休業又は軽易業務への転換等を理由として解雇その他不利益な取扱いをすることは、同項に違反するものとして違法であり、無効である」。当該労働者が軽易業務への転換等により受ける有利な影響、不利な影響の内容や程度、事業主による説明の内容その他の経緯や当該労働者の意向等に照らして、「当該労働者につき自由な意思に基づいて降格を承諾したものと認めるに足りる合理的な理由が客観的に存在するとき、又は事業主において当該労働者につき…軽易業務への転換をさせることに円滑な業務運営や人員の適正配置の確保などの業務上の必要性から支障がある場合であって、…同項の趣旨及び目的に実質的に反しないものと認められる特段の事情が存在するときは、同項の禁止する取扱いに当たらないものと解するのが相当である。」

　本件の場合、自由な意思に基づいて降格を承諾したものと認めるに足りる合理的
な理由が客観的に存在しない。また、法９条３項の趣旨及び目的に実質的に反しな
いものと認められる特段の事情の存在を認めることはできない。

育児・介護休業法　労働者が仕事と育児・介護を両立できるよう、育児・
　　　　　　　　　　　　介護のために休業する権利を保障した法律が育児・介
護休業法である。男女を問わず、育児・介護休業を取得できる。育介法は、わ
が国において伝統的に、社会文化的役割区分として女性に課せられることが多
い育児・介護（ジェンダーによる役割分担の典型的事項である）を両性に解放した
歴史的意義をも有している。

　１歳未満の子を養育する労働者は、１年の育児休業を取得することができる
（育介５条１項）。有期契約労働者の場合、①当該事業主に雇用された期間が１
年以上であり、②子が１歳６ヶ月に達する日までの間に労働契約が満了し、か
つ、契約の更新がないことが明らかでない者は、育児休業の対象となる（同項
但書）。保育所への入所ができないなど特別の事情がある場合には、育児休業
期間を最長２歳まで延長することができる（育介５条３・４項）。父母ともに育児
休業を取得する場合、１歳２ヶ月までの間に１年間育児休業を取得することが
できる（育介９条の２、「パパ・ママ育休プラス」）。

　事業主は、３歳未満の子を養育する労働者に対し、申出に基づき、短時間勤
務制度、フレックスタイム制度、始業・終業時刻の繰り上げ・繰り下げ制度、
所定時間外労働の免除、託児施設等の提供等を講じることに努める必要があ
る。また、小学校就学前の子を養育する労働者が、請求したときは、時間外労
働の免除、深夜業の制限、転勤に関する配慮が求められる（育介17、19、26条）。
小学校就学前の子を養育する労働者は、年５労働日（２人以上は年10日）の看護
休暇を取得できる（育介16条の２）。

　介護休業は、負傷・疾病、心身の障害により要介護状態にある家族の介護の
ために認められる休業である。対象家族１人につき、要介護状態ごとに１回取
得することができ、通算93日まで介護休業を取得できる（育介15条）。なお、育
児・介護休業の取得者が、雇用保険の被保険者である場合には、一定の要件の
もとに、育児休業給付金（雇保61条の４）、介護休業給付金（雇保61条の６）によ

り、休業期間中の所得保障を受けることができる。

　育児・介護休業、子の看護休暇、介護休暇等については、その申出や取得等を理由とする不利益取扱いは禁止される（育介10条、16条、16条の４、16条の７等）。育児休業取得により就労状況にかかわらず昇給させない取扱いは、育介法10条の不利益取扱にあたる（**判例3-3**）。

判例3-3　医療法人稲門会（いわくら病院）事件〈大阪高判平26・7・18労判1104号71頁〉

事実　医療法人Ｙに雇用される男性Ｘは、３ヶ月の育児休業を取得したところ、就業規則の規定を根拠に定期昇給をさせず、昇格試験の受験機会を与えられなかった。Ｘは、育児・介護休業法10条で禁止される不利益取扱いに当たるとして損害賠償を請求した。原審は育児・介護休業法10条違反を否定。

判旨　原判決変更。「このような取扱いは、人事評価制度の在り方に照らしても合理性を欠くものであるし、育児休業を取得する者に無視できない経済的不利益を与えるものであって、育児休業の取得を抑制する働きをするものであるから、育児介護休業法10条に禁止する不利益取扱いに当たり、かつ、同法が労働者に保障した育児休業取得の権利を抑制し、ひいては同法が労働者に保障した趣旨を実質的に失わせるものであるといわざるを得ず、公序に反し、無効というべきである。」

3　高　年　者

**高　年　齢　者
雇用確保措置**　事業主が定年を定める場合は、その定年年齢は60歳以上としなければならない（高年８条）。定年年齢を65歳未満に定めている事業主は、定年を過ぎた60歳以上の雇用を確保するため、①定年年齢の引上げ、②継続雇用制度の導入、③定年制の廃止のいずれかの措置が必要である（高年９条）。この３つのうち、最も利用されているのが継続雇用制度である。定年を迎えた高齢者を継続雇用制度する場合、事業主は、継続雇用を希望する労働者全員を継続雇用制度の対象とすることが義務付けられる。関連会社などのグループ企業内で雇用継続も対象に含まれる（高年９条2項、同施行規則４条の３）。

　2021年４月から改正高年齢者雇用安定法が施行され、65歳までの雇用確保に

加え、70歳までの就業確保措置の実施が努力義務となる（高年10条の2）。具体的には、①70歳までの定年引き上げ、②定年廃止、③70歳までの継続雇用制度の導入、④高年齢者が希望するときは、70歳まで継続的に業務委託契約を締結する制度の導入、⑤高年齢者が希望するときは、70歳まで継続的に社会貢献事業等に従事できる制度の導入、の実施が努力義務として求められる。

　厚生労働大臣は、事業主に対して、高年齢者雇用確保措置について必要な措置および助言をすることができる（高年10条1項）。高年法の義務に違反する事業主は、厚生労働大臣の勧告に従わなかったときは、その旨を公表することができる（高年2項）。高年法9条に違反した場合、裁判例は同条に私法上の効力を認めていない（裁判例については、第9章4）。

　定年後における継続雇用制度の労働条件については、事業主に一定の裁量があるとしても、到底受け入れがたいような労働条件を提示するなど実質的に継続雇用の機会を与えたと認められない場合には高年法の趣旨に反し、違法となる（トヨタ自動車ほか事件：名古屋高判平28・9・28労判1146号22頁）。この点は、定年後継続雇用が有期雇用により行われることが多いので、有期雇用における均衡処遇の問題としても扱われる（本章6）。

再 就 職 支 援　労施法は、募集・採用段階での年齢制限を原則として禁止している（同9条、第4章1参照）。しかし、年齢が再就職を困難にしている実態があることから、厚生労働省は「年齢にかかわりない転職・再就職者の受入れ促進のための指針」（2018年3月30日）を公表し、企業に対して人物・能力本位の採用を行うことを提言している。

　事業主は、解雇等により離職が予定されている45歳以上65歳未満の従業員が希望するときは、求人の開拓など本人の再就職の援助に関し必要な措置を実施するよう努める必要がある（高年15条）。また、事業主は、解雇等により離職が予定されている45歳以上65歳未満の従業員が希望するときは、「求職活動支援書」を作成し、本人に交付する必要がある（高年17条1項）。

　65歳以降の生活については、年金によって維持されることを前提としていたが、雇用の継続を援助、促進する仕組みとして、離職して求職活動を行う場合には、その都度、高年齢求職者給付金が支給される。また、65歳までの雇用の継続を援助、促進することを目的とした給付金として、高年齢雇用継続給付が

ある。

4　障　害　者

**障害者と雇用を
めぐる問題**　身体的または精神的な機能障害が、個人の日常生活や
働く能力を制約する場合がある。機能障害は、その種
類、程度によって働く能力に与える影響は異なるが、それがあるから働けない
というわけではない。わが国では、障害者雇用のために、大きく2つの政策を
実施してきた。1つは、障害者は、働く能力を有していたとしても、雇用の機
会を得るのが困難である場合が多いことから、そのような個人に雇用の機会を
与えることを促す政策、いわゆる一般就労支援である。もう1つは、機能障害
が働く能力に大きく影響している場合に、その能力の程度に従って訓練や就労
を提供する場を設ける政策、いわゆる福祉的就労（就労系障害福祉サービス）で
ある。ここでは、一般就労支援を中心に説明する。

障害者雇用率制度　障害者は、競争を前提とする労働市場において働く能
力を十分に評価されず、雇用の機会を得ることが困難
な場合がある。そこで、障害者雇用促進法は、民間企業、国、地方公共団体な
どの事業主に対し、その常用する労働者のうち一定割合以上の数の障害者を雇
用する義務を課している。これを障害者雇用率制度という。2021年における法
定雇用率は、一般企業で2.3％、国・地方公共団体で2.6％（教育委員会は、
2.5％）となっている。つまり、43.5人以上の労働者を常用している一般企業
は1人障害者を雇用する義務を負う。この制度の対象となる障害者は、原則と
して身体障害者手帳、精神障害者保健福祉手帳、療育（愛の）手帳を保持して
いる個人である。なお、「常用」の意味は、無期だけではなく、有期の労働契
約も含まれると解されている（吹田市（臨時雇用員）事件：大阪地判平31・2・13
労判1206号28頁）。

**障害者雇用
納付金制度**　法定雇用率に基づいて雇っていなければいけない障害
者の人数を満たしていない場合、101人以上労働者を
常用する事業主は、満たしていない人数1人につき、1ヶ月当たり5万円を高
齢・障害者・求職者雇用支援機構に納付しなければならない。これを「障害者

雇用納付金」という。徴収された雇用納付金は、法定雇用率を達成している事業主に対し1ヶ月当たり2万7000円が雇用調整金（法定雇用率を達成している100名以下を常用する事業主には1ヶ月当たり2万1000円が「障害者雇用報奨金」）として支給される。これは、障害者を雇用するためには、作業施設や設備を改善するなど経済的な負担を伴い、法定雇用率を達成している事業主とそうでない事業主との間に経済的なアンバランスが生ずるため、それを調整する制度となっている。

特例子会社制度

障害者雇用率制度は1960年に施行されたが、かつて大企業が積極的に障害者の雇用に取組まなかったため、実雇用率の伸びは低調であった。そこで、大企業が障害者を雇用しやすくするために、1987年以来事業主が障害者の雇用に特別の配慮をした子会社を設立し、一定の要件を満たす場合には、特例としてその子会社に雇用されている労働者を親会社に雇用されているものとみなして、実雇用率を算定できる制度を設けた。これを特例子会社制度という。

障害者差別禁止

わが国の障害者雇用施策では障害者雇用率制度を中心として雇用を実現しようとしてきた。それに加えて、国連障害者権利条約を批准するために、障害者差別解消法を創設し、また障害者雇用促進法を改正した。その中で、障害者に対する雇用上の差別を禁止し、合理的配慮の提供を義務付けている。

　障害者雇用促進法34条は、労働者の募集・採用について、障害者に対して、障害者でない者と均等な機会を与えなければならないとしている。また、同35条は、賃金の決定、教育訓練の実施、福利厚生施設の利用その他の待遇について労働者が障害者であることを理由として、障害者でない者と不当な差別的取扱いをしてはならないとしている。これは、事業主に対し、労働者の障害を理由として不利益な取扱いをすること（直接差別）を禁止するものである。不当な差別的取扱いとは、障害者差別解消法によれば、「正当な理由」なく、障害者に対して、障害を理由として、役務の提供を拒否する又は提供にあたって場所・時間帯などを制限する、障害者でない者に対しては付さない条件を付するなどにより、障害者の権利利益を侵害すること、また障害者を、問題となる事務・事業について本質的に関係する諸事情が同じ障害者でない者より不利に扱

うことをいう。正当な理由は、個別の事案ごとに、障害者、関係事業者、第三者の権利利益（例えば、安全の確保、財産の保全、事業の目的・内容・機能の維持、損害発生の防止等）の観点から、具体的場面や状況に応じて総合的・客観的に判断して決定される。

合 理 的 配 慮　障害者雇用促進法36条の2は、事業主に対し、労働者の募集および採用について、均等な機会の確保の支障となっている事情を改善するため、障害の特性に配慮した必要な措置を講じなければならないとしている。また、同36条の3は、事業主に対し、均等な待遇の確保または障害者の能力の有効な発揮の支障となっている事情を改善するため、障害の特性に配慮した職務の円滑な遂行に必要な施設の整備、援助を行う者の配置その他の必要な措置を講じなければならないとしている。障害の特性に配慮した必要な措置を「合理的配慮」という。

　合理的配慮は、雇用上の平等の実現のために障害者に特別な措置を講ずることを事業主に義務付けるものである。これには2つの特徴がある。第1に、障害者の雇用上の平等を目的とするが、他の労働者と同じような取扱いではなく、異なった取扱いを求めるところである。例えば、視覚障害者に対して、募集内容を音声などで提供することや採用試験を点字や音声で実施することや試験時間の延長を行うこと、満員電車で通勤できない精神障害者に対し労働時間の変更を行うこと、などがそれに該当する。第2に、障害者の合理的配慮の要請について事業主が真摯に対応する手続的義務を求めるところである。

　しかし、合理的配慮が「過重の負担」となる場合には、事業主は提供義務を負わない。「過重の負担」か否かは、合理的配慮を講ずることによる、①事務または事業への影響の程度、②実現可能性の程度、③費用負担の程度を、④企業規模、⑤企業の財務状況、⑥公的支援の有無、を考慮しつつ、具体的場面や状況に応じて総合的・客観的に判断される。

判例3-4　**学校法人原田学園事件〈広島高岡山支判平30・3・29 労判1185号27頁〉**

事実　Yは、短大を設置する学校法人であり、Xは短大の専任教員として雇用されていた。Xは、遺伝性疾患である網膜色素変性症にり患し、採用後文字の判読が困難になった。Xは、視覚補助を受けながら授業を担当していたが、授業中、学生が

飲食をすることを注意できないことや授業内容に関して学生から苦情申立てがなされた。学長は、教授会などの審議を経て、Xに授業を担当させず、学科事務のみを担当させることにした。XはYに対し、授業を担当する地位にあることや研究室を使用する地位にあることを確認する訴えを提起した。

判旨　広島高裁岡山支部は、「本件職務変更命令及び本件研究室変更命令は、業務上の必要性を欠いており、かつ、労働者に対する処遇としても合理性を欠くものであって」、「権利濫用にあたりいずれも無効というべきものである」とした。本件職務変更命令の必要性を検討する中で、Xの視力のために学生が雑談、読書、睡眠、無断退出などを繰り返していたことが理由として挙げられたが、裁判所は「Xに対する視覚補助の在り方をどのように改善すれば、学生の問題行動を防止することができるかという点について正面から議論、検討された形跡が見当たらず、むしろ、望ましい視覚補助の在り方を本件学科全体で検討、模索することこそが障害者に対する合理的配慮の観点から望ましいものと解される」と判断した。

福祉的就労の多様化

従来、わが国の福祉的就労は、障害者に対する生活指導と作業指導を行う授産施設を中心としていた。2005年の障害者自立支援法（現在の障害者総合支援法）は、障害者の能力や意欲に即した就労の場や雇用の機会を整備するために、福祉的就労を、就労移行支援事業、就労継続支援事業A型・B型（以下、A型事業・B型事業）、地域活動支援センターに再構成した。A型事業は、労働（雇用）契約を締結し、就労の機会を提供する事業となっている。

障害者に対する対償と法規制

最賃法4条は、「使用者は、最低賃金の適用を受ける労働者に対し、その最低賃金額以上の賃金を支払わなければならない」としている。都道府県の最低賃金は、原則として雇用形態や呼称の如何を問わず事業場で働くすべての労働者に適用される。したがって、障害者であっても企業などで働いている場合には、最低賃金が保障される（最賃制度については10章4を参照）。それを下回る金額の労働契約は、最低賃金法の強行的・直律的効力により最低賃金の額が契約内容となる。

しかし、一般の労働者と比較して、労働能力が著しく劣る労働者に対し最低賃金を一律に適用すると、かえって雇用の機会をせばめる可能性がある。そこで、精神又は身体の障害により著しく労働能力の低い者など、労働の態様が大きく異なる場合には、使用者が都道府県労働局長の許可を受けることを条件と

して減額特例制度が適用される。具体的には、同じ事業場で同一または類似の職務に従事し、かつ最低賃金額と同程度以上の額が支払われている障害のない労働者のうち最低位の能力を有する労働者（比較対象労働者）と労働能力に制約のある障害者のそれぞれ労働能率を比較することによって、減額できる率を算出し、100からその減額率を減じた率を最低賃金に乗じた額をその個人の最低賃金とするものである（最賃7条）。

　一方、B型事業所など福祉的就労の事業所で就労している障害者には最低賃金法の適用がない。これは、厚生労働省労働基準局長による通達が、B型事業所で就労する障害者に労基法の適用がないことを規定しており、これにより、労基法だけではなく最低賃金法など個別的労働関係法が全般的に適用されないと理解されている。福祉的就労の事業所における就労の対価は、一般労働者に対する対価である賃金と区別するために、工賃と呼ばれている。

重度障害者の逸失利益　障害者が死亡した場合にその逸失利益をどのように算定するかが問題となる。重度の知的障害者の逸失利益として福祉的就労と一般就労のどちらを前提とするのかが問題となったが、東京地裁は、職業リハビリテーションを講じることによって、非障害者と同等またはそれよりも優れた稼働能力を発揮できた可能性が高いとして、一般就労を前提とする平均賃金（賃金センサス男女計、学歴計、19歳までの平均賃金）によるのが相当であると判断した（社会福祉法人藤倉学園事件：東京地判平31・3・22労判1206号15頁）。

5　外　国　人

外国人に対する労働法の適用　国内の事業において就労する外国人労働者に対しては、その在留資格の有無・種別（後述）を問わず、各労働法規が適用される（昭63・1・26基発50号等）。国籍を理由とする労働条件差別は、禁止されている（労基3条）。しかし、実際には、外国人雇用については、以下のとおり、多くの問題がある。

外国人と雇用をめぐる問題　わが国の外国人と雇用をめぐる問題点の第1は、特にいわゆる単純労働者（非熟練労働者）について、表向

きは入国・在留・就労を認めない一方で、現実には外国人技能実習制度や留学制度を通じて多数の労働者を入国させ、就労せしめていることである。労働者および使用者の双方がこのような 歪 な受け入れ形式に由来する不要なリスクやコストを負わされており、特に労働者にその多くがシワよせられている。

　問題点の第2は、特に上記の単純労働者（非熟練労働者）について、永住権が付与されないとともに家族の帯同も許されず、いわば労働力の使い捨て政策となっていることである。このことは労働者とその家族の QOL や将来設計に大きく影響するのみならず、例えば労災時の補償額について日本人労働者と異なる取扱いをすることの是非など、平等に関わる問題をも生ぜしめている。

　問題点の第3は、2018年末の入管法改正により2019年4月から新しい在留資格（「特定技能」）のもとで比較的単純な（低熟練の）労働者にも労働者としての入国・在留・就労の道が開かれたが、その基本的な制度設計が上述の2つの問題点をほぼそのまま引き継ぐ内容となっていることである。

　問題点の第4は、我が国の労働市場や産業に対する影響である。上述のように「使い捨て」られる外国人労働者が多数流入することで、日本人を含めた労働者全体の労働条件は不安定かつ低水準に抑えられ、それらの労働力への依存を深める各産業においては後継者の確保と育成が進まず、近い将来、我が国が外国人労働者から出稼ぎ先として選択されなくなった時点でそれらの産業自体が消滅する危険が指摘されている。

　問題点の第5は、いわゆる不法滞在者や不法就労者の取扱いである。外形的には通常の労働者と同様に生活・就労していても、入管法違反の不法滞在や不法就労として摘発されれば退去強制の対象となり、またそれまでの期間について入管施設に身柄を拘束される場合があるが、制度・運用実態ともに非人道的ないし人権侵害的な側面を有するとして内外から批判されている。

在留資格の内訳　　入管法は約30の在留資格を規定しているが、無期限かつ職種の制限なく就労できるのは「永住者」（および入管特例法の定める「特別永住者」）のみであり、日本人または「永住者」ないし「特別永住者」の配偶者・実子など、および「定住者」である難民などがそれぞれ認められた在留期間のもとで職種の制限なく就労を許されている他は、いずれの在留資格も在留期間と職種が制限され、またはそもそも就労が認められ

ていない。例えば、在留資格「教授」であれば大学などでの研究・研究指導・教育に5年・3年・1年または3ヶ月従事することができる。また、「技術」であれば機械工学の技術者など自然科学分野の専門家がその専門領域で同様の期間就労することができる。これらの在留資格については、転職（就労先の変更）も可能であり、扶養家族を呼び寄せる手続きも規定されている。在留資格を更新して10年以上在留するなど一定の要件を満たせば永住権を申請することもできる。

　これに対して、例えば在留資格「留学」は就労が認められていないが、「資格外活動許可」を得た者は一定の制限のもとでアルバイトに従事できる（1週間28時間以内、長期休業期間は1日8時間以内。風俗関連業種は禁止）。扶養家族を呼び寄せる手続きも規定されている。なお、卒業後5年以上の就労期間と合わせて10年以上在留するなど一定の要件を満たせば永住権を申請することができる。

外国人技能実習制度　1989年の入管法改正を受けて、翌1990年から「団体監理型」（後述）の「研修」制度がスタートした。しかし、「研修生」には労働法が適用されず、その過酷な労働実態が問題となったことから、1993年、研修後の1年を「技能実習生」として労働法の適用のもとで就労させることとなり、1997年にこの実習期間が2年に延長された後、2009年の入管法改正で来日初年から全て「技能実習生」とする「外国人技能実習制度」に一元化され、2017年の外国人技能実習法のもとで対象職種や保護制度などが拡充されて現在に至っている。

　「移民政策」および「単純労働力の受け入れ政策」を否定する政権のもとで、外国人技能実習制度は＜人材育成による技能移転を通じた開発途上国等の経済発展への貢献＞という目的を掲げて設計・運用され、対象業務はポジティブ・リスト方式で規定されている（2022年11月末日現在で86職種158作業。ただし1年以内に帰国する場合はこの限りでない）。技能実習生は特定の職種・作業の経験者であることが前提とされ（「前職要件」）、その職種・作業についてのみ実習（就労）することができる。ただし「前職要件」については、外国人技能実習法の制定に際して送り出し国にほとんど経験者がいない「介護」が対象職種に加えられたことなどから、審査基準（外国での同種業務への従事の経験や当該技能実習に従事することを必要とする特別な事情の有無）の適用が緩和されている。

　外国人技能実習制度は、わが国の企業等（「受入企業」）が現地法人などの労働者を直接受け入れる「企業単独型」と、わが国の企業等（「受入企業」）が外国の「送り出し機関」およびわが国の事業協同組合など非営利の中間団体（「監理団体」）を通じて労働者を受け入れる「団体監理型」に大別される。いずれの場合も、労働者（技能実習生）と受入企業は労働契約を締結し、労働法が適用される。それぞれの類型について、2009年の改正入管法は来日初年の「1号」、試験を経て進む2年目〜3年目の「2号」を定めていたが、外国人技能実習法において、2号終了前の試験等を経ていったん帰国後さらに2年、「優良な」監理団体・受入企業において実習（就労）を継続できる「3号」が追加された。ただし、実習期間満了後（2号・3号終了時）は＜母国への技能移転＞という制度趣旨に則って出国しなければならず、永住権申請のための在留期間要件（10年）を満たさないため、永住権は申請できない。扶養家族などの呼び寄せも認められていない。

　外国人技能実習法においては、制度の拡充とともに、制度の適正な実施や技能実習生保護の観点から以下のような制度内容が規定された。第1に、それまで届出制だった監理団体が許可制とされ、受入企業の届出と「技能実習計画」の認定も制度化された。第2に、人権侵害行為や不正行為などに対する罰則や技能実習生からの申告・相談手段などが整備された。第3に、受入企業の倒産などにおける受入企業変更の支援が規定された。第4に、以上を実現するための実施機関として、法務省・厚労省共管の認可法人「外国人技能実習機構」が新設された。また、国はあわせて各送り出し国との間で「二国間取り決め」の締結を進め、外国人技能実習制度に適合的な送り出しの実現を依頼している。

　ただし実際には、外国人技能実習制度は、制度趣旨である人材育成を通じた国際貢献の面で満足に機能していないことはもとより、ブローカーの介在や制度的な転職の困難などを背景に、外国人労働者（技能実習生）保護の観点から多くの問題を抱え、毎年数千名の「失踪者」を出しており、強制労働、人身売買などとして国内外から批判されている（米国務省「人身売買報告書」など）。

特　定　技　能　　2018年末、改正入管法案が可決・成立し、2019年4月から施行された。同法はそれまでの外国人労働者政策を大転換し、新たな在留資格「特定技能」のもとで、技能実習2号終了程度の

比較的単純な（低熟練の）外国人労働者を積極的に受け入れようとするものである。

　具体的には、通算5年間、それぞれの対象分野で原則として直接雇用（分野によって労働者派遣も可）により就労するが家族の帯同は認められない1号、および、業所管省庁が定める一定の試験などを経て1号から移行が可能な2号（2022年11月末日現在、建設業造船・舶用工業の2業種）が規定された。技能実習2号ないし3号終了者は無条件に、しかもいったん帰国することなく特定技能1号に移行できる。外国人技能実習制度における監理団体と類似の機能を持つ「登録支援機関」（ただしこれを通さない雇用も可）が規定されたが、許可制ではなく届出制とされ、営利団体も可とされた。具体的な制度内容の大半が法案成立後の省令に委ねられ、政府側が資料として提出したデータの根本的な誤りや改ざんも指摘される中で、短時間の審議でいわゆる「強行採決」により可決されたことから、わが国の民主主義の観点からも将来に禍根を残すものとなった。

6　パート・有期

パート・有期法　2018年に働き方改革関連法が立法化され、「パート・有期法」が成立した。この法改正により、短時間労働者と有期雇用労働者が共通の法律によって規定されることとなった。同法の施行は、2020年4月からである（同法施行通達として、「働き方改革を推進するための関係法律の整備に関する法律について」平30・7・6基発0706第1号）。

短時間労働者・有期雇用労働者の定義　短時間労働者（パートタイマー）とは、1週間の所定労働時間が同一の事業主に雇用される通常の労働者（いわゆるフルタイム）の1週間の所定労働時間に比べて短い労働者のことをいう（パート・有期2条1項）。上記の定義にあてはまれば、アルバイト、パートタイマーなど呼び方は違っても、短時間労働者に該当する。有期雇用労働者とは、「事業主と期間の定めのある労働契約を締結している労働者」であり（同2条2項）、「短時間・有期雇用労働者」とは、「短時間労働者及び有期雇用労働者」をいう（同2条3項）。

| 労働契約の期間の
上　限　規　制 | 労働契約の期間については、人身拘束の観点から、原則として3年を上限とする。一定の事業の完了に必要 |

な期間を定める場合や、高度の専門的知識等を有する者、満60歳以上の労働者との契約には例外として5年の上限が設定することができる（労基14条）。

　使用者は、労働契約により労働者を使用する目的に照らして、必要以上に短い期間を定めることにより、その労働契約を反復して更新することのないよう配慮しなければならない（労契17条2項）。有期労働契約の終了については、第9章2・3を参照されたい。

| 労　働　条　件　の
文書交付・説明義務 | 短時間・有期雇用労働者をめぐり、労働条件の不明確性が問題となることが多い。そこで、短時間労働者・ |

有期雇用法では、労基法15条の労働条件明示に加え、昇給、退職手当、賞与の有無および相談窓口について、雇入れ時に文書交付等により明示しなければならないと定める（パート・有期6条）。また、短時間・有期雇用労働者を雇入れる際には、講ずる雇用管理の内容を説明しなければならない（同14条1項）。短時間・有期雇用労働者から求めがあったときは、通常の労働者の間の待遇差の内容やその理由等について説明しなければならない（同条第2項）。待遇の説明を求めたことを理由とする不利益取扱いは禁止される（同条3項）。

| 均　等・均　衡　待　遇
の　　確　　保 | 雇用形態に関わらない公正な待遇の確保を目的として、短時間・有期雇用労働者についても均等・均衡待 |

遇の確保が求められる。

　「均等待遇」に係る定めは、次の通りである。雇用の全期間において、職務の内容および人材活用の仕組みや運用などが正社員と同じ短時間・有期雇用労働者については、基本給、賞与、その他の待遇のそれぞれについて、差別的取扱いをしてはならない（パート・有期9条）。同条違反に該当するか否かは、①職務内容（業務内容・責任の程度）、②雇用の全期間において職務内容・配置の変更範囲が通常の労働者と同視しうる場合をもって判断される。

　わが国の雇用慣行のもとでは、②の職務内容や配置等が正社員と短時間・有期雇用労働者で異なることが多く、本条違反とされた事案は限られているが、パート・有期9条の前身である旧パート労働法8条1項違反の例として、ニヤクコーポレーション事件（大分地判平25・12・10判時2234号119頁）がある。

　「均衡待遇」とは、比較対象となる通常の労働者と短時間・有期雇用労働者の職務内容、人材活用の仕組み等が「等しくなく」とも、個別処遇上のバランスが取れていない場合、当該処遇ごとに均衡待遇違反としてその是正を求めるものであり、「均等待遇」と比べて、その射程は広いものと解される。短時間・有期雇用労働者の待遇については、通常の労働者の待遇との間において、不合理と認められる相違を設けてはならないと規定された（パート・有期8条）。これは、旧パート法8条と旧労契法20条とを統合したものである。

　不合理な相違かどうかの判断にあたっては、①職務内容（業務内容・責任の程度）、②職務内容・配置の変更範囲、③その他の事情のうち、当該待遇の性質および当該待遇を行う目的に照らして適切と認められるものを考慮する。相違の不合理性判断にあたっては、「基本給、賞与その他の待遇のそれぞれについて」判断するものとされ、賃金の総額の比較ではなく、個々の待遇（例えば諸手当）ごとに、判断しなければならない。また、通常の労働者との比較は、旧パート法8条は事業所単位であったが、法改正後は事業主単位で比較することとなった。

　短時間・有期雇用労働者について、賃金の決定、教育訓練の実施及び福利厚生施設の利用に関し、多様な就業実態に応じて正社員と均衡のとれた待遇の確保が努力義務となる（パート・有期10条〜12条）。

　旧労契法20条に関する最高裁判決としては、**判例3−5** および長澤運輸事件（最判平30・6・1労判1179号34頁）がある。長澤運輸事件では、定年後も同じ運転業務に従事する者の正社員との労働条件の相違が旧労契法20条に違反するかどうかが争われ、有期契約労働者が定年退職後に再雇用された者であることは「その他の事情」として考慮されることを明らかにしたうえで、賃金引下げを不合理ではないとした高裁判決を支持し、精勤手当の不支給については不合理であると判断している。

　また、最高裁は、非正規労働者に賞与や退職金が支払われなかった事案において、不支給は不合理とまではいえないとして、割合的に請求を一部認容した原審の判断を破棄した（学校法人大阪医科薬科大学（旧大阪医科大学）事件・最判令2・10・13労判1229号77頁、メトロコマース事件：最判令2・10・13労判1229号90頁）。他方、契約社員の扶養手当や夏期冬期休暇の不支給が争われた事案では、手当

の不支給は不合理な格差にあたると判断している（日本郵便（時給制契約社員ら）
事件：最判令 2・10・15 労判1229号58頁、日本郵便（非正規格差）事件：最判令 2・
10・15 労判1229号67頁、日本郵便（佐賀中央郵便局）事件：最判令 2・10・15 労判1229
号 5 頁）。

判例 3 - 5　ハマキョウレックス事件〈最判平 30・6・1 民集72巻 2 号88頁〉

事実　一般貨物自動車運送事業等を営むＹと有期労働契約を締結して勤務するＸ
は、正社員と契約社員との間で、無事故手当、作業手当、給食手当、住宅手当、皆
勤手当、通勤手当、家族手当、賞与、定期昇給及び退職金に相違があることは労契
法20条に違反していると主張し、Ｙに対し、正社員の就業規則等が適用される労働
契約上の地位確認、正社員の賃金との差額の支払いを求め、予備的に損害賠償を請
求した。

判旨　一部棄却、一部破棄差戻。労契法20条は、「有期契約労働者と無期契約労働
者との間で労働条件に相違があり得ることを前提に、職務の内容、当該職務の内容
及び配置の変更の範囲その他の事情…を考慮して、その相違が不合理と認められる
ものであってはならないとするものであり、職務の内容等の違いに応じた均衡のと
れた処遇を求める規定であると解される。」
　住宅手当の支給の相違は不合理と評価できないが、皆勤手当、無事故手当、作業
手当、給食手当、通勤手当の労働条件の相違は、労契法20条にいう不合理と認めら
れるものに当たる。

通常の労働者への転換の推進　事業主は、正社員への転換を推進するため、短時間・
有期雇用労働者について、①通常の労働者を募集する
場合に募集事項を周知すること、②通常の労働者の新たな配置する場合に配置
の希望を申し出る機会を与えること、③通常の労働者への転換のための試験制
度など転換推進措置を講じることのいずれかを講じなければならない（パー
ト・有期13条）。

無期労働契約への転換　同一の使用者との間で締結し、その反復更新により通
算 5 年を超えて継続雇用されている労働者が、使用者
に対して、現在締結している有期労働契約の契約期間が満了するまでの間に、
この満了日の翌日から労務が提供される期間の定めのない労働契約の締結の申
込みをしたときは、使用者は当該申込みを承諾したものとみなされる（労契18
条 1 項）。例えば、1 年契約の場合は 5 回更新され 6 回目以降の契約に至って

いる場合、その6回目の契約の期間中に、労働者が無期労働契約への転換を使
用者に申し込めば、使用者はそれを承諾したものとみなされ、その契約の満了
の翌日を就労の始期とする無期労働契約が申込みの時点で成立する。ただし、
契約の間に6ヶ月以上の期間があるときは、以前の有期労働契約の契約期間は
通算契約期間に算入されない（同条2項）。空白期間前の通算契約期間が1年未
満の場合、クーリング期間はその期間の2分の1の期間を基礎として省令で定
める期間となる（同項）。労働者の転換申込権を予め放棄させることは、同条
の趣旨を没却するものであるため、無効となる。

　無期に転換した場合の労働条件の内容については、「別段の定め」がない限
りは、契約期間を除き従前と同一となる（同条1項）。もっとも、短時間労働
者、有期契約労働者等について均等・均衡待遇が規定されたことに鑑みると、
無期に転換した場合の労働条件は、正社員との実態にあわせた処遇にすること
が要請されよう。

7　労働者派遣

労 働 者 派 遣　労働者派遣とは、「自己の雇用する労働者を、当該雇
用関係の下に、かつ、他人の指揮命令を受けて、当該
他人のために労働に従事させる」ことをいう（派遣2条1項）。労働者派遣の特
徴は、①派遣労働者と派遣元との間に労働契約関係があること、②派遣労働者
と派遣先との間には指揮命令関係だけがあるところにある。

　強制労働や中間搾取の問題が生じるため、労働者派遣も長らく禁止されてい
たが（職安44条参照）、市場のニーズに応える形で1985年に労働者派遣法が制定
され、一定の専門的業務に限定して派遣を解禁された。1999年の改正では、特
定の業務を除き原則自由（ネガティブリスト方式）となり、2003年には、製造業
への派遣が認められ、大幅に自由化されている。

労 働 者 派 遣 の
対 象 業 務 と
派 遣 期 間　2015年改正により、特定労働者派遣事業と一般労働者
派遣事業の区別が廃止され、すべての労働者派遣事業
は許可制に統一された（派遣5条1項）。労働者派遣が
禁止されている業務は法令に列挙された業務（港湾運送、建設、警備、医療業務）

である。それ以外の業務は派遣を行うことが可能である（同 4 条 1 項）。

　2015年改正により、いわゆる「専門26業務」という区分は廃止され、派遣可能業務については、すべて事業所単位・個人単位の派遣可能期間制度のもとに置かれることになった。事業所単位の派遣可能期間は 3 年が限度であるが、派遣先の過半数労働組合等から意見聴取した場合、3 年を限度として延長することができる（事業所単位の派遣可能期間。派遣40条の 2 ）。派遣労働者個人単位の場合、同一の派遣労働者を派遣先の事業所における同一の組織単位で派遣できる期間は、原則として 3 年が限度である（個人単位の派遣可能期間。同35条の 3 、40条の 3 ）。いずれの単位の場合も、再延長が許されている。派遣元に期間の定めのない労働契約で雇用されている派遣労働者、60歳以上の者等については期間制限の規制が適用されない（同40条の 2 第 1 項 1 号、2 号）。

労働者派遣の雇用安定措置　派遣元に雇用安定措置の実施が義務付けられる。派遣期間により措置の内容は異なるが、例えば、同一の組織単位に継続して 3 年間派遣される見込みがある場合には、派遣先への直接雇用の依頼、新たな派遣先の提供、派遣元事業主による無期雇用、その他雇用の安定を図るために必要な措置のいずれかの措置を講じなければならない（派遣30条 1 項、2 項）。また、派遣元は、雇用している派遣労働者のキャリアアップを図るための措置を講じなければならない（同30条の 2 ）。

労働契約の申込みみなし制度　①派遣禁止業務に従事させた場合、②無許可の事業主から労働者派遣を受け入れた場合、③派遣可能期間を超過した場合、④いわゆる偽装請負の場合、その時点で、派遣先が当該派遣労働者に対して、派遣元と同一の労働条件を内容とする労働契約の申込みをしたものとみなされる（派遣40条の 6 ）。ただし①から④の違法派遣につき、派遣先の不知に過失がなかったときは、この限りではない（同但書）。裁判例には、実態が偽装請負であるとして、派遣法40条 6 に基づく労働契約申込みみなし制度の適用が争われたものがあるが、いずれも否定されている（東リ事件：神戸地判令 2 ・ 3 ・13労判1223号27頁、日本貨物検数協会（日興サービス）事件：名古屋地判令 2 ・ 7 ・20労判1228号33頁）。

待遇に関する情報提供・説明義務　労働者派遣契約に定められるべき事項については、法令上、厳格に規制されている（派遣26条 1 項）。派遣元

は、派遣労働者に就業条件等を明示しなければならない（同34条）。

　また、派遣先は、新たに労働者派遣契約を締結するにあたって、予め派遣元に対し、比較対象労働者の賃金その他の待遇に関する情報その他の厚生労働省令で定める情報を提供しなければならない（派遣26条7項）。派遣先がこの情報提供を行わない場合には、派遣元は労働者派遣契約を当該企業と締結してはならない（同条9項）。

　派遣元は、派遣労働者として雇い入れ時に、当該労働者に対し、文書の交付等により特定事項（昇給・賞与・退職手当の有無）を明示する義務（派遣31条の2第2項1号）、職務内容等を勘案した賃金決定（同30条の5）に関して講ずることとされている措置の内容を説明する義務（同31条の2第2項2号）を負う。派遣元は、派遣労働者から求めがあったときは、待遇決定にあたって考慮した事項を説明しなければならない（同31条の2第4項）。説明を求めたことを理由とする不利益取扱いは許されない（同条5項）。

派遣労働者に対する均等・均衡待遇

派遣労働者に対しては、派遣先企業で働く者との均等・均衡待遇の確保が求められる。

　均等・均衡待遇の方式を採用する場合、「均等待遇」の確保として、「職務の内容が派遣先に雇用される通常の労働者と同一の派遣労働者であって、当該労働者派遣契約及び当該派遣先における慣行その他の事情からみて、当該派遣先における派遣就業が終了する全期間において、その職務の内容および配置が当該派遣先との雇用関係が終了するまでの全期間における当該通常の労働者の職務の内容および配置の変更の範囲と同一の範囲で変更されることが見込まれるもの」については、派遣元事業主は、正当な理由がなく、基本給、賞与その他の待遇のそれぞれについて、当該待遇に対応する当該通常の労働者の待遇に比して不利なものとしてはならない（派遣30条の3第2項）。

　「均衡待遇」の確保として、派遣元はその雇用する派遣労働者の基本給、賞与、その他の待遇のそれぞれについて、当該待遇に対応する派遣先に雇用される通常の労働者の待遇との間において、不合理と認められる相違を設けてはならない（派遣30条の3第1項）。

　労使協定による待遇の決定方式も例外として設定されている。派遣労働者と派遣元事業者が一定の要件を満たす労使協定を締結し、それが実際に履行され

ている場合には、派遣先労働者との均等・均衡待遇の規定は適用しない（派遣
30条の４）。労使協定方式の場合、適用対象の労働者に周知や通知（派遣30条の
４第２項、同35条）、派遣元と派遣先の管理台帳に対象労働者の記載（同37条、42
条）等が求められる。

より深く学ぶための道案内

　労働者法制の多数性については、村中孝史・水島郁子・髙畠淳子・稲森公嘉編『労働
者像の多様化と労働法・社会保障法』（有斐閣、2015年）。雇用平等とワーク・ライフ・
バランスの具体的な課題については、日本労働法学会編『講座労働法の再生第４巻　人
格・平等・家族責任』（日本評論社、2017年）。障害者雇用については、永野仁美・長谷
川珠子・富永晃一編『詳説障害者雇用促進法（増補補正版）』（弘文堂、2018年）、菊池
馨実・中川純・川島聡編『障害法』（成文堂、2015年）。外国人雇用については、大久保
史郎・吉田美喜夫・樋爪誠編『人の国際移動と現代日本の法』（日本評論社、2017年）、
早川智津子『外国人労働の法政策』（信山社、2008年）、同「外国人労働をめぐる法政策
の展開と今後の課題」日本労働研究雑誌662号（2015年）63頁、斉藤善久「外国人労働
者の権利侵害とその救済の実際」季刊労働法262号（2018年）105頁。有期労働契約につ
いては、荒木尚志編『有期雇用法制ベーシックス』（有斐閣、2014年）。同一労働同一賃
金の基本的な考え方については、水町勇一郎『「同一労働同一賃金」のすべて（新版）』
（有斐閣、2019年）、北岡大介『「同一労働同一賃金」はやわかり』（日本経済新聞社、
2018年）。労働者派遣については、本久洋一「労働者派遣法の原理的考察」日本労働法
学会誌129号（2017年）145頁ほか、第１章の 道案内 に挙げた諸文献。

第 **II** 部

労働契約法

第**4**章 労働契約の成立と労働条件決定のプロセス

1 労働契約の締結

労働市場規制と締結の自由　労働契約は、「労働者が使用者に使用されて労働し、使用者がこれに対して賃金を支払うこと」を両当事者が合意することによって成立する諾成契約である（労契6条）。このため、書面作成の有無や明示黙示の如何に関係なく成立し得る。こうした労働契約の締結は、労働者が生計を維持するために必須のものであることから、労働法上、次のことが重要になる。1つは、労働契約の締結を適性かつ円滑に行うための労働市場の規制であり、もう1つは、求人者たる使用者の労働契約締結の自由（誰をどのような基準で採用するかの自由）の規制である。

締結促進と仲介規制　憲法27条1項は、国に労働者がその能力と適性を生かせる労働の機会を与えることのできる体制を整える政策上の責務を課しており、この責務に基づいて制定された職業安定法は、労働力の需要供給の適正かつ円滑な調整のための規定を定めるとともに、不当な賃金の中間搾取（労基6条）や強制労働（同5条）の悪弊を除去するため、以下のような規制を加えている。

(1)　**職業紹介**　職業紹介は、中間搾取を除去するため従来は原則として国家の独占事業として、公共職業紹介所が行っていたが、1999年の職安法改正により、それまで原則禁止とされてきた民間職業紹介所が自由化され、労働力需給調整のための重要な機関として位置付けられた。しかし、現在も有料職業紹介事業を行うには厚生労働大臣の許可制が必要とされ（職安30条1項）、有料紹介事業の紹介手数料は求職者から徴収できないことが原則とされ、求人者からの

手数料徴収にも厳格な規制が定められている（同30条の３）。なお、無料職業紹介事業も原則として許可が必要である（同33条１項。例外として、33条の２および33条の３は届出制を認める）。

(2)　**労働者募集**　「募集」とは、求人者が「自ら又は他人に委託して」、求職者に対し、「その被用者となることを勧誘する」ことである（職安４条５項）。この募集を自らまたはその「被用者」を使って行うのは直接募集、「他人に委託して」行うのは委託募集と称される。そして、求人者が報酬を与えて委託募集を行う場合にはその許可と報酬額の認可が必要となり、報酬を与えない場合も届出が必要となる（同36条）。また、募集を行う者および募集受託者は、募集に応じた労働者から報酬を得てはならないし、その募集に従事する「被用者」または募集受託者に賃金または認可された報酬以外の報酬を与えてはならない（40条）とされている。

(3)　**労働者供給事業の禁止**　「労働者供給事業」とは、「供給契約に基づいて労働者を他人の指揮命令を受けて労働に従事させること」（職安４条７項）であり、この禁止は強制労働や中間搾取を防ぐためのものである。同項は、労働者派遣法２条１号に規定する労働者派遣を含まないとして、労働者派遣事業を職安法の規制対象から外している。

| 憲法と採用の自由 |

使用者の労働契約締結（採用）の自由の規制に関しては、最高裁の次のような判決があり、この法理は、現在でも、変更されていない。

> **判例4-1**　**三菱樹脂事件**〈最大判昭48・12・12民集27巻11号1536頁〉
> **事実**　大学卒業と同時に３ヶ月の試用期間を設けて採用されたXは、Y社から右期間満了とともに本採用を拒否する旨の告知を受けた。その理由は、採用試験の際に提出を求められた身上書の虚偽記載、記載すべき事項の秘匿および面接試験における虚偽の回答であった。最高裁は、次のように判示した。
> **判旨**　「憲法は、思想、信条の自由や法の下の平等を保障すると同時に、他方、22条、29条等において、財産権の行使、営業その他広く経済活動の自由をも基本的人権として保障している。それゆえ、企業者は、かような経済活動の一環としてする契約締結の自由を有し、自己の営業のために労働者を雇傭するにあたり、いかなる者を雇い入れるか、いかなる条件でこれを雇うかについて、法律その他による特別の制限がない限り、原則として自由にこれを決定することができるのであって、企

業者が特定の思想、信条を有する者をそのゆえをもつて雇い入れることを拒んで
も、それを当然に違法とすることはできないのである。」

　要するに、最高裁は、憲法が使用者の営業活動の自由という基本的人権を保
障していることを理由として、使用者は、「法律その他による特別の制限がな
い限り」、原則として自由に採用者を決定することができ、思想・信条を理由
に採用を拒んでも、当然には違法とすることはできず、また、直ちに、民法上
の不法行為や公序良俗違反にもならないとした。加えて、労基法3条は、雇入
れ後の労働条件の差別を規制対象としているものであり、同法違反も成立しな
いとした。ただ、この判決は、思想・信条を理由とする採用拒否が公序に反し
違法となる例外的な場合を完全に否定したわけではない。

法律による規制　　**判例4-1** は、「法律その他による特別の制限」がある
　　　　　　　　　　　　場合は、違法となりうることを明らかにした。そうし
た法令が検討されなければならない。

⑴　**男女機会均等法**　男女双方に対する募集と採用の差別を禁止しているほ
か（5条）、限られた範囲ではあるが、間接的な形の募集・採用差別をも禁止
している（7条）。これに違反すると、行政上の行政指導や企業名公表のサン
クションが加えられるほか、不法行為の損害賠償が認められる。ただし、採用
強制は認められていない。

⑵　**障害者雇用促進法**　　募集・採用につき、使用者は、障害者に対し、障害
者でない者と均等な機会を与えなければならない（34条）。また、障害者の申
し出があれば、その障害の特性に配慮した必要な措置（例えば、募集内容を音声
等で提供したり、面接を筆談等で行う等）を講じる義務がある（36条の2）。これら
の違反に対しては、行政指導（36条の6）のほか、不法行為の損害賠償が認め
られるが、採用強制は認められない。同法は、これとは別に、一定規模以上の
事業主から納付金を徴収し、所定の雇用率の障害者雇用数ごとに減免される障
害者雇用納付金制度を定めている。

⑶　**労働組合法**　　労働者の組合所属、組合への加入または結成、正当な組合
活動を理由とする解雇などの不利益取扱いを禁止している（7条1号）。しか
し、最高裁は、JR北海道・日本貨物鉄道事件（最判平15・12・22民集57巻11号

2335頁）において、 判例4-1 を引用して、採用拒否は、原則として、同号の不当労働行為とはならないとした。ただし、同判決は、その雇入れ拒否が「従前の雇用関係における不利益な取扱いに他ならないとして」不当労働行為の成立を肯定できる場合に当たるなど特段の事情があることを肯定している。

(4)　その他の法律　　欧米においては年齢を理由とする採用差別を禁止する法制が確立している。わが国では、労施法9条が「厚生労働省令で定めるときは、募集・採用について……その年齢に関わりなく均等な機会を与えなければならない」とし、これを受けて同法施行規則に、年齢制限を例外列挙付きで禁止しているに過ぎない（同施行規則1の3）。この違反に対しても行政上の助言、指導、勧告等を定めているだけである（労施33条）。なお、職安法は、上記違反がある求人申込みを受理しないと定める（同5条の5）。

2　労働契約の内容決定

労働条件明示義務の役割　　労働契約は労働者と使用者の合意により締結されるものであるから（労契6条）、その内容の決定も両者の合意によらなければならないことはいうまでもない（同8条）。しかし、両当事者間には交渉力・情報の不均衡があるので、労基法は、労働条件が労使対等の立場で決定されるべきことを指導原則とし（労基2条1項）、労契法も「労働者及び使用者が対等の立場における合意に基づいて締結」するものとしている（労契3条1項）。このため、労基法等の法令が労働条件の最低基準を定め、交渉の下支えをしているのである。労使対等の原則を保障するためには、労働契約の内容に労働者の黙示的な合意を容易に認めるべきではなく、労働者がその内容を理解したうえで（同4条1項）、自由な意思に基づいて締結されたものといえなければならない。

(1)　契約締結のとき　　上記趣旨から、労基法15条1項は、罰則付きで、使用者に対し、「労働契約の締結に際し」、労働者に対する労働条件を明示する義務を課している。明示する必要のある労働条件の具体的内容は労基則5条に列挙されている。その内容は、後に述べる労基法89条の就業規則の必要的記載事項とほぼ重なるが、それ以外の事項も付加されている（下記の①～③）。それらの

労働条件のうち、労基則5条が書面交付による明示を義務付けているのは、次のものに関する事項である。①労働契約の期間、②有期労働契約更新の基準、③就業場所と従事する業務、④始業・終業時刻、所定労働時間を超える労働の有無、休憩時間・休日・休憩および就業時転換、⑤賃金（退職手当、臨時の賃金等を除く）の決定、計算、支払方法、賃金の締め切り・支払いの時期、⑥退職（解雇事由も含む）。

　また、短時間労働者および有期に関しては、上記規制に加えて、パート・有期法6条が、昇給・退職手当・賞与の有無について文書交付等で明示することを義務付けている。派遣労働者に関しては、派遣法34条および派遣則26条は、派遣元事業者は労働者を派遣する場合は予め、派遣先の一定の労働条件を書面交付等で明示することを義務付けている。

　上記の労基法15条1項に違反する場合は、刑罰が科せられうることのみならず（同120条1項）、その明示された労働条件が事実と相違する場合には、労働者は予告なく即時に労働契約を解除でき（労基15条2項）、また、労働者が就業のため住居を変更した場合は、使用者は解除から14日以内に労働者に帰郷に必要な旅費を負担しなければならない（同条3項および120条1項）。しかし、労基法15条により労働契約の締結に際して明示された労働条件は、労働契約の内容になるのであるから、労働者はその条件の確認を求める訴訟を起こすことも可能である。

⑵　**募集・求人申込みのとき**　ところで、求人者は、募集段階でも労働条件を明示し、また、公共職業安定所、職業紹介事業者などを利用する場合、それらの機関に労働条件を明示し、これらの機関自体にも求職者にそれを明示する公法上の義務が課せられている（職安5条の3）。その明示は、業務内容、契約期間、試用期間、就業場所、就業時間、休憩、休日、期間外労働、賃金、加入保険、募集者などを書面交付又は電子メールによって行わなければならない（職安則4条の2）。したがって、この求人の段階で求職者に示された「求人票」の労働条件が労働契約の内容となるかが問題となることがある。のみならず、企業が広報情報誌等に求人広告を掲載する場合にも同様の問題が起こる。一般に、「求人票」や求人広告は、法的には、労働契約の申込みの誘引と解釈される。それが当然に労働契約の内容になるものではない。とはいえ、「求人票」

や求人広告と異なる労働条件を使用者が労働契約締結時まで提示していない場合には、特段の事情のない限り、それらに示されていた労働条件が契約内容となると考えられる。

　特に「求人票」については、職安法18条は、求人者が現実の労働条件と異なる好条件を餌にして雇用契約を締結し、それを信じた労働者に予期に反する悪条件で労働を強いたりするなどの弊害をなくす趣旨もあるとする判例がある（千代田工業事件：大阪高判平2・3・8労判575号59頁）。そして、求職者は、求人票に記載の労働条件を前提に雇用契約の申し込みをするので、当事者間でこれと異なる別段の合意をする等、特段の事情のない限り、雇用契約の内容になると考えられる（デイサービスＡ社事件：京都地判平29・3・30労判1164号36頁）。具体的には、「求人票」の「常用長期」の記載から期間の定めのない契約とした例（社会福祉法人正心会事件：神戸地伊丹支判平16・2・19労判874号52頁）、「退職金あり」の記載から退職金支払い義務を肯定した例（丸一商店事件：大阪地判平10・10・30労判750号21頁）、「勤務地は神戸本社」との記載から配転義務を肯定した例（ブックローン事件：神戸地判平2・5・25労判583号40頁）等がある。求人広告に関しても、賃金額を募集広告の額と認めた例（美研事件：東京地判平20・11・11労判982号81頁）がある。求人広告の内容が曖昧でその会社の解釈が困難な場合も多い。こうした場合、求人者は応募者がその求人広告について質問したのに事実とは違うこと信じかねない説明をしたことは、労基法15条1項に違反し、信義則に反するとして、不法行為責任を認めた例がある（日新火災海上保険事件：東京高判平12・4・19労判787号35頁）。これは、前述の労働契約締結上の過失の一形態といえよう。因みに、虚偽の求人広告をなし、労働者の募集などを行い、または虚偽の条件を提示して職業安定所または職業紹介を行う者に求人の申込みを行った者は、処罰の対象となる（職安65条8号および9号）。

　労基法15条1項の「労働契約の締結に際し」の文言にかかる問題として、内定前に示された「求人票」の見込み給与額は、契約の内容として確定するか争われた判例では、「求人票」は、労働契約の申込み誘引であるから、そのまま契約条項になるわけではなく、入社時の確定額の決定は当時の特殊事情を前提になされ、内定者にその事態の説明し注意を促しているから信義則にも反しないとされた（八州測量事件：東京高判昭58・12・19労判421号33頁）。

就 業 規 則 の 役 割　労働契約の内容については、原則として、労働者と使用者の労働契約によるものであるものの、就業規則と労働協約が事実上重要な役割を果たしている。ここでは、就業規則について述べる（労働協約については、第 7 章及び15章参照）。

⑴　**就業規則作成等**　労基法は、次のような規定をおいており、これに違反する場合には罰則の適用がある（120条 1 号）。

(i)　**作成・届出義務（98条）**　常時10以上の労働者を使用する使用者は、次の事項（絶対的必要記載事項と相対的必要記載事項）について、就業規則を作成し、行政官庁（労基署）に届けること。

　絶対的必要記載事項として、①始業・終業時刻、所定労働時間を超える労働の有無、休憩時間・休日・休憩および就業時転換、②賃金（臨時の賃金を除く）の決定、計算、支払方法、賃金の締め切り・支払いの時期、昇給、③退職（解雇事由も含む）。

　相対的必要記載事項（以下の定めをする場合には記載が必要な事項）として、④退職手当の適用労働者の範囲、⑤臨時の賃金等（退職手当を除く）および最低賃金額、⑥労働者の食費、作業用品その他の負担、⑦安全および衛生、⑧職業訓練、⑨災害補償および業務外傷病扶助、⑩表彰および制裁の種類および程度、⑪その他事業場の労働者全員に適用されるもの。

　なお、使用者は、上記の事項以外の事項も任意に記載することができる（これを任意記載事項という）。

(ii)　**過半数代表の意見聴取義務（90条）**　使用者は、当該事業場の過半数組合、又はこれがない場合には労働者の過半数を代表する者の意見を聴取すること。なお、パート・有期法は、これに加えて、短時間労働者及び有期労働者のそれぞれにつき、その過半数を代表する者の意見聴取を使用者の努力義務としている（ 7 条）。

(iii)　使用者は、就業規則を常時各作業場の見やすい場所への掲示または備え付け、書面の交付、その他の省令で定める方法で労働者に周知すること（106条 1 項、労基則52条の 2 ）。

⑵　**最低基準効**

(i)　**趣　旨**　労契法12条は、就業規則に定める基準に達しない労働条件を定

める労働契約は無効となり、無効となった部分は就業規則の定める基準による
と定める。これは、就業規則に労働契約の最低基準としての強行的効力と直律
的効力を定める最低基準効を定めるものである。ある労働者が使用者と個別労
働契約で合意した労働条件が就業規則の定めた基準より低い場合、例えば、就
業規則で1時間当たりの賃金を1100円と定めているのに、個別労働契約では
1000円で合意しても、その合意は就業規則に最低基準行によって無効となり、
その契約内容は1100円となる。最低基準効であるから、就業規則の基準を上回
る合意、例えば1200円の合意を否定する効力はない。

(ii)　効力発生要件　　上記の労基法上の届出、意見聴取、周知の義務の履行
は、いずれも最低基準効の効力発生要件ではないとされている。しかし、労契
法12条は、就業規則に強行的効力を与えるものであるため、周知がなく最低基
準効を肯定することはできない。したがって、罰則によって裏打ちされた106
条の周知方法による必要はないが、実質的に周知されることが必要であると考
えられる。もっとも、使用者が周知する義務を果たしていない場合、使用者が
自己の周知義務懈怠を理由としてその効力を否定することは禁反言の原則に照
らし許されないと解される。

(3)　契約内容補充効

(i)　判例法理　　上記の最低基準効とは別に、就業規則が事実上契約内容を決
定していることをどのように捉えるべきかが長期にわたり判例・学説上争われ
てきた。契約説は、就業規則は契約締結のための一種のひな形であり、そこに
定められた労働条件は労働者と使用者の合意によって労働契約の内容になるに
過ぎないと主張した。これに対し、法規範説は、就業規則は一種の法規範であ
り、合意を媒介とせず契約内容を規制すると主張した。後者は、契約当事者の
意思によらず、使用者が一方的に作成する就業規則がどうして法規範として契
約内容を決定できるかを説明できない。他方で、個々の労働者の同意を必要と
すると企業における労働条件の統一的決定や変更が困難になりかねない。こう
した状況下で、最高裁が大法廷で下した判決が、次に掲げる秋北バス判決であ
る。

判例4-2 秋北バス事件〈最大判昭43・12・25民集22巻13号3459頁〉

事実 Y社の就業規則には、主任以上の職の従業員には適用されない50歳定年制の定めがあった。しかし、Y社が同規定を改正して、主任以上の職にある者の定年を55歳としたことから、当時既に55歳に達していた営業所次長のXが解雇された。そこで、Xが同条項の効力を争った。一審はXの雇用関係存在確認請求を認めたが、控訴審はこれを破棄して請求を棄却。最高裁はXの上告を棄却した。

判旨 「労働条件を定型的に定めた就業規則は、…それが合理的な労働条件を定めているものであるかぎり、経営主体と労働者との間の労働条件は、その就業規則によるという事実たる慣習が成立しているものとして、その法的規範性が認められるに至っている」。また、「新たな就業規則の作成又は変更によって、…労働者に不利益な労働条件を一方的に課することは、原則として、許されないと解すべきであるが、労働条件の集合的処理、特にその統一的かつ画一的な決定を建前とする就業規則の性質からいって、当該規則条項が合理的なものであるかぎり、個々の労働者において、これに同意しないことを理由として、その適用を拒否することは許されない」。

(ⅱ) **判例法理の明文化** **判例4-2** は、①労働契約締結時に存する就業規則の内容が合理的なら、労働者のその内容の具体的知不知、同意不同意に関わりなく、その条項が適用されるとし、また、②既存の労働契約の内容を変更する就業則条項が合理的なら、同様に労働者はその適用を拒否できないとするものである。この判決の後、多くの最高裁や下級審判決により、①および②、とりわけ②の規範が精緻化されていき、現在の労契法7条および10条に明文化された。しかし、就業規則の変更に関わる10条に関しては他の章で論じられることになっているから、ここでは、労契法7条に限定して論じる。

(ⅲ) **契約内容の補充効** 労契法7条は、「労働契約を締結する場合において、使用者が合理的な労働条件が定められている就業規則を労働者に周知していた場合には、その労働契約の内容は、その就業規則で定める労働条件による」とする。この「締結する場合において」とは労働契約締結時を意味すると解されるが、「労働契約の内容」は就業規則の「労働条件による」とはどういう意味であろう。**判例4-2** の上記①は就業規則の条項の「適用を受ける」としていたが、その後の2つの事件で最高裁は、就業規則の規定は「具体的労働契約の内容をなす」とした（電電公社帯広局事件：最判昭61・3・13労判470号6頁、日

立製作所武蔵工場事件・ 判例11-3 ）。したがって、労契法7条は労働条件を外部から規律するのではなく、端的に「労働契約の内容となる」と理解することもできる。

(iv)　労契法7条の「周知」　 判例4-2 は、上記①の「合理性」に加え、「周知」を要件に加えている。この「周知」の必要性は、学説・判例上、主張されていたが、最高裁が、フジ興産事件（最判平15・10・10労判861号5頁）において、当該労働者の事業場で「周知」されていなかった就業規則の懲戒解雇規定は、当該労働者を拘束しないと判示したことより、就業規則の契約内容補充効の要件として確立したものである。この「周知」は、労基法106条の「周知」とは異なる。これは、あくまでも、使用者によって一方的に作成された就業規則に労働契約の内容を規律する効力を認めるために必要とされるのである。したがって、同106条の周知方法に限定されず、実質的に労働者が知ろうとすれば知り得る状態に置くことで足りる。この実質的周知の義務は、労契法7条のみなら雇い入れ後の就業規則の不利益変更（10条）においても当てはまるが（第7章参照）、その場合は、使用者には、変更内容を労働者が認識し理解することを可能にする努力まで求められる傾向にある（中部カラー事件：東京高判平19・10・30労判964号72頁）。

(v)　周知以外の手続きの効力要件性　　労契法は、就業規則の変更について（11条）とは異なり、就業規則の作成については特別の規定を置いていない。したがって、同法7条に関しては、合理的労働条件を定めた就業規則が周知されている限り、届出・意見聴取がなされていなくてもよいと解されるが、労契法11条は確認規定に過ぎないとしてこれらも効力要件と解することも不可能ではない。

(vi)　労契法7条の「合理性」　　就業規則の合理性が裁判上争われた事案の多くが既存の労働条件を不利益に変更した場合（労契10条）に関するものであり、新たに労働契約を締結する場合にその内容となる就業規則の内容の合理性が否定された事例は少ない。例えば、職員の健康管理上の義務を定める就業規則の内容は合理的なものであるから公社と職員の労働契約の内容となっていとされ（前掲・電電公社帯広局事件）、また、36協定の範囲内で一定の業務上の事由があれば時間外労働を命じることができるとする就業規則の規定が合理的であり、

時間外労働の命令が有効とされた（ **判例11-3** ）。因みに、7条の合理性を否定した判例はあまりない（ファニメディック事件：東京地判平25・7・23労判1080号5頁は、就業規則の固定残業手当規定の合理性は疑問なしとしないとした）。

(vii)　**労契法7条但書の趣旨**　　就業規則が労契法7条の要件を満足すると、労働契約の内容は、原則として、就業規則の労働条件によることになるが、労働者と使用者が当該労働契約で、それとは異なる労働条件を合意しているならば、後者がその労働条件になるというのが同条但書の趣旨である。これは、労働契約は両当事者の合意によって成立するという合意原則（6条）からして当然である。例えば、就業規則に1時間当たりの賃金は1000円とする旨の定めがあったとしても、ある労働者を特別に採用してその賃金を1100円とする個別の合意をする場合には、当該労働者の賃金は、就業規則に定めるにかかわらず、1100円となる。しかし、7条但書は、「第12条に該当する場合を除き」としている。これは、就業規則の最低基準効を否定するものでないことを確認するものに過ぎない。

3　労働契約締結プロセス

採　用　内　定　　労働契約を締結するには、新卒定期採用の場合、次の図のようなプロセスを辿ることが多い。中途採用の場合は、内定期間や試用期間を置かない場合が多いであろう。ここでは、内定から本採用までを中心に述べるが、選考については第1節の「憲法と採用の自由」、募集・応募については、次の第3節の「労働条件明示義務の役割」を参照されたい。

　採用内定とは、一般に、企業が応募者を選考して内定通知を行うことを指

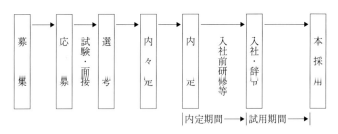

募集　→　応募　→　試験・面接　→　選考　→　内々定　→　内定　→　入社前研修等　→　入社・辞令　→　本採用

|内定期間──→|試用期間──→|

す。採用内定は、もともと新卒者の採用において、企業が卒業見込みの優秀者を早期に確保しておくことを目的として企業が行ってきたことに起源を有するが、現在では、勤務経験を有する休職者の中途採用にも用いられることが多い。この採用内定がどのような法的な効果を発するかについては、以前は、判例・学説上の対立があったが、現在は、その内定の実態に則した理論構成が必要と考えられるものの、通常の場合、次の最高裁判決の形成した法理によって処理されている。

判例4-3　**大日本印刷事件**〈最判昭54・7・20民集33巻5号582頁〉

事実　翌年卒業見込みのXは、昭和44年6月頃、Y社の求人募集に応じ、筆記試験、適性検査、面接試験、身体検査等を受け、7月中にはY社からの文書による採用内定通知が送付されてきた。Xは、同封されていた卒業後に入社する旨及び内定取消事由が記載された誓約書の用紙に所定事項を記入してY社に送った。しかし、翌年2月下旬、Y社は、理由も示さず採用内定を取り消す旨通知をした。1審・2審ともにXの従業員としての地位を認めた。最高裁は、次のように判示して、Y社の上告を棄却した。

判旨　「本件採用内定通知のほかには労働契約締結のための特段の意思表示をすることが予定されていなかったことを考慮するとき、Y社からの募集(申込みの誘引)に対し、Xが応募したのは、労働契約の申込みであり、これに対するY社からの採用内定通知は、右申込みに対する承諾であって、Xの本件誓約書の提出とあいまって、…Xの就労の始期を昭和44年大学卒業直後とし、それまでの間、本件誓約書記載の5項目の採用内定取消事由に基づく解約権を留保した労働契約が成立した」。「採用内定の取消事由は、採用内定当時知ることができず、また知ることが期待できないような事由であって、これを理由として採用内定を取り消すことが解約権留保の趣旨、目的に照らして客観的に合理的と認められ社会通念上相当として是認することができるものに限られる」。

---

(1)　**内定と労働契約の成立**　**判例4-3**　は、「ほかには労働契約締結のための特段の意思表明をすることが予定されていなかった」ことを考慮して、誓約書記載の取消事由に基づく解約権を留保した労働契約の成立を認めた。こうした見解を解約権留保付労働契約説という。同判決以前には、採用内定を単なる事実行為として、不当な取消を行っても不法行為責任しか追及できないとする見解もあったが、無名契約の成立と捉えたり、解除条件又は停止条件付きの労働

契約の成立と理論構成したりして、内定に法的拘束力を認める下級審判例が多かった。なお、判例4-3 は、採用内定通知が応募学生の「誓約書の提出とあいまって」としているため、採用内定通知は、誓約書提出を停止条件とする承諾と解することもできる。

　最高裁は、判例4-3 では、当該労働契約には就労の始期が付いていた（就労始期付）としたのに対し、電電公社近畿電通局事件（最判昭55・5・30労判342号16頁）では、効力始期付とした。就労始期付か効力始期付かの違いは、前者であれば当該労働契約成立時にその契約の効力は発生し、ただ就労義務が実際の入社日以前にはないだけであるが、後者であれば入社日までその契約の効力が発生しないことになる。したがって、後者の場合、入社日以前の研修参加や附随義務等を法的にどのように説明するのかが問題となりうる。

(2)　**留保解約権の趣旨**　　判例4-3 によれば、内定取消事由は、①「採用内定時知ることができず、また知ることが期待できないような事由」で、かつ②「解約権留保の趣旨、目的に照らして客観的に合理的と認められ社会通念上相当として是認することができるもの」でなければならない。①は、採用決定の当初に十分な調査や判定資料を収集できないという事情を反映するものである（後掲・判例4-5 参照）。②は、内定取消しの濫用性判断は、通常の解雇と同一ではなく、内定であることを考慮して行われるべきことを明らかにするものである。判例4-3 では、会社が「不適格と思いながら採用を内定し、その後右不適格性を打ち消す材料が出なかったので内定を取り消すのは」解約権の濫用であるとされた。解約権留保の趣旨が前記のとおりであることから、多くの場合、留保解約権の行使の濫用性は、その特殊性を考慮しつつ、通常の解雇権濫用の判断枠組み（労契16条）の中で行われているといってよい。

(3)　**内定期間中の信義則**　　判例は、一般に使用者は内定期間中も一定の信義則上の義務を負うとする。例えば、博士課程在籍の院生が会社の入社前研修への不参加を理由に内定を取消されたケースでは、判決は、入社前研修への参加は当該学生の同意に基づくものであるが、学業への支障という合理的な理由で参加を取りやめる旨申し出たときは、会社はこれを免除すべき信義則上の義務を負うとして、内定取消しを無効とした（宣伝会議事件：東京地判平17・1・28労判890号5頁）。また、入社前プレゼン研修でプレゼンの内容につき会社から厳

しい注意を受けた大学生が内定を辞退して会社に損害賠償を請求したケースでは、判決は、一般論として、会社は内定辞退を強要する行為に及ばないように配慮する信義則上の義務を負っているとした（アイガー事件：東京地判平24・12・28労経速2175号3頁）。

⑷　「内々定」とは何か　　上記のように採用内定があれば、解約権留保付ではあるが、労働契約は成立する。採用内定とは異なる用語として「内々定」がある。「内々定」とは、経団連の「採用選考に関する指針」との関係で企業によって用いられるようになったもので、企業が内定を出せない時点で早く優秀な学生を確保しようとして行う表示行為であるといえる。ただ、これが、「採用内定」と実際に異なるのか否かは、事実認定の問題であるといえる。すなわち、その表示行為が承諾という法律行為かそれとも事実行為なのかということが問題なのである。これが争われたのが次の事件である。

> **判例4-4**　コーセーアールイー（第二）事件〈福岡高判平23・3・10労判1020号82頁〉
>
> **事実**　Xは、5月30日にY社から内々定の通知を受けたので他社からの内々定を断り、就職活動を停止していたところ、Y社から経済情勢の悪化を理由に9月末頃に内々定の取消し通知が送られてきた。Xは、損害賠償を請求した。高裁は、まず、本件の事実関係から正式な内定までの間、「新卒者をできるだけ囲い込」ための活動であり、学生側もこれを認識していたとして、本件内々は始期付解約権留保付労働契約を構成しないとした。しかし、信義則違反の点については、次のように判旨した。
>
> **判旨**　内々定取消し以前にXの契約締結に対する期待が法的保護に値するものとなっていたことを認め、Y社の主張した経済情勢の悪化は、採用内定通知授与日の通知以前に存した事情であり、内々定取消しも検討対象に入っていたから、それ以前の「早い段階で…取り消しの可能性がある旨伝えるなどして、Xがこれによって受ける不利益を可能な限り少なくする方途を講じるべきであり、また、その余地も十分にあった」のに、突然本件内々定取消したとして、Xの損害賠償請求を認めた。

　この **判例4-4** の事実関係は、**判例4-3** のそれに近似する点も多く、当該会社が「内々定」と称していても、なお解約権留保付労働契約の成立が認められることがありうることを示唆している。

|労働契約締結上の
信　義　則|労働契約の成立前の段階でも、使用者の言動等によっ
ては、法的保護に値する労働契約成立の期待が生じる|

場合がある。その場合、その期待を払拭するための行為を行わず放置したこと
によって求職者に損害が生じたら、使用者はその損害を賠償する責任を負う。
これは、一般に、「契約締結上の過失」と呼ばれるものである。この１つの具
体例が新卒採用に関わる 判例4-4 である。他に同様に「契約締結上の過失」
に該当する事例としては、①求人者の求職者に対して行った労働契約の内容の
説明に信義に反するものがあり、求職者に不測の損害を与えた事例（前掲・日
新火災海上保険事件）、②他社の従業員に転職を勧誘しておきながら、その者が
退職した後、採用を拒否して、結果的に職を失わせた事例（わいわいランド事
件：大阪高判平13・3・16労判818号73頁）、③他社従業員を勧誘して入社させた
が、程なく契約を解消した事例（大晃産業事件・大阪地判昭60・11・26労判465号
29頁）などが挙げられる。

|試　用　期　間|契約締結時において、使用者と労働者が、入社後に会
社が労働者を実際に就労させて社員としての不適格性|

を判断する期間を設けることに合意する場合が多い。この期間は試用期間と呼
ばれる。試用期間は、職歴のある者の中途採用のみならず学卒者の定期採用に
おいてもよくみられるものである。就業規則には、新採用の従業員に対し、通
常、3ヶ月とか6ヶ月の試用期間を定め、その期間の途中または満了時に社員
として本採用しないことがある、などと定められている場合が多い。

(1)　試用期間の法的性格　　この法的性格をどのようにみるかについて、試用
契約という無名契約と本契約が併存するものと理論構成する学説もあったが、
判例の多くは、期間の定めのない労働契約に停止条件や解除条件が付与された
ものと理論構成した。しかし、最高裁が下記の 判例4-5 （前掲・ 判例4-1 と同
一の事件）において、解約留保説（期間の定めのない契約に通常の解雇よりも広い範
囲の解約権を留保する期間が付いているとする説）を採用してからは、これが一般
的なものとなって、定着するに至っている。

判例4-5　三菱樹脂事件〈最大判昭48・12・12民集27巻11号1536頁〉

事実　前掲・ 判例4-1 と同一である。最高裁は、次のように判示した。

判旨　試用期間中、Y社が「不適格と認めたときは解約できる旨の特約上の解約権が留保されているのであるが」、これは、採否決定の当初には、「必要な調査を行い、適切な判定資料を十分に蒐集することができないため、後日における調査や観察にと基づく最終的決定を留保する」ことであるから、留保解約権の行使による解雇は通常の解雇より広い範囲で解雇の自由が認められる。しかし、それは、「企業者が、採用決定後における調査の結果により、または試用期間中の勤務状態等により、当初知ることができず、また知ることが期待できないような事実を知るに至った場合に」、その者を雇用しておくのが適当でないと判断することが客観的に相当であると認められる場合にのみ許される。

(2)　**本採用の拒否**（留保解約権の行使）　　試用期間は、試用労働者の社員としての不適格性を判断するためのものであるが、本来、適格性の判断は採用までに行うべきものであるから、試用期間中の不適格性を理由とする留保解約権の行使は、同期間中の勤務状態等によって、採用時に知ることができず、または知ることが期待できない事由に限定されるはずである。したがって、学説上は、「採用決定後の調査の結果により」知るに至った事由は、内定取消しの対象とすべきものであり、本採用拒否の対象とすべきでないとする見解が強い。また、本採用拒否における解約権は通常の解雇より広い範囲で行使できるといっても、「解雇権濫用の基本的な枠組みを大きく逸脱するような解約権の行使は許されない」というべきである（ライトスタッフ事件：東京地判平24・8・23労判1061号28頁）。なお、中途採用の試用期間については、特に、特定の技能、知識、経験等の保有が試用期間の観察対象となるが、その要求される技能の具体的内容や保有の程度を労働者に知らしめていたかも留保解約権行使の有効性の争点となる（ラフマ・ミレー事件：東京地判平30・6・29 LEX/DB25561405）。

(3)　**試用期間の長さとその延長**　　試用期間は試用労働者の適格性を判断するものであるから、その期間は自ずとその目的に照らして必要かつ合理的な長さに限定されることになる。例えば、見習社員として6ヶ月〜9ヶ月、その後最長1年3ヶ月の試用期間を経て登用試験をうけて試用社員となり、さらに試用期間を経て登用試験を受けて社員となるという制度は、試用期間が合理的範囲を超え公序良俗に違反する（雅叙園観光事件：東京地判昭60・11・20労判464号17頁）。試用期間の延長は、原則として、就業規則にその規定があっても、当該規

定の延長・有効要件を満たす合理的理由がなければならないというべきである（パンドウイット・コーポレーション事件：東京地判平23・6・10 LEX/DB25471776）。しかし、そのような規定がなくとも、当初の試用期間中に適格性判断の十分な機会がなかった場合（日本新潟通運事件：大阪地決昭41・7・2別冊労旬639号21頁）や会社が試用労働者の解雇を猶予するために行う場合（太陽鉄工事件：東京地判平4・12・21労判623号29頁）に試用期間の延長が認められた例があるが、その妥当性は疑わしい。

(4)　**留保解約権と解雇告知**　　労基法21条但書は、試用期間中の者が14日を超えて引き続き試用されるに至った時は解雇予告が必要であるとしているから、14日間は解雇予告制度の保護を受けない。この14日間の日数には、休日も自宅待機期間も含まれる。

(5)　**試用期間と有期労働契約**　　労働契約締結時の契約に付した期間が雇用継続期間（すなわち有期契約の期間）なのか試用期間なのかが明らかでない場合がある。最高裁は、1年の期間を付した労働契約で雇用された常勤講師の雇用終了が争われた神戸弘陵学園事件（最判平2・6・5労判564号7頁）において、雇用契約に期間を設けた場合、その「趣旨・目的が労働者の適性を評価・判断するためのものであるときは、右期間の満了により右雇用契約が当然に終了する旨の明確な合意が当事者間に成立しているなどの特段の事情が認められる場合を除き」試用期間であると解すべきであるとした。その後、教職員の雇用に関する多くの判例において、この判決に沿って、付された期間が雇用継続期間でなく試用期間であるとされた。しかし、有期契約期間満了による雇止め対する法的規制が定められたことから（労契9条）、上記最判のような一般論は不要とする見解もある。なお、有期契約に試用期間を付けることは可能であり、付けた場合には、その留保解約事由は、労契法17条1項の「やむを得ない事由」に準じる事由が必要であるとした判例がある（リーディング証券事件：東京地判平25・1・31労経速2180号3頁）。

より深く学ぶための道案内

「採用内定」と「試用期間」に関しては、萬井隆令『労働契約締結の理論』（有斐閣、

1997年）156頁以下、毛塚勝利「採用内定・試用期間」日本労働学会編『現代労働法講座第10巻　労働契約・就業規則』（総合労働研究所、1982年）84頁以下および小宮文人『内定・試用法理の再検討：判例の動向を踏まえて」山田省三他編『労働法理論変革への模索』（信山社、2011年）89頁以下が詳しく論じている。「労働契約締結上の信義則」に関しては、小宮文人「採用過程の法規制と契約締結上の信義則」『労働法と現代法の論理・上巻』（日本評論社、2013年）299頁以下が詳しく論じている。「就業規則の役割」に関しては、本書第 7 章および荒木尚志ほか『詳説労働契約法（第 2 版)』（弘文堂、2014年）101頁以下および唐津博『労働契約と就業規則の法理』（日本評論社、2010年）275〜318頁等が詳しく論じている。なお、就業規則による労働契約内容の変更については、本書第 7 章を参照。

第5章 労働者・使用者の権利・義務

1 権利・義務の設定と限界

労働契約による類型的な設定　労働契約の締結により類型的に、労働者は労働義務を負い、使用者は賃金支払い義務を負う。労働義務とは使用者の指揮命令に従って働く義務であるので、労働者が労働義務を負うということは、使用者は労働者に対して指揮命令権をもつということでもある。指揮命令権とは使用者の賃金支払い義務に対応して、労働者は賃金請求権をもつ（第10章1）。

指揮命令権と使用者の諸権限　労働契約によって自動的に設定される指揮命令権とは職務の遂行過程への指示・命令権限であって、職務（どこの・どの職場で・何をするか、すなわち勤務地・部署・職種）の内容を一方的に変更する権限までも含むものではない。労働者の勤務地・部署・職種等の変更（「配転」という）を命令する権限（「配転命令権」という）を当該労働契約に設定するためには、判例上、就業規則上の配転命令権条項等の特段の根拠を要する（第6章2）。また、懲戒権の根拠は難問であるが、懲戒権を行使するためには、判例上、懲戒事由および懲戒処分のいずれについても就業規則上の具体的規定による根拠を要する（本章7）。

就業規則・労働協約による設定　以上のように、労働契約によって類型的に設定される権利・義務に加えて、実際上は、就業規則により人事上の諸権限、懲戒権、時間外労働命令権等といった種々の使用者権限（労働者の諸義務）が当該労働契約上に設定されることが通常である。また、賃金・労働時間といった基本的な労働条件についても、就業規則で定められることが一

般的である（第 4 章 3）。組合員については、所属する労組がベースアップや賞与の妥結内容等の労働条件条項を含む労働協約を締結しているときには、当該労働条件条項もまた当該組合員の労働契約の内容となる（第15章 2）。

信義則による設定　労働契約に権利・義務を設定する規範は、就業規則ばかりではない。信義則（民 1 条 2 項、労契 3 条 4 項）によってもまた、労働者・使用者に種々の付随義務が設定される。付随義務と呼ばれるのは、労働者の労働義務・使用者の賃金支払い義務といった主たる給付義務との関係においてである。

　一般的に、信義則上、労働者は使用者の事業上の諸権利ないし利益（信用、名誉、財産）を不当に侵害してはならない義務（誠実義務）を負い、使用者は労働者の人格権ないし人格的利益（生命、身体、自由、名誉、財産）を不当に制限ないし侵害してはならない義務（配慮義務）を負う。例えば、労働者の秘密保持義務や競業避止義務、使用者の安全配慮義務や職場環境整備義務は、代表的な付随義務である（本章 3）。

使用者権限の限界　使用者の諸権限の範囲は、その根拠規範である労働契約によってのみ制限されるものではない。労働法それ自体が使用者権限の制限の体系である（第 1 章）。本章では、主として一般的条項による使用者権限の制限を取り扱う。

労働義務の履行確保　労働義務違反については、催告・損害賠償・解約等の一般法上の権限による対応に加えて、使用者は懲戒処分を行うことができると解するのが定説・判例である。使用者の損害賠償請求権（次項）および解雇権（第 9 章 2）は大幅に制限されており、懲戒権行使に対する司法審査の枠組みもまた厳格である（本章 7）。

使用者の損害賠償請求権　労働義務違反に対する使用者による損害賠償については、賠償額の予定が禁止されているほか（労基16、本章 4）、判例上、大幅な制限が課されている（大隈鐵工所事件：名古屋地判昭62・7・27労判505号66頁は、労働関係における公平の原則に照らして労働過程上の軽過失については損害賠償請求権を行使できないものとし、重過失の認められる本件事故についても、労使の経済力、賠償の負担能力の較差等を斟酌して損害額の 4 分の 1 のみ認容した）。これは、労働過程における危険は、指揮命令権者であり、事業利益の受

益主体でもある使用者こそが、危険責任および報償責任の観点から、責任を負うべきとの考え方に基づく。労働過程上の労働者の不法行為については、使用者が第三者に損害賠償を行ったときの労働者への求償も同様に制限されており（茨石事件：最判昭51・7・8民集30巻7号689頁は求償を損害額の4分の1を限度として認容）、労働者が第三者に損害賠償を行った場合の使用者への逆求償もまた認められている（福山通運事件：最判令2・2・28労判1224号5頁）。

2　労務の提供と労働受領義務

労務の提供と債務の本旨　通常の場合、労働者の労働義務の履行と使用者の指揮命令権の行使とは表裏一体であって、両者にズレはない。これに対して、労働者が労働契約にしたがって労務の提供（労働義務の履行の提供のこと。具体的には、事業場への出勤など使用者の指揮命令を受けるための準備行為等を労働者がなすこと。民493条参照）をなしたにもかかわらず、使用者が受けとらない場合（例えば、労働日に出社したところ社屋が閉鎖されていた場合）には、労働者は賃金請求権を失わない（民536条2項）。問題は、わが国で一般的な職務内容につき特定がない労働契約の場合、どこまでが「債務の本旨」（民415条）に従った労務の提供に当たるのかについて紛争が生じやすいということである。

判例5-1　**片山組事件〈最判平10・4・9労判736号15頁〉**

事実　Y社において建設工事の現場監督業務に従事していたXは、バセドウ病に罹患したことから、Y社に対して、主治医の診断書を提出し、事務作業であれば行うことができる旨を申し出た。しかし、Y社は、Xに対して自宅治療命令を継続して、Xが現場監督業務に復帰するまでの間を欠勤扱いとした。Xは、Yを相手取って、欠勤扱い期間中の賃金等を請求。原審は請求棄却。

判旨　原判決破棄「労働者が職種や業務内容を特定せずに労働契約を締結した場合においては、現に就業を命じられた特定の業務について労務の提供が十全にはできないとしても、その能力、経験、地位、当該企業の規模、業種、当該企業における労働者の配置・異動の実情及び難易等に照らして当該労働者が配置される現実的可能性があると認められる他の業務について労務の提供をすることができ、かつ、その提供を申し出ているならば、なお債務の本旨に従った履行の提供があると解する

のが相当である。」

　判例5-1 は、労働契約に職務の特定がない事案であるが、カントラ事件（大阪高判平14・6・19労判839号47頁）は、職務の特定が認められる事案についても同様の判断をなしている。このカントラ事件および病気休職に関する諸判例（第9章1参照）からは、労働契約の柔軟な解釈によって病気期間中の勤務継続ないし雇用継続を保障する行き方を看取することができる。

　労働受領義務と就労請求権　労働者が労働契約にしたがった労務の提供を行った場合、使用者は、賃金支払義務を免れないが、さらに当該労務提供を受領する義務まで負うか。この点については、債権者は弁済の提供を受領する義務を負わないとする伝統的理解に従って原則として就労請求権を否定する見解と労働者の人格権やキャリア権を根拠にして一般的に就労請求権を肯定する見解とに分かれている。判例は、前説を採用し、「労働者の就労請求権について労働契約等に特別の定めがある場合又は業務の性質上労働者が労務の提供について特別の合理的な利益を有する場合を除いて、一般的には労働者は就労請求権を有するものでない」（読売新聞社事件：東京高決昭33・8・2労民集9巻5号831頁）としている。労務提供の特別の利益が認められた例としては、レストランのコックの就労について、レストラン・スイス事件（名古屋地判昭45・9・7労判110号42頁）がある。

3　労働者・使用者の付随義務

　労働者の企業秩序遵守義務　判例によると、労働者は、労働契約の締結によって、労務提供義務のみならず、付随義務として企業秩序遵守義務を負う（富士重工事件：最判昭52・12・13民集31巻7号1037頁）。企業秩序遵守義務は、就業規則における服務規律規定等によって実施されるところ、無際限なものではなく、合理的範囲に制限される（郵便事業事件：大阪高判平成22・10・27労判1020号87頁は、長髪・ひげの一般的禁止規定について「顧客に不快感を与える」態様に限定した）。

労働者の秘密保持義務　労働者は、在職中、労働契約に基づく付随義務として、信義則上、使用者の業務上の秘密を漏洩しない義務を負う（古河鉱業事件：東京高判昭55・2・18労民集31巻1号49頁）。退職者の秘密保持義務は、明文の個別合意等により秘密保持の範囲が限定されている場合にのみ、これを認めるのが裁判例の大勢（ダイオーズサービシーズ事件〈東京地判平14・8・30労判838号32頁〉等）である。

　不正競争防止法は、①秘密管理性、②有用性、③非公知性の3要件を満たす「営業秘密」（不競2条6項）の不正開示行為を不正競争（不競2条1項7号）として禁止しているが、この禁止は、在職中の労働者のみならず、退職者にも及ぶ。その意味で、個別合意によって設定された退職後の秘密保持義務の範囲を「営業秘密」類似の範囲に限定した、エイシン・フーズ事件（東京地判平29・10・25 LEX/DB25449017）は注目に値する。

内部告発・公益通報　労働者による内部告発は、秘密保持義務違反として懲戒処分の対象となりうる。他方、勤務先企業の違法ないし反社会的な行動を労働者が一般社会に告知することは、公益性（消費者保護）の観点から保障されるべきであるし、当該企業にとっても体質改善の契機ともなりうる。そこで、判例は、①内容の真実性ないし真実相当性、②目的の公益性、③手段の相当性等の諸基準を総合考慮して正当な内部告発については懲戒処分を行うことは許されないとしている（大阪いずみ市民生協事件：大阪地堺支判平15・6・18労判855号22頁、 判例5-6 等）。トナミ運輸事件（富山地判平17・2・23労判891号12頁）は、「正当な内部告発によっては人事権の行使において不利益に取り扱わないという信義則上の義務」に基づき、内部告発に対する報復人事を違法としており、使用者の付随義務として労働者の内部告発権保障を構成している点が注目される。

　公益通報者保護法は、「公益通報」について労務提供先による不利益取扱を禁止する。通報対象事実は一定の刑事罰付きの法令違反行為に限定され、外部通報一般について真実相当性の要件が課される上に、さらに所轄行政機関以外の外部者（報道機関や労働組合等）への通報については内部通報の前置を原則とする等、公益通報の要件は厳格に過ぎ、救済例は極めて少ない。改正法（令和2年法律第51号）は、所轄行政機関への外部通報について真実相当性の要件を

一定緩和し、内部通報対応体制の整備義務を大規模事業者に課す等の改善をはかっているが、内部通報への誘導という基本構造に変化は認められない。

労働者の競業避止義務　労働者は、付随義務として、使用者の事業目的に反しその利益を損なう競業行為を行ってはならない義務（競業避止義務）を負うが、退職後は、職業選択の自由の行使として競業行為であってもこれを行うことができるのが原則であり、競業避止義務を当然に負うものではない（東京リーガルマインド事件：東京地決平 7・10・16 労判690号75頁）。したがって、退職後の競業避止義務については、明文の個別合意（フォセコジャパンリミテッド事件〈奈良地判昭 45・10・23 判時624号78頁〉ほか多数）等に基づくものであって、かつ、期間、区域、職種、使用者の利益の程度、労働者の不利益の程度、労働者への代償の有無等の諸般の事情を総合して合理的な制限の範囲にとどまっていると認められるときに限り、その適法性が認められる。なお、退職者による悪質な競業行為については、退職後の競業避止義務を定める個別合意等が存在しなくても、不法行為を構成しうる（三佳テック事件：最判平 22・3・25 民集64巻 2 号562頁）。

使用者の安全配慮義務　安全配慮義務は、使用者の付随義務の代表的なものであるが、労災民訴の枠組みで解説する（第13章）。

使用者の職場環境整備義務等　使用者の配慮義務は、判例上、労働者の人格権侵害事案において発達を続けている。「職場環境配慮義務、すなわち被用者にとって働きやすい職場環境を保つように配慮すべき義務」（三重セクシャル・ハラスメント事件：津地判平 9・11・5 労判729号54頁）、「労働者がその意に反して退職することがないように職場環境を整備する義務」（エフピコ事件〈水戸地下妻支平 11・6・15 労判763号 7 頁〉、退職勧奨事案）、妊娠した労働者に対する健康配慮義務・就業環境整備義務（ツクイほか事件〈福岡地小倉支判平 28・4・19 労判1140号39頁〉、マタハラ事案）等。ハラスメントは、労働者の人格権保護（本章 5 ）の枠組みで解説する。

4　労働者の人権擁護と労働憲章

労　働　憲　章

労基法の冒頭部分（労基 1 条～ 7 条、16条～18条）には、憲法の人権保障を労働関係において展開する一群の規定が置かれている。これらを伝統的に「労働憲章」と呼ぶ。労働憲章は、労基法制定当時に広くみられたわが国産業社会における封建的労働慣行（後述）の除去を直接的な目的としている。しかし、近年のブラック企業問題の顕在化、普遍化および執拗な持続に照らすと、労働憲章は依然として現役の実定法規というほかない。

労働条件の原則

労基法 1 条 1 項は、憲法25条 1 項および憲法27条 2 項を受けて、「労働条件は、労働者が人たるに値する生活を営むための必要を充たすべきものでなければならない」ことを定める。労働者の人権の擁護は、何よりもまず労働による生存（という結果）を国家が法律により保障することに始まる。第 1 章では、労働による生存を確保することを目的とする法律として、労働市場関係諸法、労基法、最賃法、労安法、労災法等を挙げた。

　労基法 2 条 1 項は、「労働条件は、労働者と使用者が、対等の立場において決定すべきもの」とする。労働条件の対等決定の対極にあるのが使用者による単独決定である。使用者の単独決定を規制する手段は、様々であり、労働条件の最低基準の法定（憲27条 2 項、労基 1 条 1 項）も、団体交渉の法的保護（憲28条、労組法）も、労働条件の決定・変更法理等（第 6 章、第 7 章参照）も、いずれも労働条件対等決定の実効性確保手段と位置付けることが可能である。

差別的取扱いの禁止

労基法 3 条は、国籍、信条、社会的身分を理由とする労働条件差別を禁止する。これはわが国戦前社会において特に差別の激しかったカテゴリーを挙げたものである。憲法14条と照らすと、性別は労基法 4 条および均等法により実現がはかられているところ、人種、門地が挙げられていないが、これらは社会的身分に包摂されるものと解されている。

　信条とは、政治的信条、宗教的信条あるいは世界観等をも含む。諸外国では

人種差別と融合する形での宗教差別事案が多いが、わが国では伝統的に特定政党支持による差別事案に集中している（ 判例 5 - 2 ）。

社会的身分とは、社会文化的に設定される地位のことであるが、出生によるもの（人種、門地、被差別部落、非摘出子、単親家庭等）のみならず、特に差別の激しい後発的地位（刑余者、破産者等）も含まれる。ただし、判例上、パートタイマー等の契約上の地位は社会的身分に当たらないとされる（丸子警報器事件：長野地上田支判平 8・3・15 労判690号32頁）。

判例上、差別禁止事項たる「労働条件」には、解雇は含まれるが、採用は含まれないものとされている（第 4 章 2 参照）。

本条に違反する事実行為は不法行為となり、法律行為は無効となる。

なお、国籍差別（労基 3 条）、賃金に関する女性差別（労基 4 条）については、外国人、ジェンダーをめぐる雇用・労働問題として、高年者、障害者に対する差別問題等とともに、第 3 章が総合的に取り扱う。

差別的取扱いの立証と救済　判例 5 - 2 を例に、労基法 3 条違反を立証し救済を得るためには、具体的には、どのような事実が必要かをみる。

判例 5 - 2　東京電力（千葉）事件〈千葉地判平 6・5・23労判661号22頁〉

事実　Ｙ社は、職務給を建前とする賃金体系を採っていたが、その運用は一般に年功的配慮を加味してなされていた。Ｘらは、同期同学歴従業員よりも著しく低位に置かれ、最低というべき賃金処遇を受け続けてきたのは、Ｙ社による不法行為（反共労務政策）によるものであると主張し、同期同学歴従業員の平均賃金との差額相当額および慰謝料を請求。

判旨　賃金差額相当額・慰謝料一部容認「(1)Ｙ社は、早くから共産党員または同党支持者を嫌悪し…賃金関係の処遇上格差を設ける労務政策を有しており、(2)Ｘらが共産党員または同党支持者であることを知っていた…、(3)Ｘらは、…集団として、ほかの従業員と比較すると、著しく低位の、最低というべき賃金関係の処遇を受けてきており、(4)…通常の考課査定の結果としての処遇格差とは到底考えにくいものであるから、…Ｙ社は、…Ｘらが共産党員または同党支持者であることを理由の一つとして、他の従業員よりも賃金関係の処遇面で低い処遇を行ってきたものと推認する」。労基法 3 条により、「Ｘらは、政治的思想だけによっては職級、職位、資格及び査定の面でほかの従業員と差別的処遇を受けることがないという期待的利益を有する」。「Ｙ社は、継続的に、…右期待的利益を侵害…した」。「Ｘらが…

> 平均的処遇を受ける蓋然性のある程度の能力業績の状況にあったことについては、立証が足りない」。そうすると「低い処遇は、その全部が違法な差別による…ものではなく、Ｘらの能力、業績、資質に対する正当な考課査定の結果…を含みその両者が混在」している。しかし「Ｘらに対する処遇が現実には同期同学歴従業員中最低というべきものに該当することに鑑みると、違法差別により生じた部分は、相当控え目に見ても…格差の少なくとも三割程度は存在する」。「Ｘらは、同期同学歴の従業員の多くの者及び相当後輩に当たる従業員よりも下位の地位になり、その結果、社会的信用評価が損なわれ、名誉感情も傷つき、精神的苦痛を被っている」。

　信条を「理由として」を立証するためには、使用者が、労働者の信条を認識し、当該信条に対する嫌悪等の差別意思を有していること、および労働条件の不利益取り扱いが当該差別意思を動機とするものであることの立証を要する。**判例5-2** では、Ｘらが同期同学歴従業員中最低の処遇を受け続けたことをもって信条差別が「理由の一つ」をなすことが推認されている。動機の完全な立証は困難であることから、**判例5-2** のように、集団的な比較による差別の推定の手法を用いて、原告側の立証の責任と負担を一定緩和する裁判例が多い。ただし、この集団的な比較が成り立つためには、賃金の年功的運用など、比較対象たる従業員集団において画一的かつ自動的な賃金額決定が看取されることが必要である。また、不利益取り扱いについて差別と正当な査定との動機の競合が見られる事案は少なくない。このような場合、**判例5-2** のように差別部分の割合的認定をなすもの（東京電力（神奈川）事件：横浜地判平6・11・15労判667号25頁）、賃金損害額は算定不能として慰謝料のみ認容するもの（東京電力（群馬）事件：前橋地判平5・8・24労判635号22頁、東京電力（長野）事件：長野地判平6・3・31労判660号73頁。いずれも高額な慰謝料により賃金損害を考慮）がある。以上のように、不法行為構成は差別による損害部分の正確な立証が困難な事案であっても柔軟に対応できるメリットがある。差別動機に競合がなく、差別による格差額が明らかな場合には、差額賃金そのものの請求が認められる（東京電力（山梨）事件：甲府地判平5・12・22労判651号33頁）。

封建的労働慣行の執拗性　封建的労働慣行とは、種々の手段により労働者を拘束する労働力の獲得・繋留の体系である。貧困地域に、口入屋、周旋人等と呼ばれる労働者斡旋業者（労基6条）が訪れ、多額の前借

金（労基17条）を負わせた上で、労働力を獲得し、斡旋料と引き替えに（労基6条）、工場に引き渡す。当該労働者は、狭隘不潔な宿舎（労基94条以下）に監禁（労基5条）され、工場と宿舎を往復する奴隷のような生活を、ひたすら前借金の返済に充てる。工場主は、もっぱら暴力により労務管理を行い（労基5条）、労働者を工場の管理する貯金制度に強制的に加入させ（労基18条）、規律違反や機械の損壊等を名目とした違約金（労基17条）や罰金（労基91条）の控除、さらには食費・宿舎費等の現物給付名目で、賃金を直接、現金で全額支払わない工夫を凝らす（労基24条1項）。当該労働者が労苦を重ねて前借金を返済し、社内預金も相当額に上る頃、工場は閉鎖され、結局、社内預金は返還不能となる。

　以上のスキームを歴史的遺物または現在の周辺的事象（風俗業、外国人労働者等）とのみ理解することは問題の本質を見失う。ブラック企業問題の普遍化と執拗な持続とに表れているように、封建的労働慣行は、常に本格的な復活を待ちかまえているわが国の宿痾のような怪物である。労働憲章は、この怪物を深海に緊縛する鉄鎖の如き、労働社会の基盤的整備法制と理解すべきである。

強制労働の禁止　暴行、脅迫、監禁は一般的に禁止されている（刑208条、刑222条、刑220条）が、労基法5条はこれに加えて、使用者に対して「その他精神又は身体の自由を不当に拘束する手段」による労働の強制を禁止している。例えば、カフェハリウッド事件（山口地判昭40・12・14下刑集7巻12号2216頁）は、カフェ店主が女給に対して暴力団との関係を示唆して、前借金借用書への署名捺印を強要して勤務を継続させた例につき、本条の適用を認めている。

中間搾取の禁止　労基法6条は、「法律に基づいて許される場合の外」、一般的に、就業仲介による営利事業を禁止している。口入れ屋、手配師の類を禁止する趣旨であるが、これらの者は、現在なお、野宿者や家出人をターゲットにして、渋谷や新宿等の巨大駅周辺や公園等に出没している。法律による留保の例としては、労働組合による労働者供給事業（職安45条）および労働者派遣（派遣2条1項1号）がある（第3章7参照）。

公民権行使の保障　使用者は、公民権（公選法上の選挙権・被選挙権等）の行使または公の職務執行（国家・地方議会の議員、労働委員会委員等）のために必要な時間を労働者が請求した場合においては、これ

を拒否してはならない。ただし、使用者は、労働者の公民権行使ないし公の職務執行に支障ない限り、請求された時刻を変更できる（労基7条）。例えば、本条により、労働者は、労働時間中においても、選挙日に行くことが保障される。また、公職の就任を使用者の承認にかからしめ、その承認を得ずして公職に就任した者を懲戒解雇に付する旨の就業規則条項は、本条の趣旨に反し無効である（十和田観光電鉄事件：最判昭38・6・21判時339号15頁）。

賃償予定の禁止　労基法16条は、使用者に対して、労働者による労働契約の不履行について違約金を定めること、および労働者の不法行為について損害賠償額を予定することを禁止している（民420条および民421条の修正）。これは、多額の違約金や賠償予定によって、その支払いを恐れる労働者が、自由意思に反して労働関係を継続されかねないことを防止するものである。本条違反の例としては、美容指導を受けたにもかかわらず、その意向に反して退職した場合に入社時に遡及して月額4万円の講習手数料を支払う旨の契約を労基法16条違反により無効としたもの（サロン・ド・リリー事件：浦和地判昭61・5・30労民集37巻2＝3号298頁）、ヘッドハンティングの際に移籍のインセンティブとして締結された1045万円の貸金契約等につき、5年の雇用期間満了前に退職した際には全額返還する旨の条項があることから、労基法5条、16条に反し、同13条、民法90条により無効とし、さらに給付額につき不法原因給付として不当利得返還請求を棄却した例（貸金請求事件：東京地判平26・8・14判時2252号66頁）がある。他方、野村證券事件（東京地判平14・4・16労判827号40頁）は、留学費用につき帰国後5年間勤務した場合には免除する旨の契約につき、当該留学は労働者個人の利益となる部分が大きく、労働者は勤務継続と費用返還の上での転職との利害得失を判断できるので、自由意思を不当に拘束するものといはいえないとし、本条違反を否定した。

前借金相殺の禁止　労基法17条の禁止する前借金とは、労働契約における、前貸債権と賃金債権との相殺の約定、直截にいうと働いて返すことを条件とする賃金の前貸しである。多額の賃金前貸しの慣行は、現在なお風俗店等において根強く残存している。労働者への貸付が前借金にあたるかどうかは、労働の強制、退職の自由の制限が認められるかを、当該貸付をめぐる諸事情から総合的に判断するほかない。本条違反の例としては、

1年の契約期間満了時に支払われる勤続奨励手当の月割金が「前貸金」名目で毎月支給され、中途退職の際には「前貸金」を返還する旨の約定が、同手当は賃金の一部であるとして、本条違反および民法90条違反として無効とされた東箱根観光開発事件（東京高判昭52・3・31判夕355号337頁）等がある。

強制貯金の禁止 労働契約の締結ないし存続の条件として、貯蓄の契約ないし、貯蓄金を管理する契約をしてはならない（労基18条1項）。具体的には、社内預金への加入強制、給与振込口座の指定ないし強制開設、あるいは給与振込口座の通帳・印鑑を使用者が保管することを約束させること等が禁止される。そもそも給与の口座振り込みそれ自体が、労働者の同意がある場合に、当該労働者の指定する口座に限って、認められる（労基24条、労基則7条の2）。なお、労働者の同意による任意的貯蓄金管理の場合であっても、労基法18条2項以下により厳格な要件が課されている。

5 労働者の人格権の保護

労働者の人格権と使用者権限の限界 使用者は、その権限行使（実務上、「業務命令」と呼ばれる）によって、その相手方である労働者の人格権（生命、身体、自由、名誉、財産）を不当に制限・侵害してはならない。軍事緊張下にあった朝鮮海峡への出航命令について、「ほんらい予想すべき海上作業に伴う危険の類いではなく、また、その危険の度合いが必ずしも大でないとしても、なお、労働契約の当事者…において、その意に反して義務の強制を余議なくされるものとは断じ難い」と説示する千代田丸事件（最判昭43・12・24民集22巻13号3050頁）は、生命・身体レベルの人格権保護に関するリーディングケースである。また、JR西日本（森ノ宮電車区・日勤教育等）事件（大阪高判平21・5・28労判987号5頁）は、本件日勤教育について、乗務員手当（月額約10万円）の不支給をもたらし、目標が明示されないまま73日間にも及んだこと等から、「いたずらに長期間労働者を賃金上不利益でかつ不安定な地位におくこととなる教育は、必要かつ相当なものとはいえず、使用者の裁量を逸脱して違法である」としている。

ハラスメント　セクシャル・ハラスメント（以下「セクハラ」）は、法的には、人格権たる性的自己決定権の侵害と構成される。特に労働者は、上司等の権力により、あるいは不快な就業環境により、自己の意に反して性的な言動による被害を受けることが少なくない（雇均11条参照）。

> **判例5-3**　**福岡セクハラ事件〈福岡地判平4・4・16労判607号6頁〉**
>
> **事実**　Y2社に勤務するXは、上司Y1がXの性生活や性向についてXの評価を損なうような発言を社内外で繰り返していること（本件行為）を知り、Y2社の役員Bらに対し、本件行為への対応を求めた。Bは、Xとの面談において、Y1との間で話し合いがつかなければXに辞めてもらう旨を述べたので、Xは退職の意思を表明した。その後、Bは、Y1に対して、3日間の自宅謹慎を命じ、賞与を減額した。Xは、Y1・Y2社に対し慰謝料等請求。
>
> **判旨**　一部認容。①本件行為は、「Xの個人的性生活をめぐるもので、働く女性としてのXの評価を低下させ…XをY2社から退職せしめる結果にまで及んでいる」。本件行為は、「Xの意思に反し、その名誉感情その他の人格権を害するもので…Xの職場環境を悪化させる原因を構成するものともなった」。「Y1としては…右のような結果を招くであろうことは、十分に予見し得た」のであるから、本件行為につき不法行為責任を負う。②本件行為はY1「の上司としての立場からの職務の一環又はこれに関連するものとしてされた」ものであるから、Y2社は本件行為につき使用者責任を負う。③Bらは、「Xの上司として、その職場環境を良好に調整すべき義務を負う」。にもかかわらず、Bらは「Xの退職をもってよしとし、これによって問題の解決を図る心情を持ってことの処理に臨んだものと推察され」る。Bらの行為には「職場環境を調整するよう配慮する義務を怠り、また、憲法や関係法令上雇用関係において男女を平等に取り扱うべきであるにもかかわらず、主として女性であるXの譲歩、犠牲において職場関係を調整しようとした点において不法行為性が認められるから、Y2社は、右不法行為についても、使用者責任を負う」。

判例5-3　以後の展開としては、使用者責任ではなく債務不履行により使用者の民事責任を構成した前掲・三重セクシャル・ハラスメント事件、損害項目として慰謝料のみならず、180日分の逸失利益（得べかりし賃金）を認めた京都セクハラ事件（京都地判平9・4・17労判716号49頁）が注目される。なお、前掲・ツクイはか事件等、近年増加しつつあるマタニティ・ハラスメントについては、第3章2が扱う。

　パワー・ハラスメントないし職場のいじめの法律構成は、セクハラの法律構

成とほとんど同じである。川崎市水道局事件（横浜地川崎支判平 14・6・27 労判833号61頁）、ファーストリテイリング（ユニクロ店舗）事件（広島高判平 20・1・29 労判926号 5 頁）、 判例 5 - 4 等から看取されるのは、わが国労働社会における暴力の隠れなき現存である。

なお、事業主に対しては、各ハラスメントの防止のために雇用管理上必要な措置を講じることが義務付けられている（セクハラ［雇均11］、妊娠・出産・母性休暇取得等［雇均11条の 3 第 1 項］、育児休業・介護休業取得等［育介25条 1 項］、パワハラ［労施30条の 2 第 1 項］）。以上については、労働者派遣においては派遣先もまた事業主とみなされて各措置義務が課される（派遣47条の 2 ～47条の 3）。各ハラスメントの意義および各措置義務の具体的内容については、セクハラ指針（平 18・10・11 厚労告615号）、マタハラ指針（平 28・8・2 厚労告312号）、パワハラ指針（令 2・1・15 厚労告 5 号）が参考になる。

判例 5 - 4　**加野青果事件**〈名古屋高判平 29・11・30 労判1175号26頁〉

事実　Aは、高校卒業直後に、Y1 社に正社員として入社し、仕入れ伝票の管理や売上のパソコン入力等に従事したが、先輩従業員 Y2 より、「てめえ」「あんた、同じミスばかりして」等と強い威圧的な口調で、同じ内容の叱責を何回も繰り返し受けた。Aの母 X2 は、Y1 社にAに対するいじめを申告したが、Y2 による厳しい叱責は止まなかった。Aは、入社 3 年目の配置転換（本件配置転換）後は、指導係の先輩従業員 Y3 より厳しい叱責を頻繁に受けた。Y2・Y3 の上記叱責行為（本件叱責行為）にも関わらず、Aの仕事上のミスおよび残業時間は増加していった。Aは、うつ病を発症し、本件配置転換の 2 ヶ月後、自殺した。Aの両親 X1・X2 より、Y1 社・Y2・Y3 に対し、Aの逸失利益、慰謝料等について損害賠償請求。原審（名古屋地判平 29・1・27 労判1175号46頁）は本件叱責行為等についての慰謝料等のみ一部容認し、Aの自殺については予見可能性なしとした。X1・X2 より控訴。

判旨　控訴一部認容・原判決一部変更（逸失利益、死亡慰謝料等一部認容）
①本件叱責行為は「その態様、頻度等に照らして、…業務の適正な指導の範囲を超えて、Aに精神的苦痛を与えるものであったと認められるから、不当行為に該当する」。Y2・Y3 によるこれらの不法行為について Y1 社は使用者責任を負う。②Y1 社は、本件叱責行為「を制止ないし改善するように注意・指導すべき義務」があり、「Aの業務の負担や遂行状況を把握し、場合によっては、Aの業務内容や業務分配の見直しや増員を実施すべき義務」があった。Y1 社がこれらの義務を怠ったことは、Y1 社の不法行為および債務不履行（安全配慮義務違反）に該当する。③

> 「Y1 社の不法行為（使用者責任を含む）によるＡの心理的負荷は、社会通念上、客観的に見てうつ病という精神障害を発症させる程度に過重なものであったと評価することができ、Y1 社の不法行為（使用者責任を含む）とＡの自殺との間には相当因果関係がある」。「うつ病発症の原因となる事実ないし状況を認識し、あるいは容易に認識することができた場合には、労働者が業務上の原因で自殺することを予見することが可能であったというべきである」から、「Y1 社にはＡの自殺について予見可能性があったというべきである。」

労働者のプライバシーと個人情報の保護

使用者は、業務および労働法・社会保障法関係法規の遵守の必要上、労働者に関して種々の情報を収集する。また、企業一家主義が根強いわが国では、従業員のプライバシーを知悉することこそが労務管理の要諦であるとの時代錯誤的認識を持つ管理職層も少なくない。これに対して、労働者は人格権として、少なくとも「秘匿しておきたい私的領域に不当に関与されない権利」（道幸哲也『職場における自立とプライバシー』29頁）は持っている。また、現在では、使用者は、一般的に、個人情報取扱事業者（個人情報保護2条5項）に当たるといって差し支えなく（労基107条の労働者名簿調製義務等参照）、少なくとも要配慮個人情報（「人種、信条、社会的身分、病歴、犯罪の経歴、犯罪により害を被った事実その他本人に対する不当な差別、偏見その他の不利益が生じないようにその取扱いに特に配慮を要するもの」個人情報保護2条3項、厚労省「労働者の個人情報の保護に関する行動指針」参照）の取得および目的外利用について労働者の同意が必要であること（個人情報保護17条2項、16条1項）は、事業主の規模に関わらない一般的ルールである（採用時の情報収集については、第4章）。

判例 5-5　社会医療法人天神会事件〈福岡高判平 27・1・29 労判1112号 5 頁〉

事実　Ｙが経営するＡ病院の看護師Ｘは、Ｂ病院で受けた血液検査により HIV 陽性（本件情報）と診断された。ところが、Ｂ病院の医師から本件情報を取得したＡ病院の医師および職員はＸの同意なくＡ病院の他の職員らに伝達して情報を共有し（本件情報共有）、Ａ病院はＸとの面談において HIV 感染を理由にＸの就労を制限した（本件就労制限）。Ｘは、本件面談につき、個人情報保護法違反、プライバシー侵害の不法行為として、本件就労制限は就労権侵害の不法行為として、民法715条によりＹに対し、損害賠償請求。

判旨　請求一部認容。①本件情報共有「は、院内感染の防止を目的として、Xの就労に関する方針を話し合うためであったのであるから、診療目的の範囲には含まれず、労務管理目的であったと認められる。したがって、法16条1項が禁ずる目的外利用に当たる」。本件情報を「本人の同意を得ないまま法に違反して取り扱った場合には、特段の事情のない限り、プライバシー侵害の不法行為が成立する」が、「労務管理上の措置をとる必要があったとしても、HIV感染の情報をそうした目的に利用することについて事前にXの同意を得ることは十分に可能であったのであるから、これを得ないまま本件情報共有をしたことが違法であることに変わりはない」。よって「特段の事情は認められず、本件情報共有は、Xのプライバシーを侵害する不法行為に当たる」。②院内感染のリスクはごく僅かであるところ、Yは「Xの意向を確認した上で、配置転換の要否を含めて、Xが従事すべき今後の業務を検討すべきであり、そうした措置を検討することなくXの就労を制限したことは正当な理由を欠く」。よって本件就労制限は不法行為に当たる。

使用者による労働者の電子メールのモニタリングについては、F社Z事業部事件（東京地判平13・12・3労判826号76頁）は、「職務上従業員の電子メールの私的使用を監視するような責任ある立場にない者が監視した場合、あるいは、責任ある立場にある者でも、これを監視する職務上の合理的必要性が全くないのに専ら個人的な好奇心等から監視した場合あるいは社内の管理部署その他の社内の第三者に対して監視の事実を秘匿したまま個人の恣意に基づく手段方法により監視した場合」にプライバシー侵害が認められるとする。

6　労働者の職務上の発明・著作

労働者の職務上の発明（職務発明という）の「相当の対価」をめぐる訴訟の簇出（オリンパス光学工業事件〈最判平15・4・22労判846号5頁〉、日亜化学工業事件〈東京地判平16・1・30労判870号10頁〉等）を受けた再度の法改正（2000年、2015年）により、職務発明にかかわる労働者の権利は、大きく制限されるに至っている。「職務発明については、契約、勤務規則その他の定めにおいてあらかじめ使用者等に特許を受ける権利を取得させることを定めたときは、その特許を受ける権利は、その発生した時から当該使用者等に帰属する」（特許35条3項）。職務発明をなした労働者は、使用者より相当の対価ではなく、「相当の利益」

を受ける（同4項）。この相当の利益は、労使協議等に照らして不合理と認められるものであってはならない（同5項）。

　法人等の発意に基づき「法人等の業務に従事する者」の職務上の著作（職務著作という）は、契約、勤務規則等に別段の定めがない限り、その法人等が著作者となる（著作15条1項）。「法人等の業務に従事する者」とは、法人等の指揮監督下において労務提供し、労務提供の対価を受けているかを具体的諸事情から総合判断する（エーシーシープロダクション制作スタジオ事件：最判平15・4・11労判849号23頁）。

7　使用者の懲戒権

懲戒権の根拠　懲戒処分は、使用者権限として実際上広く普及しているが、懲戒権の根拠は、古くから労働法学上の難問の1つである。わが国判例の解決は、使用者は、労働者の企業秩序遵守違反行為を理由として、当該労働者に対して、一種の制裁罰である懲戒を課することできるというものである（関西電力事件：最判昭58・9・8労判415号29頁）。この構成は、労働者の企業秩序遵守義務は信義則によって基礎付けが可能であるとしても、債務不履行違反の効果として、通常の催告・損害賠償・解除を超える、「一種の制裁罰である懲戒」権が使用者に付与される根拠が不明であるという難点がある。この判例は懲戒権の根拠につき固有権説を採るものと解することもできるが、現在の懲戒権をめぐる最高裁判例は、全体としては、契約説といって差し支えない。

　実際、フジ興産事件（最判平15・10・10労判861号5頁）は、国鉄札幌運転区事件・**判例14-3**における使用者は「規則に定めるところに従い制裁として懲戒処分を行うことができる」との説示を「使用者が労働者を懲戒するには、あらかじめ就業規則において懲戒の種別及び事由を定めておくことを要する」と解釈することにより、企業秩序遵守義務の具体的内容をなす服務規律（懲戒の事由）と懲戒処分の種別とが就業規則に事前に明確に定められ、労働者の周知を要件として就業規則法理（第4章）により労働契約内容となっていることが、懲戒権の発生要件であることを明らかにしている。

　以上の判例法理を整合的に理解するためには、前掲・関西電力事件等における固有権説的な見解は、労働契約には、それ自体としては用をなさないが、当事者の具体的な制度設計（懲戒の種別および事由の特定）を俟って初めて具体的な権利義務として発現する generic model が類型的に設定されているとの法解釈を述べるものと理解するほかない。内容空疎な generic model（企業秩序遵守義務と制裁罰たる懲戒権との対）の意義は、労働契約は当事者が服務規律と懲戒権を設定することを許す契約類型であることを法的に明確化するところにある。

懲戒権の限界　服務規律の設定は当事者合意によるといっても、限界はないのか。問題は、①始終業時刻、遅刻・早退・欠勤等に関する規制、②職場の秩序風紀の維持、③施設・物品使用のルール等の労働時間内・事業場内における規律に加えて、実際上、④企業の信用失墜行為の禁止、兼業禁止、秘密保持義務等の労働時間外・事業場外に及ぶ服務規律が懲戒処分の対象として定められることが多いことである。判例は、私生活上の非行について、懲戒事由の対象とすることは否定しないものの、事由の合理的限定解釈や事由該当性の厳格判断により、懲戒権を実質的に制限している。

> **判例 5 - 6**　**横浜ゴム事件**〈最判昭 45・7・28 民集24巻 7 号1220頁〉
>
> **事実**　Ｙ社は、その従業員Ｘが住居侵入罪を犯して逮捕され、逮捕の事実が数日を出ないうちに噂となって広まり、2500円の罰金刑を受けたことから、賞罰規則「不正不義の行為を犯し、会社の体面を著しく汚した者」に該当することを理由として、Ｘを懲戒解雇にした。Ｘより雇傭関係存続確認等請求。
>
> **判旨**　請求認容「賞罰規則の規定の趣旨とするところに照らして考えるに、問題となるＸの右行為は、会社の組織、業務等に関係のないいわば私生活の範囲内で行なわれたものであること、被上告人の受けた刑罰が罰金2500円の程度に止まつたこと、Ｙ社におけるＸの職務上の地位も蒸熱作業担当の工員ということで指導的なものでないことなど原判示の諸事情を勘案すれば、Ｘの右行為が、Ｙ社の体面を著しく汚したとまで評価するのは、当たらない」。

　兼業禁止については、小川建設事件（東京地判昭 57・11・19 労判397号30頁）が、会社の承諾を得ることなく就業時間後にキャバレーで勤務していた女性事務員に対する兼業禁止違反を理由とする普通解雇について、兼業の自由を説きながらも、次の労働日のための休養および兼業内容によっては対外的信用等が

傷つけられる場合もありうるとして、有効としている。労働者の生活条件に理解を欠き、職業的偏見すら看取される判断であって、疑問である。なお、秘密保持義務および競業避止義務については、第3節で扱った。

　内部告発は、公益性の観点から、懲戒権の限界が設定される代表例である。

判例 5 – 7　宮崎信用金庫事件〈福岡高宮崎支判平 14・7・2 労判833号48頁〉

事実　Xらは、勤務先であるYの不正疑惑について、Yの理事らに事案の解明と善処を強く求めていたが、事態が進展しないことから、不正の事実関係を確認するために、Yの許可を得ることなく、顧客に関する信用情報等の記載されている文書（本件文書）を取得し、警察や議員秘書に交付した。Yは、Xらを本件資料の不正取得および漏洩を理由に懲戒解雇した。

判旨　懲戒解雇無効。「XらはもっぱらY内部の不正疑惑を解明する目的で行動していたもので、実際に疑惑解明につながったケースもあり、内部の不正を糾すという観点からはむしろYの利益に合致するところもあったというべきところ、…このことによって直ちにXらの行為が懲戒解雇事由に該当しなくなるとまでいえるかどうかはともかく、各行為の違法性が大きく減殺される」。「Xの各行為に懲戒解雇に当たるほどの違法性があったとはにわかに解されない」。

懲戒処分の種類　就業規則上、懲戒処分として、戒告（口頭での注意等）、譴責（始末書の提出を伴うことがある）、減給処分、出勤停止、諭旨解雇（期限内に辞職しない場合には、懲戒解雇する旨の告知）、懲戒解雇等が定められることが一般的である。減給処分については、労基法91条により減給額が制限されている。懲戒解雇とは、服務規律違反を理由とする、ペナルティ付きの解雇のことであり、実際上、退職金の不支給等のペナルティが就業規則に定められることが多い。懲戒解雇は、即時解雇として行われることが多いが、その場合、就業規則上の懲戒解雇事由の該当性とは関わりなく、当該非違行為が予告義務免除の実体要件（労基20条1項但書、民628条）を満たすものでなければならず、事後的にではあっても労基署長の除外認定（労基20条3項）を受けない限りは、罰則の適用を免れない。

懲戒処分の司法審査　懲戒処分の司法審査は、①当該非違行為事実に対する懲戒権の存否の審査（そもそも懲戒権が存在するか）と②当該具体的事情に下における当該懲戒権行使についての客観的合理的理由・

社会通念上の相当性の存否の審査（当該懲戒権行使が濫用にわたるものではないか）の二段階に分かれる。

　当該非違行為事実に対する懲戒権の存否は以下の 3 要件による。第 1 に、事前に周知および合理性の要件を満たす就業規則において懲戒の種別および事由を定めて置くこと（前掲・フジ興産事件。罪刑法定主義によっても説明できる）。服務規律、処分の種類のいずれについても非違行為当時に存在しない新規程を遡及適用することは許されない。第 2 に、非違行為事実が真実存在すること。懲戒解雇すべき非違行為が存在しないことを知りながら、あえて懲戒解雇をしたような場合は、さらに不法行為に当たる（静岡第 1 テレビ事件：静岡地判平 17・1・18労判893号135頁）。なお、懲戒処分時に使用者が認識していなかった非違行為事実を事後的に処分理由に追加することは許されない（山口観光事件：最判平 8・9・26労判708号31頁）。第 3 に、当該非違行為事実が懲戒事由に該当すること（富士重工事件：最判昭 52・12・13民集31巻 7 号1037頁は懲戒処分の前提となる義務違反がない事案であるが、懲戒事由（命令遵守違反）該当性の問題と構成することもできるだろう）。

　懲戒権の濫用性審査は、特に懲戒解雇事案については結論を左右する中心的争点となることが多い。ダイハツ工業事件（最判昭 58・9・16労判415号16頁）、ネスレ日本事件（最判平 18・10・6労判925号11頁）等による当該懲戒権行使の濫用性審査の枠組み（客観的合理的理由および社会通念上の相当性の 2 要件）は、現在では、労契法15条として法制化されている。

　濫用性審査の具体的要素は、第 1 に、具体的な非違行為事実と懲戒として選択された処分との比例性である。この事由と処分とのバランスを測る基準は、当該企業における先例との均衡、処分を受けた者が複数にわたる場合には人事の公平、さらには一般的な社会通念による。第 2 は、就業規則上の懲戒手続、例えば、懲戒委員会の開催、弁明の機会の付与の有無である。懲戒処分は、私的な制裁行為であること、および労働者の当該企業内外のキャリアに大きな影響を与えること等を考えると、非違行為事実の認定、および処分の量定は司法をモデルとした適正手続により慎重に行われなければならない。就業規則上の懲戒手続違背については、当該懲戒処分を濫用無効とし、手続きのやり直しを求めるべきである（日本ボクシングコミッション事件：東京地判平 27・1・23労判

1117号50頁等参照）。

| より深く学ぶための道案内 |

　労働者の人権保障については、道幸哲也『職場における自立とプライバシー』（日本評論社、1995年）、和田肇『人権保障と労働法』（日本評論社、2008年）、日本労働法学会編『講座労働法の再生第4巻　人格・平等・家族責任』（日本評論社、2017年）。懲戒権については、三井正信『現代雇用社会と労働契約法』（成文堂、2010年）152頁以下等。

第6章　労働契約内容の個別的変更

1　人事制度

**職能資格制度の
あ ら ま し**　昭和30年代以降、日本で広く取り入れられた人事管理の形態がいわゆる「職能資格制度」である。これは、企業内における職務遂行能力を資格として位置付け、これを等級に序列化したものである。資格そのものは個々の労働者の具体的な職務内容を表すものではなく、資格に対応した職務・役職を命じられることによって従事すべき職務が特定される。それと同時に、給与の中心を占める基本給もこの職能資格に対応して定められる職能給であることがほとんどであるため、職能資格制度は職務と給与の序列を示すものとなる。

査 　 定　職能資格制度においては、資格・職位の変動は基本的に査定によってなされる。そして、資格が職位や給与と連動している以上、個々の労働者にとって査定は極めて重要なものといえる。

　一般的に査定は、知識、技能、企画力などの能力考課、責任感、協調性などの情意考課、査定対象期間の業績等に関する業績考課などについて、査定項目と基準が定められ、上長による評価や役員による調整などが行われる。

　しかし、項目を如何様に定めたとしても、一定の抽象性は免れ得ず、また情意考課も含まれることから、使用者の裁量的な判断となる（光洋精工事件：大阪高判平9・11・25労判729号39頁）。差別などを禁止する各種の法令（労基3条（国籍、社会的身分、信条）、労組7条（労働組合活動）、雇均6条（性別）、育介10条、同16条等（育児介護休暇の取得等）など）に違反するものでない限り、労働者の側が

職能資格	等級	定義	資格呼称	滞留年数		対応職種
				最短	最長	
管理・専門機能	M-9	定率、高度専門	参事			部長
	M-8	上級管理	副参事			次長
	M-7	管理、企画	主査			課長
中間指導職能	M-6	監督、企画	副主査	1		係長
	M-4	指導、監督	主事	3		係長
	M-3	指導、判断	副主事	3		主任
一般職能	J-3	判断、定型		2	6	
	J-2	熟練定型		2	5	
	J-1	単純定型		2	4	

(中小機構 WEB サイト（http://j-net21.smrj.go.jp/well/qa/entry/Q1085.html）に掲載されている職能資格制度の例)

特定の査定結果を要求したり、また査定結果が低度に位置付けられたことを理由として損害賠償を請求したりすることはできないものと考えられる。

　ただし、査定権者が査定の規定などに反して裁量権を逸脱・濫用したと判断されるような場合には、なお違法と評価される場合があり、この場合には損害賠償請求も可能となる（査定期間後の事実により賞与査定を行ったことが違法とされた例として、マナック事件：広島高判平13・5・23労判811号21頁がある）。

昇　格　この職能資格制度の中においてその資格を上昇させるのが「昇格」である。昇格は上司による人事考課によって決められることが想定されており、年齢や学歴、勤続年数などが同様であっても昇格の速度に差がつき、それに応じて役職や給与に差が出ることが当然に予定されている。

　しかしながら、現実の運用においては、必ずしも人事考課の結果のみに基づいて昇格が決定されるわけではなく、勤続年数や年齢の上昇にも対応させてきたといえる（上記図表に示したように、一定の資格に到達するまでは在職年数の最長を定めることで年功的運用を明らかにする場合もある）。そのため、現実の職能資格制度は年功序列を基礎としつつ、人事考課によって労働者間に差の出る人事管理制度であるといえる（原則として全員が年齢や勤続年数に応じてある程度まで上がるが、上がり方には差がある）。

昇　進（職位の上昇）

これに対して、昇進とは、役職の上昇をいう。職能資格は、経験の積み重ねなどによる職務遂行能力を基礎とした資格（ランク）であって、具体的な職務内容を定めるものではない。実際に個々の労働者が従事すべき職務（〇〇部長、△△課長など）は使用者がその指揮命令権によって役職を定めて初めて特定される。その特定される役職の上昇が昇進である。

昇進・昇格請求権

それでは、労働者の側は、昇格や昇進を請求することができるであろうか。

　原則としては、昇格については就業規則や労働協約などによって定められた基準に基づき、能力や業績などを上長が判断するものではあるが、最終的な昇格の決定は使用者の総合的裁量的判断による発令があって初めて効力が生じるものと考えられる。また、昇進についても、どの労働者をどの役職に就けることが企業経営上最適であるかの判断は使用者の裁量によるものと考えられるうえ、通常の企業であれば役職（ポスト）の数は予め定まっていることから現に当該役職を占める者が存在すれば、別の労働者をそれに充てることはできない。そして、昇格・昇進が強行法規違反に当たる場合であっても、一般的には、損害賠償請求が認められるにとどまる。

　この点、昇格に関する女性差別の事案において、男性従業員の昇格が、職能資格制度を前提に要件充足によりほぼ自動的に行われており、職位上昇（昇進）と完全に切り離されていたとして、原告ら女性従業員の昇格請求権および差額賃金請求を認容した裁判例（芝信用金庫事件：東京高判平 12・12・22 労判796号 5 頁）もみられる。

降　　　格

次に、職能資格が引き下げられる場合、いわゆる「降格」についてみる。職能資格制度における資格は、基本的には当該企業における経験の蓄積を基礎として、その職務遂行能力を評価して資格を定めるものであるため、一度到達した職務遂行能力は失われないと考えられる。

　そうすると、就業規則などにおいて、いったん達成された資格等級も見直しを行うなどして引き下げることがありうることを予め定めなければならない。

> **判例6-1**　アーク証券事件〈東京地判平12・1・31 労判785号45頁〉
>
> **事実**　就業規則では職能資格制度が定められ、資格の引下げなどに関する規定が存在しない中で、従業員Ｘらについて勤務成績不良などを理由に降格・号俸引下げなどが行われた事案。その後、降格などの規定が新設されたところ、そのような就業規則の変更に合理性があるかについても争われた。
>
> **判旨**　一部認容・一部却下（降格無効）「他の企業で採られている一般的な職能資格制度を採っていたものであり、いったん備わっていると判断された職務遂行能力が、営業実績や勤務評価が低い場合にこれを備えないものとして降格されることは、（心身の障害等の特別の事情がある場合は別として）何ら予定されていなかったものである。…セールスマニュアルにおいてさえ、年収が手数料のほぼ二五パーセントという基準を満たせなかった場合の降格の可能性には全く言及されていない。
>
> 　さらに、実際に行われた人事を見ても、…病気で療養していた従業員につきその同意を得て給与を減額した等の例外的な場合を別とすれば、成績不振を理由に降格、職能給の減額、という措置が執られたことはなかったものというべきである。したがって、旧就業規則の下での賃金制度が、毎年給与システムを作成する際、被告が、各社員について、人事考課、査定に基づき、降格又は職能給の号俸の引下げ若しくは手当の減額を許容するものであったということはできず、他に旧就業規則の下での賃金制度が右の内容のものであったことを裏付ける事実はない。」
>
> 　「本件変動賃金制（能力評価制）導入当時そのような高度の必要性が存したことを認めるに足りる証拠はないから、変更の合理性を肯定することはできない。」

降職（職位の引下げ）　降格に対して、役職の引下げ、または役職から外す場合はどうであろうか。この点、これまでの判例は就業規則の規定などがなくても、人事権の行使として使用者の裁量的判断により実施可能と判断する例が多い（例えば、バンク・オブ・アメリカ・イリノイ事件：東京地判平7・12・4 労判685号17頁）。

　職務の範囲に労働契約上の限定がある場合や、役職手当を失うことなどによる労働者の不利益が極めて大きいような場合には、使用者の権利濫用として無効となる余地はあるものの、基本的には誰をどのポストに配置するのかは使用者の裁量であることから導かれる結論である。

減　給（賃金減額）　職能資格と連動して賃金が引き下げられる場合はどうであろうか。

　賃金は労働契約上最も重要な労働条件であるから、労使対等の立場で決定することを要し（労契3条）、原則として使用者は単独で賃金を減額することはできない。したがって使用者が労働者の賃金を減額するには、第1に、契約上の根拠（労働協約、就業規則、個別労働契約に使用者の労働者の賃金を減額しうる明確な根拠規定が存在すること、例えば賃金減額権限が留保されている場合）があることを要する。就業規則には減給の根拠規定がないのに、個別労働契約には減給規定がある場合、労契法12条の就業規則の最低基準効により労働契約上の減給規定は無効となるから、使用者は減給することができない。第2に、契約上の減額の根拠（労働協約、就業規則に使用者の賃金減給規定）が存在しても、使用者の減給行為が権利濫用（労契4条4項）に該当し、労基法3、4条などの差別禁止規定に該当しないことを要する。権利濫用、差別禁止規定違反の場合には使用者の減額行為は無効である。

職 位・職 務 の 変 更 に よ る 減 給 の 可 否　「職位」（部長→課長→係長→主任→一般社員など就業規則上の職位・職階）または「職務」（製造・営業・事務などの担当する具体的な仕事）の変動により、賃金も変動（昇給・減給）することが労働協約・就業規則・個別契約に規定されているかで決定されることになる。

　職位・職務の変更が賃金の増減と連動している場合には、使用者の職位・職務変更権行使が権利濫用とならない限り有効である。逆に、職位・職務の変更が賃金増減額と連動していない場合（年功賃金制がとられている場合）には、労働協約の改定や就業規則の改定、個別労働契約の変更により、使用者の賃金減額権限規定などの制度変更がない限り賃金の減額はできない。

　職位・職務の変更が賃金の増減と連動しているか否かが明確でない「職能給制度」（職務遂行能力に応じて資格と賃金が定められている制度）の場合、労働協約・就業規則・個別契約の解釈によることになる。

成 果 主 義 人 事　職能資格制度は戦後の日本企業において広く普及し、現在においても多くの企業で採用されているが、バブル経済崩壊後の長期的な不況の中にあって、年功的な賃金体系を伴う職能資格制度を見直し、いわゆる「成果主義」の労務管理・賃金制度をとる動きがみられた。

　成果主義に基づく賃金制度も、具体的な設計は様々でありうるが、基本的には職能資格制度が企業内における経験の蓄積という長期間の業務遂行能力の積み重ねを評価するのに対して、単年度での評価とそれに応じたいわゆる年俸制賃金の形をとることが多い。

　すなわち、年度の初めに労働者ごとに業績目標を定めて、年度の終わりにその達成度合いに応じた査定を行ったうえで、翌年度の賃金額を定める方式である。単年度ごとの評価である以上、ある年度において、前年度と比べて成果が低いものとなれば賃金額が低下することも想定される。

　労働者と使用者において、このような人事制度を採るということを合意し、これに基づいて賃金を定めることは何ら法律上問題ない。ただし、如何に成果主義とそれに基づく賃金減額が合意されていたとしても、使用者が恣意的に賃金額を引き下げられるわけではない。少なくとも、成果を評価する仕組みが就業規則や労働協約に定められ、それに基づいて公正な評価がなされたこと、評価に不満のある労働者の意見を聴取する仕組みが整えられていることなどが求められるものと考えられる（エーシーニールセン・コーポレーション事件：東京高判平16・11・16労判909号77頁）。

　なお、現在では、このような仕組みのもとで予め1年間に支払われるべき賃金総額を定める給与制度を「年俸制」と称することが多い。そのような定め方自体は許容されるべきものであることは上述のとおりであるが、これは単に時間給や月給ではなく、1年を基準にして給与額を定めたといっているに過ぎない。基本的に労働時間規制を受けない管理監督者などについては適合的な制度といえるが、労働時間についての規制を受け、法定労働時間を超える労働をした場合に割増賃金が支払われるべき労働者についてまで、年俸で定められた賃金を支払っていれば、割増賃金の支払が免除されるような制度という訳ではない（下記の賞与部分を定めているか否かにかかわらず、年俸額を年間総労働時間数で除した金額を基礎として割り増し賃金額が算定される）。

　また、「賃金は、毎月一回以上、一定の期日を定めて支払わなければならない。」と定める労基法24条2項の規定もその適用を排除されないため、年俸として定められた賃金を一度にまとめて支払うこともできない。少なくとも12以上に分割して支給する必要があり、実際にはさらに月給として支払う部分と賞

与として支払う部分を分けている例も多くみられる。

2　人事異動

配　　転　配転とは、労働者の配置の変更であって、勤務場所または従事すべき業務が相当長期にわたって変更されるものをいう。配転には、同一の事業所において所属部署が変更になるものと、勤務地そのものが変更になるもの（転勤）がある。

配 転 命 令 権　日本においては、労働契約の締結は「就職」ではなく「就社」であると表されることもあるように、特に新卒で採用される労働者は職務・勤務地を特定することなく企業との間で労働契約を締結し、長期雇用を前提として当該労働者の職務能力の全般的向上をも含めた業務上の必要性に応じて、使用者からの命令により業務の種類および場所が指定・変更されることが一般に行われている。

　「どのような労務をどこで提供するのか」「それに対していくらの報酬を支払うのか」は労働契約の根幹をなす要素であり、本来であれば労働者・使用者の合意によって定められるべきものである。配転は、「どのような労務をどこで提供するのか」を変更するものであり、同様に合意が必要となるはずである。

　しかし、このような配転命令については、多くの企業が「業務の都合により配置転換または転勤を命じることがある」といった配転命令条項を就業規則に定めている。後述のように職務ないし勤務地限定の合意をしているなど、そもそも使用者が配転命令権を持たないといえる場合を除くと、一般的にいって労働者は上述のように職務を特定することなく就職しており、また就業規則にも配転命令権が定められていることから、使用者は一般的に広範な配転命令権を有していると考えられる。

職種等限定合意と配　　転　ところで、前述のように、日本では長期雇用を前提とする労働者の多くが、使用者の配転命令に応じた職務や勤務地の変更を予定しているが、これはそのような合意が存在すると見られるからである。逆に、労働者と使用者は、労働者が従事すべき職務や職務に従事する場所などについて予め合意することができる。特定の職種に従事する想定で

採用試験を行い、実際にも数十年にわたり同一業務に従事していたような場合にも、職種が特定されていたと判断される例はみられるが、長期雇用を想定した正社員の場合には他職種（管理職制を含む）への配転も合意されているとみられる例も多く、また技術革新や事業再編などのために配転を行う場合も想定されることから、黙示に職種が限定されたと認められる例は多くない（**判例6-2**、ただし契約の経緯などから職種・職場限定を認める事案としてジブラルタ生命（旧エジソン生命）事件：名古屋高判平29・3・9労判1159号16頁）。医師、看護師、弁護士、教師、建築士など、免許や特別の資格を有する者については、当該免許・資格に応じた職種の限定がなされているのが通常である（肯定例として、国家公務員共済組合連合会事件：仙台地判昭48・5・21判時716号97頁〔看護師〕、金井学園福井工大事件：福井地判昭62・3・27労判494号54頁〔大学教員〕、学校法人日通学園事件：千葉地判令2・3・25 LEX/DB25565308〔同〕）。

　また、勤務地についても、広域配転の対象とせず、特定地域の事業所のみで勤務する合意もみられる。本社採用の総合職は全国配転がなされるのに対し、比較的補助的業務について現地採用を行い、そうした労働者については採用地域内もしくは特定の一事業所のみで勤務するとか、近接した複数の店舗に限定するといった合意がなされる（肯定例として、ブック・ローン事件：神戸地決昭54・7・12労判325号20頁、ジャパンレンタカー事件：津地判平31・4・12労判1202号58頁等）。

　このように職種や勤務地を限定する合意が認められる場合には、使用者はそもそも合意の範囲外への配転命令権を有さないこととなる。すなわち、権利濫用の問題ではなく、権利の不存在故に、配転を命ずることができず、仮に命じたとしても法律上の効果は生じない（もちろん、その後に使用者と労働者が交渉して、特定の配転を労働者が受け入れる合意をしたり、もしくは労働契約そのものを変更する合意によって使用者の配転命令権を認めることは差し支えないが、その場合には新たに明確な合意（契約）が必要となろう）。

判例6-7　**日産自動車村山工場事件**〈最判平元・12・7労判554号6頁〉
事実　自動車会社において10～20年にわたり機械工として就労してきた労働者Ｘら7名に対して、生産体制の変更に伴い、新型車のプレス加工や車体組み立て、塗

装、艤装などの職務への配置転換を命じた事案。

　Ｘらは、自分たちの職務は長年にわたる同一業務への従事により、機械工に特定する合意がなされていたと主張した。

判旨　上告棄却（請求棄却）職務限定合意については、原審（東京高判昭 62・12・24 労判512号66頁）による、「被控訴人らは、富士精密又はプリンス自工に機械工として採用され、控訴人による合併の前後を通じ十数年間から二十数年間ほぼ継続して機械工として就労してきたものであることは明らかであるが、右事実のみから直ちに、被控訴人らと富士精密若しくはプリンス自工又は控訴人との間において、被控訴人らを機械工以外の職種には一切就かせないという趣旨の職種限定の合意が明示又は黙示に成立したものとまでは認めることができない。

　かえって、…規定があり、本件配転前にも機械工を含めて職種間の異動が行われた例のあることが認められること、並びに我が国の経済の伸展及び産業構造の変化等に伴い、多くの分野で職種変更を含めた配転を必要とする機会が増加し、配転の対象及び範囲等も拡張するのが時代の一般的趨勢であることなどに鑑みると、被控訴人らについても、業務運営上必要がある場合には、その必要に応じ、個別的同意なしに職種の変更等を命令する権限が控訴人に留保されていたとみるのが、雇用契約における当事者の合理的意思に沿うものというべきである。…他に被控訴人らの職種変更につき当該本人の同意を得ることが雇用契約上の要件とされていたことを認めるに足りる証拠はない。」との判断を是認。

配転命令権行使の濫用性

職種や勤務地を限定する合意が存在しない場合であって、就業規則上に配転命令権の定めが認められる場合、裁判所は、使用者の広範な配転命令権を認める一方で、その行使の濫用性を審査するのが一般的である。

　この点についてリーディングケースとなる **判例 6-3** は、配転命令権の存在を認定したうえで、配転命令権行使が権利濫用となる場合として、①配転の必要性がない（余人を以て代え難いほどの高度の必要性は必要ない）、②不当な動機・目的がある、③労働者が通常甘受すべき程度を著しく越える不利益がある、場合を示している。

> **判例 6-3**　東亜ペイント事件〈最判昭 61・7・14 労判477号 6 頁〉
> **事実**　神戸営業所に勤務していたＸが、名古屋営業所への転勤命令を拒否したことを理由に懲戒解雇された事案。Ｙ社では、大卒の資格で採用された社員について

は、勤務地を限定する合意はなく、また就業規則において転勤を定めていた。Y社
は、大卒の資格で採用され神戸で主任として勤務していたXに対して、広島営業所
への転勤を内示したが、Xは家族の事情などを理由にこれを拒否した。その後Xに
対して名古屋営業所への転勤を打診したが、これについてもXは拒否したため、最
終的には同意が得られないまま名古屋営業所への転勤命令を発令した。この転勤命
令にもXが従わなかったことからY社は業務命令違反を理由にXを懲戒解雇した。
判旨　破棄、差戻し（請求を認容した原判決を否定）「前記事情の下においては、
上告会社は個別的同意なしに被上告人の勤務場所を決定し、これに転勤を命じて労
務の提供を求める権限を有するものというべきである。

　そして、使用者は業務上の必要に応じ、その裁量により労働者の勤務場所を決定
することができるものというべきであるが、…これを濫用することの許されないこ
とはいうまでもないところ、当該転勤命令につき業務上の必要性が存しない場合又
は業務上の必要性が存する場合であっても、当該転勤命令が他の不当な動機・目的
をもってなされたものであるとき若しくは労働者に対し通常甘受すべき程度を著し
く超える不利益を負わせるものであるとき等、特段の事情の存する場合でない限り
は、当該転勤命令は権利の濫用になるものではないというべきである。右の業務上
の必要性についても、当該転勤先への異動が余人をもっては容易に替え難いといっ
た高度の必要性に限定することは相当でなく、労働力の適正配置、業務の能率増
進、労働者の能力開発、勤務意欲の高揚、業務運営の円滑化など企業の合理的運営
に寄与する点が認められる限りは、業務上の必要性の存在を肯定すべきである。」

　この判例の「通常甘受すべき程度を著しく超える不利益」との基準により配
転命令権行使の濫用性が肯定された事案は、同居する家族の看病ないし介護の
関係で転勤により当該家族の生活の維持が困難となるような特殊な事例である
（北海道コカ・コーラボトリング事件：札幌地決平9・7・23労判723号62頁、NTT東日
本（北海道・配転）事件：札幌高判平21・3・26労判982号44頁など）。平成13年改正
により育介法26条において、転勤により子の養育・家族の介護が困難になる労
働者への使用者の配慮義務が定められたが、判例の基本的傾向に顕著な変化は
みられない（一般財団法人あんしん財団事件：東京高判平31・3・14労判1205号28
頁）。

　なお、最近の事案として、内縁の夫婦関係にある従業員2名に、単に内縁関
係の者を同一職場に配置しないためだけになされた配転命令は配置転換の必要
がなく、かつ不当な動機目的によるものとされている（公益社団法人島根県水産

振興協会事件：広島高松江支判令元・9・4 LEX/DB25564005）。また、就業規則の解釈から使用者に労働者の配置だけでなく居住地を定める権限もあるとした上で、転居命令に業務上の必要がないとして権利濫用とした事案も見られるが、そもそも通勤可能な範囲に居住する労働者に対する転居命令権を肯定できるかには疑問も残ろう（ハンターダグラスジャパン事件：東京地判平30・6・8労判1214号80頁）。

降格や賃金減額を伴う配転　このように、日本の雇用慣行を前提として構築された配転命令権は極めて広範なものであって、労働者はよほどの不利益がある場合でなければ拒否しえない。

　ただし、これは賃金など、勤務地以外の労働条件について不利益が生じない場合においてである。前述のとおり、職能資格制度のもとでは原則として、一度獲得された職能資格の引下げは予定されていない。そのため、配転命令に伴って降格が行われる場合には、配転命令権行使が濫用でないと同時に、前述の降格が有効となる要件を満たしていることが必要となる。

　また、配転の結果として職種が変わり、そのことで適用される賃金表が変更になる（同一企業内でも例えば病院のように医師、看護師、事務職員などの職種によって複数の賃金表が作成される例は多くみられる）場合には、当然に当該労働者との合意が必要となろう。

判例 6 - 4　日本ガイダント事件〈仙台地決平 14・11・14 労判842号56頁〉

事案　営業職にあった X が営業事務職へ配転を命じられた事案。配置転換の結果、賃金額が約半分になった。

判旨　一部認容・一部却下（配転命令無効）「配転命令の側面についてみると、使用者は、労働者と労働契約を締結したことの効果として、労働者をいかなる職種に付かせるかを決定する権限（人事権）を有していると解されるから、人事権の行使は、基本的に使用者の経営上の裁量判断に属し、社会通念上著しく妥当性を欠き、権利の濫用にわたるものでない限り、使用者の裁量の範囲内のものとして、その効力が否定されるものではないと解される。

　他方、賃金の決定基準である給与等級の降格の側面についてみると、賃金は労働契約における最も重要な労働条件であるから、単なる配転の場合とは異なって使用者の経営上の裁量判断に属する事項とはいえず、降格の客観的合理性を厳格に問うべきものと解される。」

「従前の賃金を大幅に切り下げる場合の配転命令の効力を判断するにあたっては、賃金が労働条件中最も重要な要素であり、賃金減少が労働者の経済生活に直接かつ重大な影響を与えることから、配転の側面における使用者の人事権の裁量を重視することはできず、労働者の適性、能力、実績等の労働者の帰責性の有無及びその程度、降格の動機及び目的、使用者側の業務上の必要性の有無及びその程度、降格の運用状況等を総合考慮し、従前の賃金からの減少を相当とする客観的合理性がない限り、当該降格は無効と解すべきである。そして、本件において降格が無効となった場合には、本件配転命令に基づく賃金の減少を根拠付けることができなくなるから、賃金減少の原因となった給与等級 P1 の営業事務職への配転自体も無効となり、本件配転命令全体を無効と解すべきである…。」

使用者の変更を伴う人事異動　配置転換は、職務や勤務場所を変更するものであるが、それはあくまでも当初から労働契約を締結した使用者の指揮命令下で勤務することには何ら変更がない。

　これに対して、人事異動により、使用者の変更が生じる場合がある。それが、出向および転籍である。

　出向は、当初からの使用者との労働契約関係を保ったまま、他の企業の労働者として相当長期間にわたり職務に従事することをいう（在籍出向とも称される）。企業体がグループとして運営されている場合などにグループ内の子会社や関連会社で勤務する場合、雇用調整の手段、中高年労働者の処遇など様々な形で活用される。

　転籍は、当初からの使用者との労働契約を解約し、他の企業で業務に従事することをいう（移籍・移籍出向とも称される）。

出向命令権とその限界　それでは、使用者は自らの労働契約を維持したまま他の企業で就労することを命じることができるであろうか。

　この点、まず出向という形態が、派遣労働とは異なって、出向元企業との労働契約を維持しつつ、出向先企業で就労させるものであることから来る問題が生じる。すなわち、民法625条１項は「使用者は、労働者の承諾を得なければ、その権利を第三者に譲り渡すことができない。」と定めるが、この規定が出向にも適用されると考えれば、使用者からの一方的な命令によって、労働者に他社での就労を命じることはできず、必ず労働者の同意を得ることが必要とな

る。これについて、通説は、民法625条１項の適用は肯定しながらも、少なくとも出向に関する限り、事前の包括合意があれば、譲渡の時に個別の同意をする必要はないとしている。そのため、事前に（入社の時など）包括的な同意をするか、もしくは就業規則などに出向を含む配転命令権の根拠規定を定めれば、出向を命じることができるものと解される。

　ただ、異なる企業間での人事異動である出向の場合、原則として出向労働者には出向先企業の就業規則などが適用されることになる。

判例 6 - 5　新日本製鐵事件〈最判平 15・4・18 労判847号14頁〉

事実　Ｙ社では、経営合理化の一環として業務の一部を外部委託することとしたのに伴い、外部委託される鉄道輸送作業等に従前から従事していたＸらを含む141名に出向中の労働条件などを示した上で、出向への同意を求めた。Ｘら２名以外は出向に同意したが、Ｘらは同意せず、Ｙ社は出向命令を発令した。Ｘらはこれに従って出向・赴任したが、出向命令が延長される中で、出向命令は無効であることの確認などを求めた。

判旨　上告棄却（請求棄却）「（１）本件各出向命令は、…委託される業務に従事していた上告人らにいわゆる在籍出向を命ずるものであること、（２）…就業規則には、「会社は従業員に対し業務上の必要によって社外勤務をさせることがある。」という規定があること、（３）…労働協約である社外勤務協定において、社外勤務の定義、出向期間、出向中の社員の地位、賃金、退職金、各種の出向手当、昇格・昇給等の査定その他処遇等に関して出向労働者の利益に配慮した詳細な規定が設けられていること、という事情がある。

　以上のような事情の下においては、被上告人は、上告人らに対し、その個別的同意なしに、…本件各出向命令を発令することができるというべきである。」

　「在籍出向といわゆる転籍との本質的な相違は、出向元との労働契約関係が存続しているか否かという点にあるのであるから、出向元との労働契約関係の存続自体が形がい化しているとはいえない本件の場合に、出向期間の長期化をもって直ちに転籍と同視することはでき〔ない〕。」

　「人選基準には合理性があり、具体的な人選についてもその不当性をうかがわせるような事情はない。また、…その従事する業務内容や勤務場所には何らの変更はなく、…出向中の社員の地位、賃金、退職金、各種の出向手当、昇格・昇給等の査定その他処遇等に関する規定等を勘案すれば、上告人らがその生活関係、労働条件等において著しい不利益を受けるものとはいえない。そして、本件各出向命令の発令に至る手続に不相当な点があるともいえない。」

出向命令の権利濫用　　使用者が出向命令権を有する場合であっても、権利濫用法理による制約を受ける。労契法14条は、「使用者が労働者に出向を命ずることができる場合において、当該出向の命令が、その必要性、対象労働者の選定に係る事情その他の事情に照らして、その権利を濫用したものと認められる場合には、当該命令は、無効とする。」と定めて、この点を確認している。

　権利濫用に当たるか否かについては、出向を命ずる業務上の必要性、人選の合理性（対象人数、人選基準、人選目的等の合理性）、出向者である労働者に与える職業上または生活上の不利益、当該出向命令に至る動機・目的等を総合的に勘案して判断することになる（リコー事件：東京地判平25・11・12労判1085号19頁）。

出向時の契約関係　　出向は、出向元企業との労働契約関係を維持したまま、それとは異なる出向先企業で指揮命令を受けて就労する関係である。それでは、当該労働者と出向先企業との法律関係はどのように構成されるであろうか。

　通説は、出向先と労働者との労働契約関係の成立を認めながら（二重の労働契約説という）、出向先における労働契約は出向元における労働契約を基本契約とした支分契約にすぎないとして、出向先の包括的雇用責任を否定している（同旨を説く裁判例として、スカイマーク事件：東京地判平24・11・14労判1066号5頁）。

　この点、指揮命令のあり方、賃金原資の支払元、人事考課や賞罰の決定権の所在などによって個別に判断するよりほかないが、出向元企業との労働契約（契約Ａ）を結んだまま、出向先企業と別の労働契約（契約Ｂ）を締結し、契約Ｂに基づいて就労するという場合、あるいは、出向元企業との労働契約（契約Ａ）のみが存在し、契約Ａに基づく労務提供債務を一時的に出向先企業で履行する、特殊な契約関係が成立するとみられる場合もありうる。

出向の解除（復帰）　　出向期間中の契約関係がどのようなものであれ、出向元企業は包括合意などによって出向命令権を保有する場合であれば、当然に当該出向を解除して、当該企業に復帰することを命じることができるといえる（労働者の同意は不要・古河電気工業事件：最判昭60・4・5

労判450号48頁）。

　ただし、出向命令権の行使がそうであったのと同様、復帰命令についても権利濫用となるような態様での権限行使は許されない。事案により、配転命令権行使や出向命令権行使の場面と同様の審査がなされることになろう（相鉄ホールディングス事件：横浜地判平30・4・19労判1185号5頁は、配転命令の場合と同様に業務上の必要性・合理性が存在しない場合又は業務上の必要性・合理性が存在する場合であっても、他の不当な動機・目的をもってなされたものであるとき若しくは労働者に対し通常甘受すべき程度を著しく超える不利益を負わせるものである等、特段の事情の存する場合に濫用になるとした）。

　転　籍（移籍出向）　　当初労働契約を締結した使用者とは別の企業において労務を提供することになるという点においては出向と同様であるが、当初の使用者との関係を終了して、別の使用者に労務を提供するという点で異なるのが転籍である。

　転籍についても、転籍元企業、転籍先企業、労働者の三者関係は大きく2つの場合が考えられる。

　1つは、転籍元企業との労働契約（契約A）を解約し、新たに転籍先企業との間で労働契約（契約B）を締結する場合である。この場合には、当然当該労働者は契約Bに基づいて労務を提供することとなる。

　いま1つは、契約Aから生ずる労働契約上の地位を、転籍先企業に譲渡する場合である。この場合には、労働者・使用者間の権利義務はあくまでも当初から存在する契約Aに基づいて生じることになる。

　ただし、いずれの法律構成をとったとしても、問題となるのは転籍に関する労働者と使用者との合意のあり方についてである。「契約Aの解約＋契約Bの新規締結」である場合はもちろんのこと、「契約Aによる権利の譲渡」の場合であれば民法625条1項との関係において問題となる。同項は、前述の通り、使用者が雇用契約に基づいて取得した労務受領等の権利について、契約の相手方たる労働者の同意を得なければ第三者に譲り渡すことができない旨を定める。出向については、出向元企業との契約関係が維持されること、そのため原則としては出向元企業へ戻ることが想定されていることなどから、出向先での労働条件などについて労働者の利益が保護されていれば、事前の包括的合意

や、就業規則・労働協約に規定することによって、出向命令権を認めても差し支えないものと考えることができた。

これに対して、転籍では、復帰が予定されるような特殊な場合を除けば、転籍元企業との関係は完全に消滅し、転籍先企業とのみ関係が生じることになる。

このような法律関係の重大な変動を生じさせる転籍については、事前の包括的な合意や就業規則等による包括規定によって、使用者が一方的に転籍を命じうると考えることは妥当ではなく、転籍先やそこでの労働条件などを明示し、個別的に労働者の合意を得ることが必要になるものと考えられる。

判例6-6　**三和機材事件**〈東京地決平4・1・31 判時1416号130頁〉

事実　和議手続のもと、会社再生の一環として設立した新会社に対して転籍を命令された労働者が、当該命令を拒否したところ、懲戒解雇された事案。以下の説示により、本件転籍命令および本件懲戒解雇の効力が否定された。

判旨　「特に「出向」のうちでも、出向元との間の労働契約関係を存続させたまま出向先の使用者の指揮命令下で労務を提供するいわゆる「在籍出向」ではなく、出向によって出向前の使用者との間の労働契約関係が消滅し、出向先の使用者との間にあらたなる労働契約関係が生じる（本件出向規定にも同旨の規定があることは前記のとおり）いわゆる「転籍出向」の場合には、結果的には労働契約の当事者に交換的な変更を生じる点において労働契約の当事者には何らの変更のない配転とは決定的に異なる。

　したがって、一方が実質的には独立の法人と認められないような場合はともかく、本件のように二つの実質的にも独立の法人格を有する会社の間においては、いかに前記のように労働条件に差異はなく、人的にも、資本的にも結び付きが強いとしても、法的に両会社間の転籍出向と一方の会社内部の配転とを同一のものとみることは相当でなく、転籍出向を配転と同じように使用者の包括的人事権に基づき一方的に行ない得る根拠とすることはできないというべきである。

　また、これを実質的な面からみても、労働契約関係にあっては、労働者は継続的に労務を供給することによってその対価として賃金を得ていくのであるから、仮に転籍出向時点での労働条件に差異はなくとも、将来において両会社の労働条件に差異が生じる可能性があるとすれば、労働者にとってはどちらの会社との間に労働契約を締結するかということは転籍出向時点でも非常に重要な問題であり、そういう問題の生じない配転とは同一に扱うことはできない。」

　また、転籍が命令によらず、合意によって行われる場合であっても、上記の転籍の効果の重大性に照らすと、各当事者間の合意は、慎重に認定される必要がある。この点、転籍元と転籍先との間で当該労働者の転籍合意が成立し、当該労働者が転籍元に対して当該転籍を承諾していた事案において、前記転籍合意では転籍の時期、転籍後の雇用条件について何も決まっておらず、転籍後の雇用条件は当該労働者と転籍先との間の以後の交渉によることとされていたことから、当該労働者について、転籍先への労働契約上の地位の譲渡も、転籍先との労働契約の成立も否定した生協イーコープ・下馬生協事件（東京高判平6・3・16労判656号63頁）などがみられる。

より深く学ぶための道案内

　人事考課については、石井保雄「人事考課・評価制度と賃金処遇」日本労働法学会編『講座21世紀の労働法第 5 巻　賃金と労働時間』（有斐閣、2000年）124頁、小畑史子「使用者の人事権と労働者の職業キャリア・個人の生活及び事情」日本労働法学会編『講座労働法の再生第 2 巻　労働契約の理論』（日本評論社、2017年）179頁、成果主義については、古川陽二「成果主義賃金と年俸制」前掲『賃金と労働時間』105頁、配転については、藤内和公「人事制度」日本労働法学会編『講座21世紀の労働法第 4 巻　労働契約』（有斐閣、2000年）254頁、小宮文人「東亜ペイント最高裁判決の意義と今後の課題」小宮文人ほか編『社会法の再構築』（旬報社、2011年）79頁。

第7章　労働契約内容の集団的変更

1　労働協約による労働契約内容の変更

規範的効力の射程　労働協約の「労働条件その他の労働者の待遇に関する基準」は、規範的効力により、組合員・使用者間の労働契約を規律する（規範的効力については第15章参照）。労働協約により労働条件が向上することに異論はないだろうが、労働条件が引き下げられる場合にも規範的効力が認められるのかについては議論がある。労働条件の「他人決定」である就業規則と異なり、労働協約は集団的な「共同決定」の所産であって、協約自治の原則からすれば、労働協約の締結もしくは変更によって労働条件を引き下げることも原則自由であると考えるのが通説・判例である（規範的効力の両面性）。

裁判例の変遷　労働条件を不利益に変更する労働協約に規範的効力が認められるかにつき初期の裁判例は、「労働条件の維持改善その他経済的地位の向上を図る」という労働組合の目的からして（労組2条）、労働協約による労働条件の不利益変更には個々の組合員の授権を要するとしたものがあったが（大阪白急タクシー事件：大阪地決昭53・3・1労判298号3頁など）、その後、「労働協約のいわゆる規範的効力は労働者の団結権と統制力、集団規制力を尊重することにより労働者の労働条件の統一的引き上げを図ったものであるから、仮に従前の労働条件を切り下げる内容の労働協約についてもこの趣旨に反しないかぎり原則として労働協約のいわゆる規範的効力が及ぶ」として、労組法16条の趣旨から規範的効力の両面性を認める裁判例が登場し（神姫バス事件：神戸地判昭63・7・18労判523号46頁）、下級審レベルでこの

考え方が定着した。そして最高裁は　判例7-1　において、規範的効力の両面性を認める判例法理を確立した。

> **判例7-1**　朝日火災海上保険（石堂）事件〈最判平 9・3・27 労判713号27頁〉
>
> **事実**　組合員であったXは、定年制が満63歳から満57歳へと変更され（ただし満60歳までは特別社員として正社員の給与の約60％に相当する給与により再雇用される場合がある）、退職金の支給基準率も71.0から51.0に下がる本件労働協約の効力は及ばないとして、Y社に対して慣行による満65歳定年制を前提とする労働契約上の地位確認および従前の基準での退職金の支払を請求した。一審（神戸地判平 5・2・23 労判629号88頁）、原審（大阪高判平 7・2・14 労判675号42頁）においてXの請求が棄却されたため、Xが上告した。
>
> **判旨**　上告棄却。本件労働協約によって「Xが受ける不利益は決して小さいものではないが、同協約が締結されるに至った以上の経緯、当時のYの経営状態、同協約に定められた基準の全体としての合理性に照らせば、同協約が特定の又は一部の組合員を殊更不利益に取り扱うことを目的として締結されたなど労働組合の目的を逸脱して締結されたものとはいえず、その規範的効力を否定すべき理由はない」。

規範的効力の
両面性の限界　判例7-1　は規範的効力の両面性を原則として肯定したうえで、例外的に規範的効力の及ばない場合があることを示したが、その場合の判断基準を明示したわけではない。この点につき、特に不利益性が大きい場合に、組合内部の手続きが適正に履行されていないことを考慮して労働協約の不利益変更を否定する裁判例が相次いでいる。判例7-2　は、53歳以上の労働者にとって不利益性の極めて大きい労働協約につき、労働協約の締結が組合大会の決議事項とされているにもかかわらず、組合大会で決議されなかったことをもって、この労働協約を手続的瑕疵により無効とした。

> **判例7-2**　中根製作所事件〈東京高判平 12・7・26 労判789号 6 頁（上告不受理・最決平 12・11・28 労判797号12頁）〉
>
> **事実**　53歳以上の従業員の基本給を約20％減額する等を定めた本件労働協約が組合大会の決議を経ずに締結されたため、Y社の従業員であるXらが、本件労働協約の無効を争った事案である。A組合の規約には労働協約の締結は組合大会の付議事項とされていたが、一時期を除いて労働協約締結のための臨時組合大会が開催されたことはなく、代議員会を開催し、職場会での意見聴取を行ったうえ、労働協約を締

結してきたところ、本件労働協約の締結に際しても、代議員会が開催され、職場会の意見聴取をし、大多数の賛同を得て締結されたうえ、定期大会において報告され、承認されていた。原審（東京地判平11・8・20労判769号29頁）は、遅延損害金の一部を棄却した以外、Xの請求を認容したため、Y社が控訴した。

判旨　一部変更。「労働協約の締結は組合大会の付議事項とされているところ、本件労働協約締結にあたって組合大会で決議されたことはないから…本件労働協約は、労働組合の協約締結権限に瑕疵があり無効といわざるを得ない」。

　最近の最高裁判決（ **判例7-5** ）は、退職金支給基準を不利益に変更した協約に署名押印した執行委員長の権限に関して、組合規約には、組合を代表しその業務を統括する権限を有する旨が定められているに過ぎず、この規約をもって、執行委員長に当該協約を締結する権限を付与するものと解することはできないと判断した。

　この論点に関わる学説は、組合内部の手続きを重視する説、手続きは労使自治に委ね、協約内容を審査する説、手続面・内容面双方を審査する説に大別することができる。手続審査を重視する説は、労使自治の尊重という憲法28条および労組法の趣旨を根拠に、労働協約の内容審査は妥当でなく、組合内部において適正に意見集約がなされたかを中心的に審査すべきとする。内容審査を肯定する説は、団体交渉に対する組合員の合理的期待利益を根拠に、これに著しく反する内容か否かの審査を行うべきであるとする。手続面・内容面双方を審査する説は、組合内部における適正手続についての審査は当然として、労働協約が特定のまたは少数の組合員に不利益を及ぼす内容である場合に、公正代表義務または組合員間の平等取扱原則を根拠として内容審査を肯定する。労組法の趣旨などから手続的審査を欠かすことはできず、また多数決原理にも自ずと限界があることに鑑みると、手続面・内容面双方を審査する説が妥当である。

**労働協約と
就業規則との関係**　次項で述べる一般的拘束力を有する場合を除いて、労働協約による労働契約内容の変更は組合員にしか及ばない。そのため、使用者は、当該事業場における労働条件の統一という観点から、非組合員に対しては、労働協約で定められた内容を就業規則に反映することを通じて、非組合員の労働契約内容を変更しようとする。労働協約による不利益変更の場合、非組合員については就業規則により労働契約内容が不利益に

変更されることになり、これは、後述する労契法10条の問題となる。使用者の単独決定である就業規則を通じての労働契約内容の不利益変更は、労働協約を通じてのそれと比較して厳格に審査されなければならない。そのため理論上は、労働協約による不利益変更は法律上有効と判断されても、非組合員に向けたそれと同内容の就業規則の不利益変更が無効と判断される可能性はある。

　就業規則の内容は、法令または当該事業場に適用される労働協約に反してはならない（労基92条1項）。しかしこの条文は、これらに違反した就業規則の部分がいかなる効力をもつのかを定めていない。これに対して労契法13条は、法令または労働協約に反する就業規則の部分について、就業規則の効力を定める労契法の規定（7条、10条、12条）が適用されないこと、すなわち就業規則のその部分が労働契約を規律しないことを定めている。同条はまた、事業場内に労働協約の適用を受ける労働者とその適用を受けない労働者が存在する場合、同法7、10、12条が適用されないのは前者のみであることを定めている。

労働協約の一般的拘束力と不利益変更　労組法17条は、一の事業場の4分の3以上の同種労働者に1つの労働協約の適用がなされる場合には、他の同種労働者にも当該労働協約が拡張適用されるとする一般的拘束力を定めている（一般的拘束力については第15章参照）。労働条件を引き下げる労働協約についても一般的拘束力が認められるかについて、下級審裁判例では、原則としてこれを認める裁判例が多数であり（東京商工リサーチ事件：東京地判昭59・9・13労判439号30頁など）、最高裁も、労組法17条の文言、労働協約で定める労働条件の総合性、労働条件の統一の必要性などを根拠に、原則として引き下げることもできると判示した（ 判例 7 - 3 ）。ただし、非組合員が労働組合の意思決定に関与する立場にないことなどから、「特定の未組織労働者にもたらされる不利益の程度・内容、労働協約締結が締結されるに至った経緯、当該労働者が労働組合の組合員資格を認められているかどうか等に照らし、当該労働協約を特定の未組織労働者に適用することが著しく不合理であると認められる特段の事情があるときは、労働協約の規範的効力を当該労働者に及ぼすことはできない」と判示している。すなわち最高裁は、例外的に引下げが認められない特段の事情の存否について、手続的側面のみならず、協約の内容的側面も審査することを示している。

判例7-3　朝日火災海上保険（高田）事件〈最判平8・3・26民集50巻4号1008頁〉

事実　非組合員であるXは、定年年齢統一および退職金支給率の変更を内容とするY社の新しい労働協約の適用を受けるとされたため、定年年齢が57歳となり既に退職したものと扱われ、62歳まで再雇用されるものの、賃金が定年時の60％となり、退職金支給率も71ヶ月から60ヶ月に引き下げられたため、本件労働協約の適用を受けないとして、Y社に対して労働契約上の地位確認および給与の差額等の支払を請求した。一審（福岡地小倉支判平元・5・30民集50巻4号1055頁）、原審（福岡高判平4・12・21民集50巻4号1156頁）はXの請求を一部認容し、Y社が上告。

判旨　上告棄却。労働協約の内容が「未組織の同種労働者の労働条件よりも不利益とみられる場合であっても、そのことだけで右の不利益部分についてはその効力を未組織の同種労働者に対して及ぼし得ないものと解するのは相当でない」。その理由は、労組法17条は「その文言上、同条に基づき労働協約の規範的効力が同種労働者にも及ぶ範囲について何らの限定もしていない上、労働協約の締結に当たっては、その時々の社会的経済的条件を考慮して、総合的に労働条件を定めていくのが通常であるから、その一部をとらえて有利、不利をいうことは適当でな」く、同条の趣旨は、当該事業場の労働条件の統一、労働組合の団結権の維持強化と当該事業場における公正妥当な労働条件の実現を図ることにあると解されるからである。

　学説では、非組合員は労働協約締結に関与する機会を有していないこと、17条の趣旨は非組合員による労働力の安売り競争を防止することにあり、非組合員の労働条件が協約水準を上回っている場合にこれを引き下げる必要性はないことなどから、労働条件を引下げる労働協約の一般的拘束力を否定するのが多数説である。

　少数派組合の組合員への拡張適用は、少数派組合にも団結権、団体交渉権が保障されることから、通説・裁判例は、労働条件の不利益変更の場合、拡張適用を認めていない（大輝交通事件：東京地判平7・10・4労判680号34頁）。

2　就業規則による労働契約内容の変更

日本の雇用システムと
就業規則変更法理　判例は、後述するとおり、就業規則の変更が合理的なものであり、周知されていれば、労働者の知不知に関わらず、かつそれに反対する労働者をも拘束することを認めるルールを確立し

（就業規則変更法理）、労契法に立法化された。長期雇用慣行という日本の雇用システムを前提として、判例は解雇権濫用法理を確立して正社員の雇用を保障しつつ（第9章参照）、他方で就業規則変更法理により、企業が経済情勢の変化に対応して集団的に労働条件を変更できる方策を与えたのである。就業規則変更法理には当初より学説から批判が強く、現在では日本の雇用システムの変化や労働条件の個別化に伴い、就業規則変更法理は、労契法自体が掲げている合意原則によって大きく修正されつつある。

合意原則と就業規則　就業規則の制定は事業場における画一的・効率的な就労条件の確定を可能とする利点を有する。就業規則を変更する場合も同様である。しかし、契約理論からすれば、労働契約の内容の確定および変更は合意に基づくべきであり、就業規則による労働契約内容の確定または変更をどうして説明できるのか。この点につき2007年の労契法制定までは法律の定めがなく、判例・学説共に理論展開がなされた。

判例法理の展開　秋北バス事件（判例4-2）は、(a)労働契約締結時に存在している就業規則が合理的である場合には、その条項が労働契約に適用されるとし、(b)新たな就業規則の作成・変更により、労働者に不利益な労働条件を一方的に課することは原則として許されないとしながら、労働条件の集合的処理という就業規則の性質から、就業規則の条項が合理的である場合には、これに同意しない労働者にも就業規則が適用されるとした。(a)は労契法7条に成文化され（第4章参照）、(b)については、その後の一連の最高裁判例によりその考慮要素が判例法理として確立した。つまり 判例7-4 において、①就業規則の変更によって労働者が被る不利益の程度、②使用者側の変更の必要性の内容・程度、③変更後の就業規則の内容自体の相当性、④代償措置その他関連する他の労働条件の改善状況、⑤労働組合等との交渉の経緯、⑥他の労働組合または他の従業員の対応、⑦同種事項に関するわが国社会における一般的状況等を総合考慮して就業規則の合理性を判断するとして、その考慮要素が整理された。

判例7-4　第四銀行事件〈最判平9・2・28民集51巻2号705頁〉
事実　55歳から60歳への定年延長に伴って、従前の58歳までの定年後在職制度の下

で期待できた賃金等の労働条件に実質的な不利益を及ぼす就業規則の変更が行われ
たため、Y銀行の行員であったXは、従前の就業規則に基づく差額賃金請求をY社
に対して提訴した。なお、この就業規則変更に、Z組合は同意している。一審（新
潟地判昭63・6・6労判519号41頁）は就業規則変更の合理性は否定しながら、労働
協約の一般的拘束力（労組17条）を認めて請求棄却。原審（東京高判平4・8・28
労判615号18頁）は、就業規則変更の合理性を肯定してXの控訴を棄却。Xが上告。
判旨　上告棄却。「従前の定年後在職制度の下で得られると期待することができた
金額を二年近くも長く働いてようやく得ることができるというのであるから、この
不利益はかなり大き」いが、「労働力人口の高齢化を背景として…六〇歳定年制の
実現が、いわば国家的政策課題とされ、社会的に強く要請されて（おり）…定年延
長の高度の必要性があ」り、従前の定年制を「見直し、これを変更する必要性も高
度なものであった」、「変更後の就業規則に基づく五五歳以降の労働条件の内容は、
五五歳定年を六〇歳に延長した多くの地方銀行の例とほぼ同様の態様であって、そ
の賃金水準も、他行の賃金水準や社会一般の賃金水準と比較して、かなり高」く、
「本件就業規則の変更は、行員の約九〇パーセントで組織されている組合…との交
渉、合意を経て労働協約を締結した上で行われたものであ」り、「就業規則による
一体的な変更を図ることの必要性及び相当性を肯定することができ」、「本件就業規
則の変更は…合理的な内容のものであると認めることができないものではない」。
なお、「経過措置がないからといって、前記判断を左右するとまではいえない」と
した本判決には、「本件就業規則の変更によってXが受けた不利益の内容及び程度
からして、これを緩和する何らの措置も設けずにされた本件変更は、特別の事情が
ない限り、合理的とはいえない」とする反対意見が付されている。

　このようにして、就業規則の不利益変更に関する判例法理は確立したが、労働
条件の集合的処理および就業規則の合理性ということのみで契約理論を超越し、
労働条件の他人決定性を許容していることには学説から強く批判がなされた。

労働契約法による
判例法理の立法化　労契法は、9条で、原則として労働者との合意なく就
　　　　　　　　　　業規則の不利益変更をすることはできないことを定
め、但書で、「次条の場合はこの限りでない。」としたうえで、10条において、
「使用者が就業規則の変更により労働条件を変更する場合において、変更後の
就業規則を労働者に周知させ、かつ、就業規則の変更が、労働者の受ける不利
益の程度、労働条件の変更の必要性、変更後の就業規則の内容の相当性、労働
組合等との交渉の状況その他の就業規則の変更に係る事情に照らして合理的な
ものであるときは、労働契約の内容である労働条件は、当該変更後の就業規則

に定めるところによるものとする。」とした。すなわち、9条は労契法の基本原則たる合意原則を確認し、10条は、変更就業規則の周知、およびそれが合理的であることを要件として、変更就業規則が契約内容となり、労働契約当事者を拘束することを定めたものである。変更就業規則が契約内容を規律することの根拠が定かでなかった判例法理に法文上の根拠が与えられることとなった。

不利益変更の要件　(1)　**周　知**　労契法10条は、変更就業規則の周知を、その効力発生要件として位置付けている。この周知の方法については、労契法7条の周知と同じく、労基法106条の周知の方法に限定されず、実質的に労働者が変更就業規則の内容を知りうる状態に置いていれば足りるものと考えられている（労契法7条の周知に関しては、第4章参照）。

(2)　**合理性**　　**判例7-4**　で示された考慮要素のうち、①②③⑤が労契法10条で明示的に要件化されたことになる。その他の考慮要素は明示されていないが、⑥は「労働組合等との交渉の状況」の考慮要素のなかで、また④、⑦は「変更後の就業規則の内容自体の相当性」または「その他の就業規則の変更に係る事情」の中で考慮されることになる（労契法施行通達・平24・8・10基発0810第2号）。また、労契法10条はこれまでの判例法理に変更を加えるものではないため、明示されてはいないが、大曲市農協事件：最判昭63・2・16労判512号7頁が判示したとおり、特に、賃金、退職金など労働者にとって重要な権利、労働条件が問題となる場合には、「そのような不利益を労働者に法的に受忍させることを許容できるだけの高度の必要性」が求められる。

　考慮要素の中でも不利益性の程度と変更の必要性の比較衡量が合理性判断の中核をなすことになるが、労働組合の関与などの手続き的考慮要素や、日本の雇用慣行等の事情を幅広く組み込むことを可能とする「その他の就業規則の変更に係る事情」も、事案によって非常に大きな影響を持ちうる。就業規則変更法理が、日本的雇用システムとの関係で形成されてきた経緯に鑑みれば、「その他の就業規則の変更に係る事情」の考慮要素が有する意義は極めて大きい。

　労働者の受ける不利益の程度、労働条件の変更の必要性は、前掲・大曲市農協事件で、特に、賃金、退職金など労働者にとって重要な権利、労働条件に関し実質的な不利益を及ぼす場合には高度の変更必要性が求められることが示されたように、相関関係にある考慮要素である。不利益性の程度は、個々の労働

者について考慮されるため、就業規則の不利益変更の成否につき労働者ごとに結論が異なるということもありうる。

　③の考慮要素に関連しては、不利益性の程度に応じた代償措置および不利益緩和等が設定されているか否かが考慮される。不利益性の程度と変更の必要性とが拮抗している場合には、これが重要な要素となる場合がある。**判例7-5**は、不利益変更の必要性が肯定される場合にも、不利益変更により特定の労働者層に不利益がもたらされるときは、その不利益を緩和するための経過措置の設定を図るべきであり、この事件ではそれが十分でなかったとして、当該労働者との関係について就業規則の変更の合理性を否定し、経過措置の設定が考慮要素の1つとなりうることを確立した。

判例7-5　みちのく銀行事件〈最判平12・9・7民集54巻7号2075頁〉

事実　Y銀行は、行員の高齢化や銀行をとりまく経済情勢に鑑み、55歳以上の行員の基本給を55歳到達直前の額で凍結し、55歳に到達した官吏職階の者を専任職階とする等の「専任職制度」の創設と改定のために昭和61年および同63年に就業規則ならびに就業規則の性質を有する給与規程および役職制度運用規程の変更を行った。Y銀行の行員であるXらは、これらの変更に同意していないためこれらの変更がXらに対し効力を及ぼさないと主張して、Y銀行に対し、専任職への辞令および専任職としての給与辞令の各発令の無効確認、本件就業規則等変更を無効として計算した額の賃金の支払を受けるべき労働契約上の地位確認と差額賃金の支払を求めた。

判旨　一部破棄差戻、一部棄却。「前述した経営上の必要性に照らし、企業ないし従業員全体の立場から巨視的、長期的にみれば、企業体質を強化改善するものとして、その相当性を肯定することができる場合があるものと考えられる。しかしながら、本件における賃金体系の変更は、短期的にみれば、特定の層の行員にのみ賃金コスト抑制の負担を負わせているものといわざるを得ず、その負担の程度も前示のように大幅な不利益を生じさせるものであり、それらの者は中堅層の労働条件の改善などといった利益を受けないまま退職の時期を迎えることとなるのである。就業規則の変更によってこのような制度の改正を行う場合には、一方的に不利益を受ける労働者について不利益性を緩和するなどの経過措置を設けることによる適切な救済を併せ図るべきであり、それがないままに右労働者に大きな不利益のみを受忍させることには、相当性がないものというほかはない。本件の経過措置…の下においては、Xらとの関係で賃金面における本件就業規則等変更の内容の相当性を肯定することはできないものといわざるを得ない」。

　「本件では、行員の約七三パーセントを組織する労組が本件第一次変更及び本件

第二次変更に同意している。しかし、Ｘらの被る前示の不利益性の程度や内容を勘案すると、賃金面における変更の合理性を判断する際に労組の同意を大きな考慮要素と評価することは相当ではないというべきである」。

　⑤、⑥について、多数組合の合意があれば、基本的には就業規則変更の合理性を認める方向に有利な要素となる。問題となるのは、多数組合が合意していても、その内容が、多数組合に加入していない者に対して、または加入・非加入を問わず特定の労働者層に対して、著しい不利益を及ぼす内容であるときにこの要素をどのように考えるべきかである。**判例7-4** は、就業規則の変更は、「行員の約90％で組織されている組合…との交渉、合意を経て労働協約を締結した上で行われたものであるため、変更後の就業規則の内容は、労使間の利益調整がなされた結果としての合理的なものであると一応推測」できるとして、管理職であるため組合加入が認められなかった原告との関係で、変更の合理性を認める要素としてこの要素が考慮された。これに対して **判例7-5** では、73％を組織する多数組合が変更就業規則に同意しながら、高齢層のみが対象となる不利益措置を、経過措置を設けずに定めていることから、その不利益性の程度と内容に鑑みて労働組合との交渉の考慮要素を大きく評価していない。

　判例7-4 の判示した内容から、多数組合の同意を重要な判断要素と位置づける学説もあるが、事案によるこのような結論の差も、不利益性の程度、変更の必要性を中心的要素とした総合考慮の中で判断された結果生じたものにほかならない。労働協約による労働契約内容の不利益変更が行われる場合でさえ、手続面・内容面双方からの合理性審査を要するという立場からすると、就業規則の不利益変更の合理性を審査する場面で、多数組合との合意という手続的要素を特に重要な要素と位置付けることは適当でない。したがって、この考慮要素は、他の要素と並ぶ一要素と位置づけるのが適切であろう。

就業規則の変更と派遣労働者　登録型派遣の場合、派遣労働者は派遣先が特定されてから派遣元との間で派遣期間のみ労働契約を締結し、その都度労働契約を終了するため、労契法10条の規律する就業規則変更の問題が一見生じない。しかし、断続的であれ同一企業に専属して登録型派遣として就労している労働者について、その企業の就業規則がその者の労働条件規律に

重要な役割を果たしていることには疑いがなく、労働条件の一方的な不利益変更が無制約に行われてよいかが問われることとなる。阪急トラベルサポート事件：東京高判平30・11・15労判1194号13頁は派遣添乗員について同一の労働条件で労働契約の締結が繰り返されてきた事案であるが、判決はこのような事情を考慮し、その就業規則が「常用の労働契約における就業規則と同様に、一定期間継続して登録派遣添乗員との間の労働契約の内容を一律に規律する効力を果たしている実情」を認定し、労契法9条、10条の趣旨に照らして同法10条の適用を認めた。

労契法10条但書　労働契約の変更は合意によるのが原則であり（労契8条）、原則は就業規則による不利益変更もできないため（労契9条）、労働契約の中で「就業規則の変更によっては変更されない労働条件として合意していた部分」については、上記の就業規則による変更が合理的であっても、その内容が及ばないことを定めたものである。その例として、職種・勤務地限定特約などが挙げられる。

就業規則による労働契約内容変更の是非　労契法10条により、形式的には就業規則変更法理に法的根拠が与えられたとはいえ、その理論的根拠やその適切性は引き続き問われなければならない。労使が対等な立場で合意によって労働条件設定をするという労契法の趣旨、従属的地位にある労働者の意思を集団的次元で回復させるという団結権の趣旨、また労働関係が相互信頼に基づく継続的関係であることに鑑みれば、労働協約の締結に付随したものであればともかく、就業規則を通じた使用者の単独決定による労働契約内容の変更が適切な手段ということはできないであろう。しかし、企業別組合という組織形態が非正規雇用者の利益を十分に代表できずにおり、労働組合の組織力低下に歯止めが効かない現実があるため、現行の集団的労働関係法制の見直しも併せて検討されなければならない。また、労契法10条の合理性判断は、訴訟の予測可能性という観点からも問題視されている。

変更就業規則への労働者の同意　変更就業規則に反対する労働者との関係では、その就業規則の適用の可否につき労契法10条によって解決がなされるが、変更就業規則に個別的に同意する労働者には同条の合理性審査が及ばず、変更就業規則が適用されるのだろうか。これは、同9条の反対解釈が

認められるかという問題であり、学説・判例において議論が展開されてきている。学説では、10条による合理性審査の潜脱を防ぐため、9条の反対解釈を認めず、9条に基づく合意にも10条同等の合理性審査を求める説と、合意原則を重視して9条の合意には10条の合理性審査は及ばないが、その同意の有無の判断は慎重になされなければならないとする説とが対立していた。9条および10条を文理解釈すれば後者が無理のない解釈であるといえる反面、反対解釈を認めると、事業場の統一的な最低労働基準設定という労基法上の就業規則の機能とも、また秋北バス事件・ 判例4-2 が、労働条件の集合的処理、その統一性および画一性を理由に、契約法原理を超越して就業規則に個別契約が拘束されるという就業規則法理を確立したこととも整合性がとれなくなるというのが前者の説の核心である。

　裁判例においては後者の立場を採用するものが現れ（協愛事件：大阪高判平22・3・18労判1015号83頁など）、最高裁は、 判例7-6 において、不利益に変更した就業規則について、労契法8条、9条を引用して労使間での合意を認めたうえで、さらにその場合における労働者の同意の認定については、就業規則変更に対する労働者の同意の有無についての判断は慎重にされるべきであり、その際には「当該行為が労働者の自由な意思に基づいてされたもの」と認められるかの観点から判断すべきであるという立場を示した。

判例7-6　山梨県民信用組合事件〈最判平28・2・19民集70巻2号123頁〉

事実　Y社は合併に際して退職金の支給基準について就業規則を変更し、Xらはそれに署名・押印していた。退職金総額を従前の2分の1以下としたうえで厚生年金制度に基づく加算年金の現価相当額等を控除するというものであって、自己都合退職の場合には支給される退職金額が0円となる可能性が高いという内容であった。一審（甲府地判平24・9・6労判1136号21頁）、原審（東京高判平25・8・29労判1136号15頁）ともにXらの同意を認定して請求を棄却した。Xらが上告。

判旨　破棄差戻。「労働契約の内容である労働条件は、労働者と使用者との個別の合意によって変更することができるものであり、このことは、就業規則に定められている労働条件を労働者の不利益に変更する場合であっても、その合意に際して就業規則の変更が必要とされることを除き、異なるものではないと解される（労働契約法8条、9条本文参照）。もっとも、使用者が提示した労働条件の変更が賃金や退職金に関するものである場合には、当該変更を受け入れる旨の労働者の行為があ

るとしても、労働者が使用者に使用されてその指揮命令に服すべき立場に置かれており、自らの意思決定の基礎となる情報を収集する能力にも限界があることに照らせば、当該行為をもって直ちに労働者の同意があったものとみるのは相当でなく、当該変更に対する労働者の同意の有無についての判断は慎重にされるべきである」。

　この場合における労働者の同意認定の考慮要素として 判例7-6 は、①「当該変更により労働者にもたらされる不利益の内容及び程度」、②「労働者により当該行為がされるに至った経緯及びその態様」、③「当該行為に先立つ労働者への情報提供又は説明の内容等」を挙げている。これらの判断要素は、10条の要求する合理性要件と類似しており、両説は実質的には接近しているといってよいだろう。学説では、撤回可能期間の設定や要式性など、手続的側面をより重視した修正合意基準説が主張されている。

3　変更解約告知

　労働者の同意がなければ、前述の就業規則または労働協約の変更による場合を除いて、使用者は労働条件の不利益変更を行うことはできない。しかしながら、労働条件の不利益変更に応じない場合に解雇する旨を通知することによって、労働条件の不利益変更を実現する手法がある。これを変更解約告知というが、使用者が、従前の労働契約を解約して、新しい労働条件の労働契約の継続を申し込むというドイツの制度に由来するものである。この制度によると、旧条件による従業員は企業から全員排除されるので、個別的同意という手法によりながらも、実質的には、労働契約内容の集団的変更が可能になる。

　日本では、変更解約告知につき法律の定めがないため、裁判例では変更解約告知を認めるかについて意見は二分している。変更解約告知を肯定する裁判例では、変更解約告知とは「雇用契約で特定された職種等の労働条件を変更するための解約」であるとし、「労働者の職務、勤務場所、賃金及び労働時間等の労働条件の変更が会社業務の運営にとって必要不可欠であり、その必要性が労働条件の変更によって労働者が受ける不利益を上回っていて、労働条件の変更をともなう新契約締結の申込みがそれに応じない場合の解雇を正当化するに足

りるやむを得ないものと認められ、かつ、解雇を回避するための努力が十分に尽くされているときは、会社は新契約締結の申込みに応じない労働者を解雇することができるものと解するのが相当である」という判断枠組みを設定し、結論としては労働条件の変更を拒否した労働者の解雇が有効とされている（スカンジナビア航空事件：東京地決平7・4・13労判675号13頁）。これに対して、不利益変更につき異議をとどめて、裁判で争いながら変更後の労働条件で勤務する「留保付き承諾」の制度が設定されていないこと、労働者が不利益変更か、解雇かという二者択一を迫られることなどを理由に変更解約告知を否定し、整理解雇の判断枠組みの中で処理する裁判例もある（大阪労働衛生センター第一病院事件：大阪地判平10・8・31労判751号38頁、同事件：大阪高判平11・9・1労判862号94頁）。留保付き承諾とは、労働者が前記のような二者択一を回避できるよう、ドイツで法律上認められているものである。日本では、民法528条が契約申込みに対する条件を付した承諾は申込みの拒絶とみなすことを規定しているため、後者の裁判例は留保付き承諾が認められないと解釈しているのである。しかし学説からは、民法528条は契約の成立に関する規定のため、変更解約告知への適用はないと解釈できることなどが主張され、労働者の地位を保護するための解釈・解決が提示されている。

より深く学ぶための道案内

　労働条件変更のプロセスへの労働者代表の関与の仕方について、大内伸哉「労働条件の変更プロセスと労働者代表の関与」日本労働研究雑誌527号（2004年）19頁、公正代表義務に関しては、道幸哲也『労使関係法における誠実と公正』（旬報社、2006年）284頁以下。日本的雇用慣行と就業規則変更法理との関係に関しては、荒木尚志『雇用システムと労働条件変更法理』（有斐閣、2001年）195頁以下。労契法9条の反対解釈をめぐる学説について、荒木尚志「就業規則の不利益変更と労働者の同意」法曹時報64巻9号（2012年）1頁、唐津博「労契法9条の反対解釈・再論」根本到ほか編『西谷敏先生古稀記念論集（上）労働法と現代法の理論』（日本評論社、2013年）369頁、道幸哲也「労働法における集団的な視角」根本到ほか編『西谷敏先生古稀記念論集（下）労働法と現代法の理論』（日本評論社、2013年）3頁など。就業規則の不利益変更への同意認定に関する最高裁の判断基準の妥当性に関しては、野田進「企業合併に際してなされた退職給与規定の不利益変更への労働者の同意」労旬1862号（2016年）36頁。

第**8**章　労働契約の当事者の変動・拡張

1　企業組織再編と労働契約

合　　併

使用者が別の会社と合併し1つの会社になった場合、当該使用者と労働者との労働契約関係はどうなるのだろうか。会社の合併は、A社がB社に吸収される吸収合併（存続するB社を吸収合併存続会社という）（会社2条27号）と、A社とB社が合併して新たにC社を設立する新設合併（新たに設立されたC社を新設合併設立会社という）（会社2条28号）に分けられる。そして、いずれの合併も、その効果は包括承継である（吸収合併につき会社750条1項、新設合併につき会社754条1項）。

本来、吸収合併の際のA社で働く労働者や、新設合併の際のA社とB社で働く労働者にとって法的には労働契約の相手方である使用者の変更となるはずである。しかし、このような包括承継の場合には、民法625条1項における労働者の同意は不要とされる。したがって、各労働者と合併当事会社との労働契約は同意なく吸収合併存続会社および新設合併設立会社に承継されることになる。

そうすると、使用者が合併した場合、労働者の同意なく、吸収合併存続会社または新設合併設立会社が新たな使用者となる。なお、合併後の労働契約の条件等については、原則、そのまま承継されることになるが、実務上、各合併当事会社では労働条件が異なる場合もあり、その場合には合併後に調整されることになるのが一般的である。

会　社　分　割

(1)　**制度の概要**　　合併の場合とは逆に、例えば、使用者がその有する事業を別会社に承継させるような会

社分割を行う場合、使用者と当該事業に従事している労働者との労働契約関係はどうなるのだろうか。会社分割は、Ａ社の事業を既に存在するＢ社に承継させる吸収分割（会社2条29号）と、Ａ社の事業を取り出して当該事業を別会社（Ｃ社）として設立するような新設分割（会社2条30号）に分けられる（分割されるＡ社のような会社のことを分割会社と、事業を承継したＢ社のような会社のことを承継会社と、事業を取り出して新たに設立されたＣ社のような会社のことを新設会社という）。いずれの会社分割でも、一般的に、その効果は（部分的）包括承継と考えられている（吸収分割につき会社759条1項、新設分割につき会社764条1項）。そのため、合併の場合と同様に民法625条1項における労働者の同意は不要とされる。しかし、合併の場合と異なり、労働者の保護という観点から、会社分割を行うにあたり、会社が作成する吸収分割契約（吸収分割の場合）ないしは新設分割計画（新設分割の場合）の記載により、労働者への情報提供がなされないまま労働契約の承継を認めることは適切ではないことから、会社分割については労働承継法が定められている。

(2)　**会社分割における労働契約の承継手続**　　会社分割を行うにあたっては労働者保護の観点から、労働契約の承継につき労働承継法や商法上の特別の手続が定められ、また実務においては労働承継法8条に基づき作成された厚生労働大臣による指針が重視されている。

　ところで、会社分割における労働契約の承継の基本的枠組みは、承継対象となる事業に「主として従事している労働者（主従事労働者）」と「主従事労働者以外の労働者」とに分けて考えるとわかりやすい。例えば、Ａ社のα事業を分割して、Ｂ社に承継させる吸収分割を行う場合、「α事業に主として従事している労働者」と、「吸収分割契約書にα事業に従事していないにもかかわらず、労働契約の承継が記載されている主従事労働者以外の労働者」に対して通知を行い、異議申出権が付与される。また、主従事労働者であるにもかかわらず、分割契約・分割計画では承継されないとされた労働者についても異議申出権が付与される。

　会社分割をする場合、まず分割会社は、当該分割にあたり、厚生労働大臣の定めるところにより、その雇用する労働者の理解と協力を得るよう努めるものとされる（労働承継7条）（7条措置）。指針によれば、本措置においては、会社

分割をする背景および理由、効力発生日以後における分割会社および承継会社等の債務の履行の見込みに関する事項、労働者が承継会社等に承継される事業に主として従事する労働者に該当するか否かの判断基準、労働協約の承継に関する事項および会社分割にあたり、分割会社または承継会社等と関係労働組合または労働者との間に生じた労働関係上の問題を解決するための手続について、分割会社がその雇用する労働者の理解と協力を得るよう努めるものとされている（指針第二・４・（２）ロ参照）。

　また、労働承継法２条１項の規定による通知をすべき日までに、分割会社は労働者と協議をするものとされる（平成12年商法改正附則５条１項）（５条協議）。指針によれば、本協議においては、効力発生日以後、労働者が勤務することとなる会社の概要、効力発生日以後における分割会社および承継会社等の債務の履行の見込みに関する事項、当該労働者が承継会社等に承継される事業に主として従事する労働者に該当するか否かの考え方等を十分説明し、本人の希望を聴取した上で、当該労働者に係る労働契約の承継の有無、承継するとした場合または承継しないとした場合の当該労働者が従事することを予定する業務の内容、就業場所その他の就業形態等について協議するものとされる（指針第二・４・（１）イ参照）。なお、７条措置と５条協議の関係につき、５条協議は承継される事業に従事する個別労働者の保護のための手続であるのに対し、７条措置は会社分割に際し、分割会社に勤務する労働者全体の理解と協力を得るためのものであり、実施時期、対象労働者の範囲、対象事項の範囲および手続等に違いがある（指針第二・４・（１）ロ参照）。

　さらに、会社分割をする際、①主従事労働者と、②主従事労働者以外であるにもかかわらず承継の対象とされた者に対して、通知期限日までに、労働契約の承継に関する分割契約・分割計画における定めの有無や異議申出期限日等を書面により通知しなければならない（労働承継２条１項）。

　上記①の労働者の場合には、分割契約（分割計画）にその者が分割会社との間で締結している労働契約を承継会社等が承継する旨の定めがない者は、その通知がされた日から異議申出日までの間に、当該分割会社に対し、当該労働契約が当該承継会社等に承継されないことについて、書面により異議を申し出ることができる（労働承継４条１項）。なお、異議を申し出た場合には、労働契約

が承継される（同条4項）。他方、上記②の労働者の場合には、書面通知がされた日から異議申出期限日までの間に、分割会社に対し、当該労働者が当該分割会社との間で締結している労働契約が承継会社等に承継されることについて、書面により、異議を申し出ることができる（労働承継5条1項）。なお、異議を申し出た場合には、労働契約は承継されない。

　そして、承継労働者について会社分割の効力発生日に労働契約が承継される（労働承継3条）。

　なお、上記とは別に、分割会社が労働組合との間で労働協約を締結しているときは、当該労働組合に対し、通知期限日までに、当該分割に関し、当該労働協約を承継会社等が承継する旨の当該分割契約（分割計画）における定めの有無等について書面により通知しなければならない（労働承継2条2項）。そして、分割会社は、分割契約（分割計画）に、当該分割会社と労働組合との間で締結されている労働協約のうち承継会社等が承継する部分を定めることができる（同6条1項）。

⑶　**7条措置および5条協議違反の効果**　　ところで、法律上、上記のような手続が定められているにもかかわらず、会社により7条措置や5条協議がなされなかった場合、労働契約の承継はどうなるのだろうか。

> **判例8-1**　日本IBM（会社分割）事件〈最判平22・7・12民集64巻5号1333頁〉
> **事実**　会社分割を行うにあたって、承継事業に従事するX（労働者）らが、Y社（使用者）による説明不充分、協議不誠実などを理由に、労働契約の承継手続に瑕疵があり、Xの労働契約の承継の効果は生じないと主張した。
> **判旨**　「承継法3条所定の場合には労働者は…分割会社の決定に対して異議を申し出ることはできない立場にあるが、…5条協議の趣旨からすると、承継法3条は適正に5条協議が行われ当該労働者の保護が図られていることを当然の前提としているものと解され…、上記立場にある特定の労働者との関係において5条協議が全く行われなかったときには、当該労働者は承継法3条の定める労働契約の承継の効力を争うことができる…。…他方、…7条措置…は分割会社に対して努力義務を課したものと解され、これに違反したこと自体は労働契約承継の効力を左右する事由になるものではない」として、本件においては、7条措置および5条協議とも指針の趣旨にかなったものであったとし、Xらの労働契約は承継するとした。

　判例 8-1 は、最高裁において会社の分割による労働契約の承継の効力が争われた事案である。労働契約承継法の立法当時においては、5条協議が全く行われていないような場合には、個別の労働契約の承継だけではなく、会社分割の無効事由になるという見解も示されていた（なお、指針第二・4・（1）ヘ参照）。しかし、このような見解に対しては、そもそも会社分割無効事由に当たるとしても、会社分割無効の訴えは、提訴期間の制限や提訴権者が株主や取締役等に限定されており（会社法828条1項9号、10号、2項9号、10号参照）、労働者は提起できないということ、5条協議は個別労働者との間で要請されるものであり、対世効（会社法838条）まで認める必要もないことから、個別の労働契約の承継を争うことができると考えればよいとも指摘されており、本判決はこれと同様の一般論を述べたものと考えられる。

　なお、 判例 8-1 を前提に、エイボン事件：東京地判平29・3・28労判1164号78頁は、会社分割の目的や労働条件の変更はない旨の大まかな説明を受けていたものの、労働組合に加入しリストラに抗うことでもって不利益を受ける可能性を示唆される中で、労働組合を脱退することを引き替えに承継会社への承継を選択させられていたとして、5条協議の趣旨に反することを理由に承継の効力を争うことができるとした。

(4)　会社分割時における転籍方式による労働契約の承継の可否　　それでは、労働承継法の手続によらず、転籍方式による労働契約の承継は可能なのだろうか。

判例 8-2 　阪神バス（本訴）事件〈神戸地尼崎支判平26・4・22労判1096号44頁〉

事実　労働者Xを労働契約承継法の手続ではなく、分割会社を一旦退職させ、労働条件の不利益変更への同意書を提出した上で新設会社に転籍させたことから、労働者Xらが、従前どおりの勤務シフトに基づく勤務以外の勤務をする義務のない地位にあることの確認等を求めた。

判旨　「承継会社に承継される事業に主として従事する労働者には、会社分割に当たり、当該労働者が希望しさえすれば、分割会社との間の従前の労働契約がそのまま承継会社に承継されることが保障されているといえる。…労働契約承継法上、通知義務の規定に例外規定はないから、転籍に係る同意が得られたからといって承継法上の通知等の手続の省略が当然に許されるものとは解されず、労働者に進路選択

を迫り、転籍させるという手続は、承継法によって保障された、労働契約が承継されるという労働者の利益を一方的に奪うものであり、承継法の趣旨を潜脱するものといわざるを得ず、公序良俗に反して無効である」として労働契約の承継を認めなかった。

　判例8-2 は、会社分割の際に、労働契約承継法上の手続が省略され、労働条件の引き下げを伴う転籍合意という形で労働契約の承継を行った事案において、承継の可否が問題となった事案である。本件では、主従事労働者が希望すれば、従前の労働条件がそのまま維持されて承継される利益があるにもかかわらず、そのことについて説明等がなされないまま同意書を提出していることなどを理由に、本件のような転籍合意による形で労働契約を承継させるような手続は公序良俗に反して無効であるとした。この問題について、指針でも、転籍合意によるとしても承継法2条1項および2項の通知や5条協議を省略することはできないとされている（指針第二・2・（5）イ（イ）参照）。もっとも、転籍合意による方法が一切認められないのではなく、承継法2条1項および2項の通知や5条協議と同程度の手続がなされ、異議申出権が適切に付与されている場合には、有効なものと扱われる余地はあると考えられる。

事　業　譲　渡　　　（1）　**事業譲渡における労働契約の承継**　　事業譲渡とは、一定の事業目的のため組織化され、有機的一体として機能する財産（得意先関係等の経済的価値を含む）の全部または重要な一部を譲渡し、これによって、譲渡会社がその財産によって営んでいた事業的活動の全部または重要な一部を譲受人に受け継がせることとされる（最大判昭40・9・22民集19巻6号1600頁）。事業譲渡を行う場合には株主総会決議が必要となるが、当該事業に従事している労働者との労働契約はどうなるかが問題となる。なお、事業譲渡は、包括承継という効果が認められる合併や会社分割と異なり、その権利義務関係の移転は個々の債権者の同意を必要とする特定承継の考え方を前提する。

　そのため、多くの裁判例は、使用者が事業譲渡をする場合、当該事業に含まれる労働契約を承継させるためには、事業を譲渡する譲渡会社、当該事業を譲り受ける譲受会社、そして、労働者の三者が合意しなければならないとする。

したがって、譲渡会社と譲受会社間での譲渡契約において、一部の労働者の労働契約について譲受会社に譲渡しない旨の合意があった場合には、基本的には労働契約の承継はなされない。

判例8-3　東京日新学園事件〈東京高判平17・7・13労判899号19頁〉

事実　学校法人Ａ学園の経営が破たんしたことから、Ａ学園がＸに学園の営業（事業）を譲渡するにあたって、教職員を退職させる旨等を営業譲渡契約において定めていた。そして、営業譲渡契約締結後、当該譲渡契約に基づき教職員を退職させた上で、新たに事業を譲り受けたＸが従前のＡ学園の教職員のうち希望者の多くを採用した。しかし、一部の労働者については不採用となった。そこで、不採用となった従前のＡ学園の教職員Ｙが労働契約の承継を求めたため、Ｘが雇用関係不存在の確認を求めた。

判旨　「営業譲渡契約は、債権行為であって、契約の定めるところに従い、当事者間に営業に属する各種の財産…を移転すべき債権債務を生ずるにとどまるものである上、営業の譲渡人と従業員との間の雇用契約関係を譲渡人が承継するかどうかは、譲渡契約当事者の合意により自由に定められるべきものであり、営業譲渡の性質として雇用契約関係が当然に譲渡人に承継されることになるものと解することはできない」。

---

(2)　**不当目的の事業譲渡と労働契約の不承継**　　しかし、事業譲渡に伴う労働契約の承継は、譲渡会社・譲受会社・労働者の三者間合意が必要だとしても、事業譲渡に際して、譲受会社への承継拒否が労働組合の壊滅を目的とするような不当労働行為と認められる場合や、解雇法理の潜脱のために一部の労働者の労働契約を承継しない場合も同様に考えられるだろうか。例えば、特定の労働者に対する嫌がらせ等から、譲渡会社が譲受会社に対して事業を全部譲渡しつつ、特定の労働者のみを承継しなかったような場合である。

　このような場合には、1つは、譲渡会社と譲受会社との間で締結される事業譲渡契約の解釈の問題としても解決しうるとも考えられる。実際、事業譲渡契約において明確に労働契約の不承継を定めていない場合には、次のような解釈により労働契約の承継を認める裁判例がある。

判例8-4　タジマヤ事件〈大阪地判平11・12・8労判777号25頁〉

事実　Ａ社がした事業譲渡前に解雇した労働者Ｘの解雇が無効とされたものの、Ａ

社はＹ社に事業の全部譲渡を行ったが、事業譲渡契約において明確に労働契約の不承継を定めていなかった。そこで、Ｘの労働契約はＹ社に承継されるとして、ＸがＹ社の労働者たる地位を有することの確認を求めた。

判旨「Ｙ社がＡ社に在籍した従業員全員を雇用していることからすると、譲渡の対象となる営業にはこれら従業員との雇用契約をも含むものとして営業譲渡がなされたことを推認することができる」。

他方で、事業譲渡契約において明確に労働契約の不承継を定めていたような場合には、どのように考えられるだろうか。このような場合には、以下のような方法により、労働契約の承継を認める裁判例がある。

判例 8 - 5　勝英自動車学校事件〈東京高判平 17・5・31 労判898号16頁〉
事実　Ａ社がＹ社に事業を全部譲渡した際に、その目的がＡ社労働者を一旦退職させ、Ｙ社に新規採用するという形を取ることで賃金減額等労働条件の水準を引き下げさせるためであったという事案において、Ａ社の労働者がＹ社に対して契約上の地位の確認を求めた。
判旨「〔本件解雇は〕従業員を個別に排除する目的で行われたものであり、客観的に合理的な理由を欠き社会通念上相当として是認することができないから、解雇権の濫用として無効であること、…〔事業譲渡により一部の労働者を承継しないとの〕合意部分は、民法90条に違反するものとして無効〔である〕」。

さらに、労働組合活動を行っていた労働者を会社から排除しようとする不当労働行為目的で会社の事業の全部譲渡が行われたような場合には、次にみるような法人格否認の法理によって労働契約の承継を認める場合もある。

2　企業組織再編と労働条件の集団的変更

会社分割における労働条件の集団的変更　会社分割による場合、労働承継法に基づく手続によれば、承継会社に承継される事業に主として従事する労働者には、分割会社との間の分割前の労働契約が承継会社に承継されることが保障されている。そこで、会社分割にあたって、労働承継法によらずに、転籍合意という形を利用して使用者が個々の労働者との間で労働条件を引き下げることは許されるかが問題となる。**判例 8 - 2**では、勤務配慮に係る労働条件の不

利益変更を転籍合意という形で行った事例において、当該不利益変更は無効で
あるとした。

事業譲渡における労働条件の集団的変更　事業譲渡が行われる場合に、使用者は労働条件を変更
するために以下のようなスキームを用いる場合がしば
しばある。すなわち、譲渡会社と譲受会社との間の事業譲渡契約において、労
働条件の引き下げに同意した譲渡会社の労働者について一旦退職させて、譲受
会社において再雇用し、他方で、労働条件の引き下げに同意しない譲渡会社の
労働者については解雇する旨を定める。このように、変更解約告知に類似する
方法で事業譲渡手続に乗じて労働条件を不利益に変更することがある。このよ
うな労働条件の不利益変更については、 判例8-5 によれば公序良俗に違反し
無効であるとされる。

3　法人格否認の法理による使用者の拡張

法人格否認の法理の意義　使用者は、通常、労働者が入社した会社であって、例
えば、親子会社関係にある会社のうち、子会社に雇用
されている労働者については、子会社との間で労働契約関係が形成されてい
る。したがって、基本的には、当該労働者にとっての使用者は、その子会社と
いうことになる。

　しかし、例えば、企業グループを形成しているようなときに、親会社等が子
会社に対する支配力を行使して、子会社の人事労務を担っているような場合に
は、その契約関係は、あくまで子会社と労働者との間に形成されているもの
の、その実質をみれば、その親会社等と労働者との間に形成されているのでは
ないか、との印象を受けるような場合もある。

　企業グループ全体における統一的な人事労務管理を行っているという程度で
あればまだしも、それが労働法の潜脱（労働組合排除、解雇法理の適用の回避な
ど）を目的とするような場合には、正義・衡平に反するようなケースもみられ
る。この場合には、労働契約の当事者を拡張し、親会社等との間で労働契約関
係を形成するような法理が必要となる。

　そこで、労働事件においては、いわゆる法人格否認の法理と呼ばれる法理を

用いて、本来の契約の相手方である使用者以外を労働契約関係の当事者として
扱うことが実際にある。例えば、使用者であるＡ社の労働者らが労働組合を結
成し活動を行っていたところ、Ａ社の親会社Ｂ社が組合嫌悪から不当労働行為
意思をもって、Ａ社を解散して、Ｂ社が直接、Ａ社が営んでいた事業を行うこ
ととし、Ａ社の元労働者のうち労働組合活動を行っていない者を新規に採用し
たような場合等が考えられる。

　このような法人制度を悪用するような場合には、裁判例は法人格否認の法理
という手法を用いて、親会社等の別会社に法律関係を形成させてきた。法人格
否認の法理とは、株主と会社との関係が密接であり、会社の法人格の独立性を
形式的に貫くと、正義・衡平に反するような場合に、特定の事案に限って会社
の法人格を否定し、会社とその背後にいる株主（親会社等）とを同一視して事案
の衡平な解決を図るための法理である。最判昭44・2・27民集23巻 2 号511頁に
よれば、法人格が全くの形骸にすぎない場合（形骸事例）、または法律の適用を
回避するために法人制度が濫用された場合（濫用事例）に認められるとされる。

**法人格否認の法理が
適用される場面**　労働事件において法人格否認の法理が問題となる事例
には様々あるが、大別して親会社や事業の譲受会社等
に未払賃金等を請求する事案と労働契約の承継を求める事案とに分けられる。
前者については川岸工業事件：仙台地判昭45・3・26労民集21巻 2 号330頁を
きっかけに、いくつかの裁判例で認められてきた。他方で、親会社や事業の譲
受会社等に労働契約の承継を求めるような場合については、次にみるような事
案で問題となっている。

判例 8 - 6　新関西通信システムズ事件〈大阪地決平 6・8・5 労判668号48頁〉
事実　業績不振に陥っていたＡ社の営業の全部をＹ社が譲り受け、Ａ社が解散した
ことに伴い解雇された労働者ＸがＹ社に採用されなかった事案において、Ａ社の解
散は労働組合嫌悪および解雇法理適用回避を目的としていたことを前提に、ＸがＹ
社に対して労働契約上の権利を有する地位にあることを仮に定めることを求めた。
判旨　「労働契約がＹ社に承継されることを期待する合理的な理由があり、実態と
してもＡ社とＹ社に高度の実質的同一性が認められるのであり、Ｙ社がＡ社との法
人格の別異性、事業廃止の自由、新規契約締結の自由を全面的に主張して、全く自
由な契約交渉の結果としての不採用であるという観点からＸとの雇用関係を否定す

ることは、労働契約の関係においては、実質的には解雇法理の適用を回避するための法人格の濫用であると評価せざるをえない」。

　判例8-6 のように、事業譲渡や会社解散が不当労働行為目的であるような場合や解雇法理の適用を回避するために行われたような場合には法人格否認の法理を用いて、労働契約の承継を認める可能性がある。なお、このように労働組合嫌悪のため、不当労働行為意思を持って会社を解散し、実質的同一の事業を営む別会社を設立するような場合を偽装解散と呼ぶ。偽装解散のような場合には、そもそも会社の解散決議が無効になるとの見解もあったが、通説は、会社の解散決議自体は有効である一方、前述したような事業譲渡契約の解釈や法人格否認の法理に基づいて労働契約の承継を認める余地があるとする。他にも以下のような事例がある。

> **判例8-7**　第一交通産業（佐野第一交通）事件〈大阪高判平19・10・26労判975号50頁〉
>
> **事実**　Y1社は完全子会社であるA社の事業を再建のため自社取締役等をA社に送り込み労働条件等についてA社の労働組合と交渉していたところ対立が激化してしまった。そこで、Y1社は別子会社Y2社をA社と同じ営業区域に参入させ、A社の労働者のうち非組合員を採用しつつ、A社を解散した事案において、Xが主位的にY1社に対する労働契約の承継を、予備的にY2社に対して労働契約の承継を求めた。
>
> **判旨**　「子会社の法人格が完全に形骸化しているとまではいえない場合であっても、親会社が、子会社の法人格を意のままに道具として実質的・現実的に支配し（支配の要件）、その支配力を利用することによって、子会社に存する労働組合を壊滅させる等の違法、不当な目的を達するため（目的の要件）、その手段として子会社を解散したなど、法人格が違法に濫用されその濫用の程度が顕著かつ明白であると認められる場合には、子会社の従業員は、直接親会社に対して、雇用契約上の権利を主張することができる。…子会社の法人格が完全に形骸化している場合、子会社の従業員は、解散を理由として解雇の意思表示を受けたとしても、これによって労働者としての地位を失うことはなく、直接親会社に対して、継続的、包括的な雇用契約上の権利を主張することができると解すべきである」とし、本件ではY1社に対する労働契約の承継のみ認められた。

　判例8-7 における一般論からは、労働契約の承継が認められるためには、

子会社が親会社の①営業部門に過ぎないような場合（法人格の形骸化）か、②偽装解散のような法人格の濫用の程度が顕著かつ明白である場合が必要であると考えられている。しかし、近時の裁判例では、このような判断枠組みが採用されていないようにも思われる事例も散見される（ヒューマンコンサルティングほか事件：横浜地判平26・8・27労判1114号143頁、サカキ運輸事件：長崎地判平27・6・16労判1121号20頁）。

法人格否認の法理によらない親会社への責任追及

それでは子会社の労働者が親会社に対して、法人格否認の法理によらずに責任追及する方法はあるのだろうか。例えば、近時、以下のような事例がある。

判例 8-8　イビデン事件〈最判平 30・2・15 労判1181号 5 頁〉

事実　子会社の労働者Ｘが、親会社Ｙの事業場内で別会社の社員からハラスメント行為を受けたことにつき、企業グループを統括する親会社が法令等遵守に関する社員行動基準を定め、自社および子会社から成る企業集団の業務の適正等を確保するための体制を整備していた場合には、相応の措置を講ずる信義則上の義務があるとして、当該義務に違反したことを理由にＹ社に対して債務不履行責任を追及した。

判旨　「Ｙ社は、…本件法令遵守体制の一環として、本件グループ会社の事業場内で就労する者から法令等の遵守に関する相談を受ける本件相談窓口制度を設け、上記の者に対し、本件相談窓口制度を周知してその利用を促し、現に本件相談窓口における相談への対応を行っていた…。…本件グループ会社の事業場内で就労した際に、法令等違反行為によって被害を受けた従業員等が、本件相談窓口に対しその旨の相談の申出をすれば、Ｙ社は、相応の対応をするよう努めることが想定されていたものといえ、上記申出の具体的状況いかんによっては、当該申出をした者に対し、当該申出を受け、体制として整備された仕組みの内容、当該申出に係る相談の内容等に応じて適切に対応すべき信義則上の義務を負う場合があると解される」としたが、Ｘからの申出がなかったとしてＹ社の責任を否定した。

　企業グループのような場合、それを統括する大規模な親会社では、社内で違法行為が行われないようにするための法令遵守等体制や子会社を含めた企業グループ全体の業務適正確保体制の整備がなされることがある（会社348条3項4号、362条4項6号、399条の13第1項1号ハ、416条1項1号ホ参照）。本判決では、親会社がグループ全体で法令等遵守に関する相談受付窓口を設置している場合に、当該窓口に相談を申し出た場合には、使用者ではなくとも労働者に対して

信義則上の義務が生じる可能性を認めた。

4　取締役の責任

取締役の労働者に対する損害賠償責任　使用者はあくまで労働契約関係にある会社（法人）であるから、その会社の経営者たる取締役と労働者は何らの契約関係にあるわけではない。したがって、法人たる使用者の賃金支払義務や労働者に対する安全配慮義務は、あくまで当該使用者自身の義務であって、経営者である取締役の義務ではない。しかしながら、法人たる使用者は、法的存在に過ぎず、その実体は自然人である取締役によって経営されており、その取締役の労働者に対する責任も問題となりうる。近時、労働者の未払賃金事件や労働災害事件（過労死・過労自殺等。なお、通常の労災補償については第13章参照）において、使用者たる会社への未払賃金請求や損害賠償請求だけではなく、会社の取締役に対して労働者が損害賠償責任を追及する事件が相次いでいる。例えば、取締役に対して未払賃金額相当分の損害賠償責任を追及する事案や、過労死・過労自殺等労働災害によって生じた労働者の損害の賠償を会社に加えて取締役に対しても求める事案などである。

　労働者が取締役に対して損害賠償責任を追及する場合に適用される条文としては、不法行為に関する民法709条のほか、会社法429条１項に基づく損害賠償責任の規定がある。会社法429条１項は、取締役（監査役等）がその職務を行うについて悪意または重大な過失があったときに、これによって第三者に生じた損害を賠償する責任を負うと定める。判例（最大判昭44・11・26民集23巻11号2150頁）によれば、本条の趣旨は、会社が経済社会において重要な地位を占め、会社の活動は取締役等の職務執行に依存するものであることから、第三者保護の観点から認められた法定の特別責任であり、本条の要件は、①会社に対する任務懈怠があること、②任務懈怠について悪意または重過失があること、③第三者に損害が生じること、④任務懈怠と第三者に生じた損害との間に相当因果関係があることとされている。例えば、取締役が違法な経営等をした結果、会社に巨額の損害が生じ、結果的に会社が倒産してしまったことから、会社に対して債権を有していた債権者が債権を回収することができなくなってし

まった場合（労働判例におけるこのタイプの事例として、JT 乳業事件：名古屋高金沢支判平 17・5・18 労判905号52頁）や、取締役が会社に対する任務懈怠によって、第三者に直接損害を与えるような場合が挙げられる。

　ここにいう会社に対する任務懈怠とは、取締役の会社に対する善管注意義務等に違反することである。これは、会社法上、会社と取締役との関係は委任関係であり（会社330条）、取締役は会社に対して善管注意義務（民644条）や法令遵守義務（会社355条）を負っており、それらの義務に違反した場合を任務懈怠という。労働判例においては、取締役が会社に対する労働法令遵守義務違反や労働法令遵守体制構築義務違反等を根拠として、会社に対する任務懈怠を肯定し、労働者に生じた損害について賠償責任を負うとされる事例が少なくない。

直接的な不法行為を行った取締役の責任　まず、取締役の直接的な不法行為の事例については、例えば、取締役が部下の労働者に対して暴力行為等（セクハラやパワハラ等も含む）を行ったような場合が想定される。この場合には、取締役自身の不法行為責任が発生し、取締役個人が損害賠償責任を負うという事案も少なくない（大津地判平 15・3・24 判時1831号 3 頁等）。そして、この場合には、民法709条に基づく責任に加え、会社法429条 1 項に基づく責任を負う場合もある。なお、代表取締役が不法行為を労働者に対してした場合には、同時に使用者である会社も会社法350条に基づいて損害賠償責任を負う（代表取締役による退職強要行為が不法行為に当たり、使用者である会社も同時に会社法350条に基づき損害賠償責任が認められた事例として、フクダ電子長野販売事件：東京高判平 29・10・18 労判1179号47頁がある）。

会社の賃金未払いに関する取締役の責任　使用者が労働者に賃金等を支払わなかったような場合には、労働者は当該使用者（会社）に対して未払賃金等を請求することができる。しかし、使用者が既に支払能力を喪失してしまっているような場合等で、未払賃金債権の回収が困難であるようなときには、その取締役個人に対して未払賃金相当額の損害賠償責任を追及する場合がある。

判例 8 - 9　**昭和観光事件**〈大阪地判平 21・1・15 労判979号16頁〉

事実　Ａ社（使用者）の労働者Ｘらが時間外労働をしたにもかかわらず割増賃金を支払ってもらえなかったとして、Ａ社の取締役等Ｙらに対して、未払いの割増賃金

相当額について平成17年改正前商法266条ノ3第1項（会社法429条1項）に基づき損害賠償を求めた。

判旨　「株式会社の取締役及び監査役は、会社に対する善管注意義務ないし忠実義務として、会社に労働基準法37条を遵守させ、被用者に対して割増賃金を支払わせる義務を負っているというべきである。…商法266条の3（280条1項）〔会社法429条1項〕にいう取締役及び監査役の善管注意義務ないし忠実義務は、会社資産の横領、背任、取引行為など財産的範疇に属する任務懈怠だけでなく、会社の使用者としての立場から遵守されるべき労働基準法上の履行に関する任務懈怠も包含すると解すべき〔である〕。…A社が倒産の危機にあり、割増賃金を支払うことが極めて困難な状況にあったなど特段の事情がない限り、取締役の上記義務に違反する任務懈怠が認められる」。

　判例8-9　においては、取締役等の会社に対する善管注意義務には、労基法37条（時間外、休日及び深夜の割増賃金）を遵守する義務を含むとして、悪意または重過失によって当該義務に違反した場合には労働者に対して直接責任を負うとする一般論が展開されている。このような判断枠組みは、基本的に、その後の裁判例でも踏襲されている（ブライダル関連会社元経営者ら事件：鳥取地判平28・2・19労判1147号83頁）。

**労災事件における
取締役の責任**　労災が生じた場合、使用者は労働者に対して損害賠償責任を負う場合がある。すなわち、使用者は労働者に対して安全配慮義務を負っており、使用者が当該義務に違反したことによって、労働者は民法上の不法行為責任（民法709条、715条）ないしは契約関係における債務不履行責任（民法415条）を追及することができる。それでは、労災が発生した場合に、なぜ取締役もまた損害賠償責任を負うのだろうか。ここで注意しなければならないのは、あくまで安全配慮義務は使用者の労働者に対する義務であって、取締役の労働者に対する義務ではないということである。

　労災事件、とりわけ過労死・過労自殺事案においては取締役が労働者に対して責任を負う場合として、第1に、取締役が、当該被災労働者の長時間労働を認識していたような場合がある。このような場合には、業務上の指揮監督を行う権限を有する者とされた取締役が使用者の業務の遂行に伴う疲労や心理的負荷等が過度に蓄積して労働者の心身の健康を損なうことがないよう注意する義務を負うことになるから、当該義務に違反して不法行為責任を負う可能性があ

る。第2に、たとえ取締役が被災労働者の長時間労働を認識できていなかった場合でも、次のような判断枠組みで会社法429条1項に基づく責任を負う可能性がある。

> **判例8-10**　大庄ほか事件〈大阪高判平23・5・25労判1033号24頁〉
>
> **事実**　A社（大規模上場会社）の労働者Xが長時間労働により過労死した事案において、A社の取締役Yらに対して、会社法429条1項に基づき損害賠償責任を求めた。なお、YらはXの長時間労働を直接認識できる立場にはなかった。
>
> **判旨**　「〔Yらには〕会社の労働者の極めて重大な法益である生命・健康を損なうことがないような体制を構築し、長時間勤務による過重労働を抑制する措置を採る義務があることは明らかであり、この点の義務懈怠において悪意又は重過失が認められる。そして、…代表取締役〔は〕…、自ら業務執行全般を担当する権限がある上、仮に過重労働の抑制等の事項については他の〔取締役〕らに任せていたとしても、それによって自らの注意義務を免れることができないことは明らか〔である〕」。

判例8-10 は、大規模な上場会社において、被災労働者の長時間労働について、取締役等が認識していなかった場合であっても、取締役は会社に対して労働者の生命や健康を損なうことがないような体制を構築する義務（健康配慮体制構築義務）を負うと述べる。そうすると、悪意または重過失によって当該義務に違反して労働者に損害を生じさせた場合には、取締役は当該労働者に対して直接損害賠償責任を負う可能性がある。なお、A社事件：大阪地判平30・3・1判時2382号60頁のように比較的小規模な会社であっても労働者の過労自殺につき、取締役に **判例8-10** で示されたような義務を認め、会社法429条1項に基づく責任が肯定された事例もある。同事件は、そもそも被災労働者の労働時間を会社が客観的に把握していなかったことが結論に影響を与えたものとも考えられる。

より深く学ぶための道案内

「企業組織変動と労働契約」については、野川忍ほか編『企業変動における労働法の課題』（有斐閣、2016年）所収の各論文。「法人格否認の法理」については、本久洋一

「企業間ネットワークと雇用責任」日本労働法学会誌104号（2004年）45頁以下、南健悟「労働事件における法人格否認の法理」日本法学84巻 1 号（2018年）53頁以下が詳しく論じている。また、法人格を越えて労働法規制を及ぼすことについて検討したものとして、土岐将仁『法人格を越えた労働法規制の可能性と限界』（有斐閣、2020年）を挙げておく。労働事件における取締役の責任については、南健悟「取締役の労働者に対する損害賠償責任」労旬1737号（2011年）11頁以下、天野晋介「会社法429条と取締役の労働法遵守体制構築義務」季労253号（2016年）165頁以下が詳しく論じている。

第**9**章　労働契約の終了

1　労働契約終了の諸形態

　期間の定めのない労働契約は、契約の各当事者が解約権を行使することによって、または、両当事者の合意により、終了させることができる。一般に、使用者が一方的に労働契約を終了させることを「解雇」といい、労働者による場合を「辞職」、両者の合意による場合を「合意解約」という。民法627条1項は、期間の定めのない労働契約の各当事者が、「いつでも解約の申入れをすることができ…雇用は、解約の申入れから2週間が経過することによって終了する」と規定し、各当事者の一方的解約権を保障している。合意解約については契約の自由を根拠に当然に保障されているものと解される。

　期間の定めのある労働契約は、その性質上、契約期間の満了により終了する。期間途中については、合意解約により、または、「やむを得ない事由がある」場合には一方的に即時に契約を終了させることができる（民628条）。

　そのほか、労働契約は、定年年齢への到達や休職期間の満了といった契約終了事由の発生により、あるいは、労働者の死亡や会社の解散といった当事者の消滅によって終了することがある。

2　解　　雇

**解雇の自由と
解雇規制**　　上記のとおり民法の規定は、使用者がいつでもその理由を問わず労働契約を一方的に終了させることができること（解雇の自由）を明示的に保障している。しかしながら、労働者にとっ

て失業とは、主たる収入源の喪失を意味し、労働者およびその家族の生活に重大な影響を及ぼす。また、恣意的な解雇が認められると、雇用関係の維持と引き換えに、解雇の脅威が、労働者の（経済的・人格的）従属性を強化し、あるいは、適法な権利行使を妨げるおそれとなる。そのため、労働法は、使用者による一方的な労働契約の終了（解雇の自由）に修正を加えている。

　解雇規制の展開という観点では、労基法制定当時（1947年）、解雇に関する規定は、解雇予告義務および特別な解雇制限・禁止に関する規定のみであった。その後、日本型雇用慣行が形成されていく時期に、使用者の解雇権一般を制約する解雇権濫用法理が判例上形成された。解雇権濫用法理とは、権利濫用の禁止（民1条3項）を基礎として、解雇は、「客観的に合理的な理由を欠き社会通念上相当として是認することができない場合には、権利の濫用として無効となる」（日本食塩製造事件：最判昭50・4・25民集29巻4号456頁）と解するものである。解雇権濫用法理は、解雇事由が存在する場合もなお社会通念上の相当性が求められるとしている点、また、解雇を「無効」と解することによって法的救済を図る点に特徴がある。 **判例9-1** は、2週間に2度寝坊した労働者の解雇について、労働者の側に有利な事情を考慮し、「解雇をもつてのぞむことは、いささか苛酷にすぎる」として当該解雇を無効とした原審判決を支持した有名な最高裁判決である。

　判例法理である解雇権濫用法理の内容は、実定法上、長い間、明らかにされていなかった。2003年の労基法改正では、解雇紛争に関するルールの明確化という趣旨のもと、労基法18条の2として同法理の内容が明文化された。その後、同規定は、2007年の労契法制定により、労契法16条に移された。

判例9-1　高知放送事件〈最判昭52・1・31 労判268号17頁〉

事実　ラジオ局（Y社）のアナウンサーであるXは、寝坊の結果、2週間のうちに2度の放送事故（放送の中断）を引き起こした。Xは、2度目の放送事故について直ちに報告せず、上司に報告を求められた際にも、事実と異なる報告書を提出した。Y社は、Xを懲戒解雇することも考えたが、再就職などXの将来を考慮して、普通解雇事由に該当するとして解雇（以下、「本件解雇」）した。なお、Xはこれまで大きな問題を起こしたことはなく、また、宿直勤務で同じく寝坊したFAX担当者には軽い処分（譴責）がなされたのみだった。Xは、本件解雇が無効であるとし

て労働契約上の地位の確認等を求めて提訴した。1審および2審は、本件解雇を無効と判断してXの請求を認容した。Y社が上告。

判旨　上告棄却。「普通解雇事由がある場合においても、使用者は常に解雇しうるものではなく、当該具体的な事情のもとにおいて、解雇に処することが著しく不合理であり、社会通念上相当なものとして是認することができないときには、当該解雇の意思表示は、解雇権の濫用として無効になるものというべきである。」

解 雇 予 告 制 度　継続的な契約を一方的かつ突然に終了させることは、相手方に多大な不利益を被らせうる。そのため、予め解約の意思表示を行うこと（解約予告）によって相手方に生じうる不利益を緩和することが要請される。一方当事者が解約予告を行うとき、契約関係は、契約終了の効力発生日まで当然に存続する。したがって、両当事者は、予告期間中も原則として契約上の義務をそれまでどおり履行しなければならない。

(1)　**解雇予告義務**　労基法は、使用者に対して、少なくとも30日前に解雇予告をすること、または、30日分以上の平均賃金（これを「解雇予告手当」という）を支払うことを義務付けている（労基20条1項）。同規定が定める30日という基準は最低基準であり、2週間と定める民法627条1項を労働者保護的に修正するものである。解雇予告期間は、使用者が支払った平均賃金の日数に応じて、その期間（日数）を短縮させることも認められる（同条2項。例えば、20日分の解雇予告手当を支払い解雇予告期間を10日間とすること）。解雇予告制度は、1ヶ月以内の日々雇用、2ヶ月以内の有期契約、4ヶ月以内の季節労働、14日以内の試用期間の場合、適用されない（労基21条）。また、「天災事変等により事業の継続が不可能になったことを理由に労働者を解雇する場合」、および、懲戒解雇のように「労働者の責めに帰すべき事由に基づき当該労働者を解雇する場合」、使用者は、行政庁（労働基準監督署長）による認定を受けることを条件に、労働者を即時解雇することができる（同条1項但書および3項）。

(2)　**解雇予告義務違反と私法的効力**　以上の解雇予告義務は、公法的規制（刑事罰）の対象である（労基119条）。使用者が解雇予告義務を遵守せずに解雇した場合の解雇の有効性（私法的効力）について、最高裁は、使用者が即時解雇に固執しない限り、解雇通知から30日経過することによって、または解雇予告手当の支払いをすることによって解雇の効力が生じると解している（細谷服

装事件：最判昭35・3・11民集14巻3号403頁）。しかしながら、この見解（相対的無効説）は、使用者の意思（主観）を基準に、即時解雇から通常解雇への転換を認めてしまう点に学説上批判がある。そのため学説では、労働者の側が、解雇の効力を争うか、それとも解雇の効力を争わずに解雇予告手当を請求するか、を選択できるとの見解（選択権説）が有力である。

就業規則への解雇事由の列挙　2003年の労基法改正以降、解雇事由は、就業規則の絶対的必要記載事項の1つであり、使用者は、就業規則に解雇事由を明示しておかなければならない（労基89条3号）。理論上問題となるのは、就業規則に明示されていない解雇事由による解雇の可否である。学説では、就業規則に列挙された解雇事由が「例示」に過ぎず就業規則の規定に使用者が拘束されないとする見解（例示列挙説）と、使用者自身による自主的な規制として拘束されるとする見解（限定列挙説）との対立が古くから存在する。裁判例では、例示列挙説に立つものがある（ナショナル・ウエストミンスター銀行（第3次仮処分）事件：東京地決平12・1・21労判782号23頁）。

解雇理由証明書の交付　労働者が解雇された後に、または、解雇予告期間中に、解雇理由について証明書を請求するとき、使用者は、遅滞なく解雇理由証明書を当該労働者に交付しなければならない（労基22条1項、2項）。解雇理由証明書は、使用者が具体的な解雇理由を労働者に提示すること、そして、使用者の提示する理由をもとに労働者が当該解雇の有効性を法的に争うか否か判断するための材料とすることを目的とするものである。従来、労基法22条は、退職した労働者への在籍証明書の交付（本章第6節）について規定するものであったが、2003年の労基法改正により、解雇紛争の未然防止・迅速な解決という趣旨のもと、新たに規定されたという経緯がある。実際の訴訟において、解雇理由通知書に記載されなかった解雇理由を事後的に追加することについては、肯定する裁判例がある（T社事件：東京高判平22・1・21労経速2065号32頁）。これに対して、学説では、同規定の意義を実質的に担保するという観点から、解雇理由通知書に記載されなかった解雇理由の追加主張を認めないとする見解が有力である。

法令による解雇の禁止　労働関係法規は、特定の解雇を禁止している。これらは労働者の基本権保護および特別の保護の必要性に基

づくものであり、以下に該当する解雇は違法無効となる。

(1)　**差別的解雇**　　性別（雇均 6 条 4 号）、婚姻・妊娠・出産（同 9 条 2 項・3 項）、国籍・信条・社会的身分（労基 3 条）を理由とする解雇、不当労働行為としての解雇（労組 7 条 1 号・4 号）などがこれに該当する。

(2)　**権利行使を理由とする報復的解雇**　　育児介護休業法上の権利行使等を理由とする解雇（育介10条、16条）、労働基準監督署に申告したことを理由とする解雇（労基104条 2 項）、公益通報をしたことを理由とする解雇（公益通報 3 条）などがこれに該当する。

(3)　**解雇制限期間**　　①業務上の傷病により労働者が療養のために休業する期間およびその後30日間、ならびに、②産前産後休業期間およびその後30日間、使用者は、労働者を解雇することができない（労基19条 1 項）。解雇制限期間は、労働能力の回復を目的とする休業期間中の雇用を実質的に保障するものである。ただし、天災事変等により事業の継続が不可能になった場合、解雇制限は解除され、使用者は、行政庁（労働基準監督署長）による認定を受けることを条件に、労働者を解雇することができる（労基19条 1 項但書）。

　また、上記①に該当する場合において、使用者が、療養開始後 3 年を経過しても回復しない労働者に対して、労基法81条に基づき打切補償（平均賃金1200日分の支払い）を行う場合、解雇制限が解除される（労基19条 1 項但書）。同条に基づく打切補償は、文理上、使用者が直接療養給付を行う場合（労基75条）を指すと解す余地もあるが、判例は、労働者が労災保険法上の療養給付を受ける場合も、使用者が打切補償を行うことによって同様に解雇制限が解除されると解している（専修大学事件：最判平27・6・8労判1118号18頁）。そのほか、労働者が傷病補償年金を受給するに至った場合も、労基法81条による打切補償がなされたものとみなされ、解雇制限が解除される（労災19条）。ただし、いずれの場合も、解雇それ自体の有効性は、以下で述べる解雇権濫用法理に基づき判断される（前掲・専修大学事件）。

解雇権濫用法理に基づく解雇の有効性判断　　労契法16条は、解雇の有効性要件として、①「客観的に合理的な理由」が存在すること、および、②「社会通念上相当」と認められるものであること、の 2 つを課している。就業規則等に定められた解雇事由に該当するか否かに関する判断

が①であり、憂慮すべき事情（解雇の決定それ自体の妥当性、他の労働者との均衡、手続きの妥当性など）に関する判断が②である。解雇の有効性は、2段階で審査されるものと解されており、②の要件審査は①の要件を満たす場合に初めてなされる（ 判例9-1 参照）。また、裁判における立証という観点では、①について使用者が、②について労働者が、立証の責任を負うものと解されている。そのため、解雇権濫用法理は、使用者に対して解雇理由の正当化を実質的に要求するものといえる。

　解雇事由は、労働者に起因するもの（下記(1)〜(3)）、経営上の事情によるもの（下記「整理解雇」参照）、ユニオン・ショップ協定に基づき労働組合が要求するもの（第14章5）に大別される。

(1)　労働能力の喪失　　傷病等により労働者が労働契約上予定されていた労務を提供できないことは、解雇の合理的理由を構成する。業務災害による休業期間中の解雇は、労基法19条1項により禁止されているため、ここではもっぱら私傷病を理由とする解雇が問題となる。

　解雇の有効性判断との関係では、労働者に労働能力の喪失が認められる場合であっても、就業規則等において休職制度が設けられており、労働能力の回復が期待できる場合、使用者には、解雇を検討するに先立ち、回復のための期間を猶予することが求められる。

　これに関連して、使用者が労働者に療養のための休職を命じ、その後、休職期間満了時点において現職復帰が困難と判断して当該労働者を「解雇」または「休職期間満了による退職扱い」することの適否が問題となる。 判例9-2 は、休職期間満了時点での復職の可否につき、休職前の業務への復帰を原則としつつも、「配置替え等により現実に配置可能な業務」への復帰の可能性という観点から復職の可否を検討すべきと判示し、当該事案においては他の配置先への配置が可能であったことを理由に、休職期間満了による退職扱いを無効と判断した。同判決は、労働者の賃金請求権に関する片山組事件最高裁判決（ 判例5-1 参照）の考え方を汲むものである。また、機械設備の変化等により、休職期間満了後直ちに従前の業務に従事できない場合も、使用者には、復帰のための準備期間や教育的措置をとることが信義則上求められる（全日本空輸事件：大阪高判平13・3・14労判809号61頁）。

> **判例9-2** 東海旅客鉄道事件〈大阪地判平11・10・4労判771号25頁〉
>
> **事実**　鉄道車両の検修業務に従事していたXは、私傷病（脳内出血の発症およびそれによる後遺症）により欠勤し、その後、病気休職が命じられた。Y社の就業規則では、病気休職の期間を3年以内とすること、また休職期間満了後なお復職できない場合は退職扱いすると規定されていた。Y社は、休職期間が3年を超え、なお復職できないと判断し、Xを退職扱いにした。Xが、退職扱いの無効に基づく地位確認および未払い賃金の支払いを求めて提訴。
>
> **判旨**　請求認容。「労働者が私傷病により休職となった以後に復職の意思を表示した場合、使用者はその復職の可否を判断することになるが、労働者が職種や業務内容を限定せずに雇用契約を締結している場合においては、休職前の業務について労務の提供が十全にはできないとしても、その能力、経験、地位、使用者の規模や業種、その社員の配置や異動の実情、難易等を考慮して、配置替え等により現実に配置可能な業務の有無を検討し、これがある場合には、当該労働者に右配置可能な業務を指示すべきである」。

(2)　**能力不足・成績不良**　労働契約に基づき、労働者には一定の職務遂行能力、あるいは、期待された成績や成果の実現が求められる。しかしながら、わが国の雇用慣行では、労働者の従事すべき職務内容や範囲が明確に定められていることは少なく、逆に、労働者の配置に関する決定・変更権限が、使用者に広く認められている。そのため、能力不足・成績不良を理由に労働者を解雇しようとする場合、使用者には、解雇に先立ち、配置転換による労働能力の活用、教育指導による労働能力向上など、一定の解雇回避努力が求められ、以上のような試みをしてもなお著しい能力不足・成績不良が認められる場合に初めて解雇は有効と解される。したがって、労働者の労働能率の向上を図ることなく低成績（人事評価が下位10%未満）を理由に当該労働者を解雇することは無効と判断される可能性が高くなる（セガ・エンタープライゼス事件：東京地決平11・10・15労判770号34頁）。他方、労働者が一定の専門能力を有することを前提に職種や地位を特定して採用されている場合（人事部長のポストなど）、配転等を検討せずに当該労働者を解雇することも有効と判断されうる（フォード自動車事件：東京高判昭59・3・30労判437号41頁）。

(3)　**勤務態度不良・業務命令違反**　労働者の業務命令違反や勤務態度不良は、解雇の合理的理由を構成する。これらの解雇事由は、懲戒（解雇）事由

（第5章参照）を構成しうるものであるが、労働者の将来等を考慮して「普通解雇」が選択されることがある。 判例9-1 では、解雇の社会的相当性の判断において、当該行為の性質・態様、業務への影響、本人の反省、日頃の勤務態度・過去の処分歴、当該企業の類似事案における取扱いなど労働者に有利な事情が考慮された（解雇無効）。

整　理　解　雇　　整理解雇とは、不採算部門の廃止・事業の縮小などの経営上の理由により生じた余剰人員の整理を目的として行われる解雇である。整理解雇の有効性について、判例は、①人員削減の必要性、②解雇回避努力義務の履行、③被解雇者選定基準の合理性、④解雇手続き、の4つの観点（要素）から判断するという独自の判断枠組み（整理解雇法理）を形成している（大村野上事件：長崎地大村支判昭50・12・24労判242号14頁）。

(1)　**人員削減の必要性**　　第1に、経営上の理由により人員削減の必要性が生じていることが必要である。必要性の程度について、「倒産必至」という高度の必要性を要求する裁判例もあるが（前掲・大村野上事件）、使用者の経営判断を尊重するという観点から、現在は、赤字・不採算部門の閉鎖・縮小等が「企業の合理的運営上やむをえない」と認められる場合、必要性が肯定されている（東洋酸素事件：東京高判昭54・10・29労判330号71頁）。逆に、必要性が否定されるのは、黒字にもかかわらず使用者が人員整理に固執する場合や、整理解雇を実施する一方で正社員の新規採用を行うなど、人員削減の必要性と矛盾するような行為が認められる場合である。

(2)　**解雇回避努力**　　第2に、整理解雇の実施に先立ち、使用者には、解雇それ自体を回避すること、または、解雇者数を最小限にとどめるための措置を講じることが求められる。具体的な措置としては、新規採用の抑制、定年退職・自然退職による従業員数の調整、配転・出向の実施、労働時間の短縮（残業抑制など）、一時休業、非正規雇用の調整（派遣契約の終了、有期契約の不更新）、希望退職者の募集などがある。

　これらのうち、いずれの措置をとるかについては、経営判断、あるいは、労使交渉・協議の結果に委ねられる。解雇回避努力の評価では、当該企業の状況や人員削減の必要性の程度など個別の事情が考慮される。したがって、解雇回避努力をまったく試みずに整理解雇が行われる場合、解雇権の濫用と評価され

る可能性は当然高くなる。また、人員削減の必要性が相対的に低い場合（積極的な人員削減を実施する場合など）は、より高度の解雇回避努力が求められる。

(3) **被解雇者選定基準の合理性**　第3に、被解雇者選定の公平性という観点から、人選基準が客観的かつ合理的なものであることが求められる。いかなる基準を人選基準とするかについて、わが国には実定法上の規定が存在しないため、使用者の裁量あるいは労使当事者の協議・交渉に委ねられる。人選基準の合理性が否定されるのは、労働組合への加入の有無や性といった差別的な基準の場合（メイコー事件：甲府地判平21・5・21労判985号5頁〔50歳以上の女性〕）、適格性の有無のように使用者の恣意的な選定を可能とする抽象的な基準の場合である（労働大学事件：東京地判平14・12・17労判846号49頁）。

(4) **手続きの相当性**　第4は、使用者が、整理解雇の必要性や規模、人選基準、解雇回避措置の内容等に関して、従業員や労働組合に対して適切な説明や協議を行うことである。使用者は、労働協約に協議条項が存在する場合にはこれを遵守することが求められるのは当然のこと、また、協議条項の有無にかかわらず、労働者に対しては信義則上の説明義務を負っていると解されるため、労働者の納得が得られるよう誠実な対応をとることが求められる。

解雇無効の効果　解雇の無効とは、労働契約が当該解雇によって終了しておらず、解雇期間中もなお契約関係が存続していたことを意味する。したがって、その法的効果として、労働者には、「従業員（労働契約の一方当事者）としての地位」、および、それに基づく「解雇期間中の賃金請求権」が認められる。

(1) **従業員としての地位と就労請求権**　解雇無効判決後の労働者の原職復帰は、労働者の就労請求権（第5章2）に関する問題である。就労請求権は判例上原則として否定されているため、労働者の原職復帰が直ちに実現することまでは含意されていない。

(2) **解雇期間中の未払い賃金請求**　解雇が無効である場合、民法の危険負担（民法536条2項）の考え方に基づき、解雇期間中の不就労は使用者の責めに帰すべき事由によって生じたものといえることから、労働者はこの間の賃金請求権を失わないと解される。もっとも、労働者が解雇期間中に他社就労により収入を得ていた場合は、民法536条2項後段（「債務者は、自己の債務を免れたことに

よって利益を得たときは、これを債権者に償還しなければならない」）との関係で、解雇期間中の未払い賃金額の算定にあたって、未払い賃金の総額から当該労働者が解雇期間中に他社就労により得た収入額（中間収入）を控除することができるか問題となる。

　判例は、中間収入の発生時期と賃金の支給対象期間とが時期的に対応していることを条件に、①解雇期間中に収入がある場合、中間収入の控除それ自体は原則として認めるものの、労基法26条の休業手当（第10章３）の趣旨より、使用者は、解雇期間中の賃金のうち平均賃金の６割に達するまでの部分については控除することができないこと（米軍山田部隊事件：最判昭37・7・20民集16巻8号1656頁）、また、②中間収入が解雇期間中の賃金の平均賃金の４割を超える場合、使用者は、かかる中間収入の部分を、平均賃金の算定基礎に含まれない一時金等の賃金債務から控除することできる（あけほのタクシー事件：最判昭62・4・2労判506号20頁、いずみ福祉協会事件：最判平18・3・28労判933号12頁）、とする独自の判例法理を形成している。

解雇と不法行為

　以上のとおり解雇紛争の法的救済は、解雇の無効に基づく地位確認および解雇期間中の未払賃金の支払いによってなされるのが基本となる。解雇権の濫用と不法行為の成否の関係について、判例・通説は、解雇権の濫用から直ちに不法行為は成立しないという立場である。すなわち、労働者の経済的損害は、解雇期間中の賃金支払いによって回復するのであり、不法行為が成立するのは、解雇の態様が著しく不当な場合に限られる（HIV感染を理由とする解雇が不法行為に当たると判断したものとして、HIV感染者解雇事件：東京地判平7・3・30労判667号14頁）。

　以上に対して、労働者が地位確認および解雇期間中の賃金支払いを請求せずに（契約関係の終了を前提に）、解雇が不法行為にあたるとして損害賠償のみを請求することがある。裁判例には、解雇権行使の正当な理由および社会的相当性を欠く場合に不法行為の成立を認めるものがある（O法律事務所（事務員解雇）事件：名古屋高判平17・2・23労判909号67頁〔他の弁護士事務所の弁護士と結婚することによる情報漏洩等の危険を理由とする解雇〕）。不法行為が成立した場合の救済（損害賠償額）については、解雇が無効とされた場合の解雇期間中の賃金支払請求と異なり、労働者に生じた損害の範囲および立証という点に困難が伴う。裁

判例では、一定月数の賃金相当額を解雇と相当因果関係のある損害として認められている（前掲・Ｏ法律事務所（事務員解雇）事件〔賃金３ヶ月分相当額〕、インフォーマテック事件：東京高判平20・6・26労判978号93頁〔賃金６ヶ月分相当額〕）。

3　有期労働契約の期間途中の解雇・雇止め

期間途中の解雇　有期労働契約の労働者に対する期間途中の解雇は、「やむを得ない事由がある場合」にしか認められない（民628条、労契17条１項）。「やむを得ない事由」とは、一般に、契約期間の満了を待たずに解雇しなければならない例外的な事由と解され、無期契約の解雇の要件を満たす場合（労契16条）よりも狭いものと解される（プレミアライン事件：宇都宮地栃木支決平21・4・28労判982号５頁）。また、労契法17条１項は強行規定と解されるため、これに反する合意は無効である。

期間満了による雇止め　有期契約の期間満了にあたって、使用者が労働者と新たな有期契約を締結（更新）せずに雇用関係を終了させること、または、その旨を労働者に通知することを一般に「雇止め」という。有期契約が契約期間の満了により当然に終了することからすれば、雇止めは、事実の通知に過ぎず、使用者による解約（解雇）とは区別される。しかしながら、有期契約の反復更新による雇用関係の継続という実態に照らし、判例は、使用者による労働契約終了と契約締結拒否の複合問題として雇止めを捉え、一定の条件のもとで解雇権濫用法理を類推適用し、さらに、雇止め理由が正当化されない場合には、法的救済として、契約更新されたものとして労働契約上の地位を認める判例法理（雇止め法理）を確立した（東芝柳町工場事件判決：最判昭49・7・22民集28巻５号927頁、および 判例9-3 ）。この内容は、2012年以降、労契法19条として明文化されている。

判例9-3　日立メディコ事件〈最判昭61・12・4労判486号６頁〉
事実　Ｘは、Ｙ社Ａ工場の臨時員として雇用され、その後、契約期間を２ヶ月とする労働契約を５回更新したが、Ｙ社の業績悪化を理由に契約更新が拒絶された。なお、Ｙ社では、契約の更新にあたって、更新期間の約１週間前に本人に意思を確認し、契約書への押印を求めるなど一定の手続きをとっていた。Ｘは、Ｙ社が契約更

新を拒絶したこと（雇止め）が無効であるとして、労働関係の存在等の確認を求めて提訴した。原審が雇止めを有効と判断したためＸが上告。

判旨　上告棄却。「雇用関係はある程度の継続が期待されていたものであり、Ｘとの間においても５回にわたり契約が更新されているのであるから、このような労働者を契約期間満了によって雇止めにするに当たっては、解雇に関する法理が類推され、解雇であれば解雇権の濫用、信義則違反又は不当労働行為などに該当して解雇無効とされるような事実関係の下に使用者が新契約を締結しなかったとするならば、期間満了後における使用者と労働者間の法律関係は従前の労働契約が更新されたのと同様の法律関係となるものと解せられる」。

(1)　**対象となる雇止め**　雇止め理由の審査がなされるのは以下の場合である。第１は、雇止めが無期契約における解雇と実質的に同視できる場合である（労契19条１号）。契約更新の手続きがとられることなく有期契約が反復的に更新されている場合がこれに該当する（前掲・東芝柳町工場事件判決）。第２は、契約更新に対する期待が当該労働者に発生していることについて合理的な理由がある場合（同条２号）である。 **判例 9 - 3** は、当該有期契約が実質無期化している場合のほか、当該労働者が契約更新に対する期待を有する場合も雇止め法理の対象とすること、すなわち、そのような期待を保護することを示した重要判決である。

　契約更新に対する期待の合理性は、業務の臨時性・恒常性、更新回数、勤続期間、更新手続きの態様、雇用継続に関する当事者の言動や認識といった諸事情をもとに判断される。季節的・臨時的な業務を内容とする１回限りの有期契約の場合や一定期間（更新上限期間）をもって契約関係を終了することがあらかじめ合意されている場合、雇用継続に対する合理的期待は原則として否定される（日本郵便（期間雇用社員ら・雇止め）事件：最判平30・9・14労判1194号５頁〔65歳更新上限規定の合理性を認め、雇用継続に対する合理的期待を否定〕）。

　問題となるのは、次回の更新は行わない旨の不更新条項（特約）が契約更新時に使用者より提示された場合の、労働者の雇用継続に対する期待の合理性である。裁判例には、更新時またはそれに先立ち適切な説明がなされ、労働者の側も不更新条項に異議を述べなかった場合について、雇用継続に対する期待が消滅していたと判断したものがある（本田技研工業事件：東京高判平24・9・20労

経速2162号3頁）。

近年は、労契法18条による無期転換（第3章参照）の回避を目的とする雇止めや不更新条項・更新上限条項の設定が問題となっている。学説では、無期転換権の発生直前に不更新条項を設けることは立法趣旨に反するとして、強行法規ないし公序良俗違反により無効との見解がある。裁判例では、更新限度期間の3年を超えて更新され、無期転換権発生直前に雇止めされた事案（公益財団法人グリーントラストうつのみや事件：宇都宮地判令2・6・10労旬1968号58頁）、また、20年を超えて有期契約を更新し、既に更新に対する高度の期待を有する状況下で5年の更新上限条項が挿入された事案（博報堂事件：福岡地判令2・3・17労判1226号23頁）において、更新に対する合理的期待を認めたものがある。

(2) **雇止め理由の審査**　　上記(1)の条件を満たすとき、当該雇止めの客観的合理的理由および社会的相当性の有無の審査に移る。これらは、無期契約における解雇の有効性審査と基本的に共通する（本章第2節）。ただし、無期雇用における雇用保障の程度とは一定の差異が生じうる点に留意を要する。例えば、**判例9-3** は、正社員の解雇回避義務の一環としてなされた有期雇用の雇止めをやむをえないものとして雇止めを有効と判断している。

(3) **法的効果**　　雇止めが客観的合理的理由または社会的相当性を欠くものと判断された場合、「使用者は、従前の有期労働契約の内容である労働条件と同一の労働条件で当該申込みを承諾したものとみな」される（労契19条）。すなわち、新契約の締結拒否に対する法的救済として、使用者の承諾が擬制され、労働者には、新契約が締結されたものとして労働契約上の地位が認められる。

このような法的救済としての新契約の成立は、更新の蓋然性が認められる限り、換言すれば、更新の期待に関する事情が変わらない限り、雇止め直後のみならず次期以降についても認められる（協栄テックス事件：盛岡地判平10・4・24労判741号36頁）。また、新契約の締結により有期契約の期間が通算5年を超える場合において、労働者が無期契約締結の申込みの意思表示を行ったものと認められるときは、新契約の期間満了後、同一の労働条件のもとで期間の定めのない労働契約が締結されたものとみなされる（高知県公立大学法人事件：高知地判令2・3・17労経速2415号14頁）。もっとも、労契法19条による救済は、同一の労働条件（有期契約）の契約更新を内容とするものであるため、有期契約の更

新限度期間後に審査を経て無期契約に移行する可能性が約定されている場合には、雇止めが違法と判断されることにより、無期契約上の地位が直ちに認められるものではない（福原学園事件：最判平28・12・1労判1156号3頁）。

4　労働者による退職の意思表示

辞職と合意解約　民法627条1項は、人身拘束の禁止という観点から、労働者が期間の定めのない労働契約を一方的に解約すること（辞職の自由）を認めており、その効力は、原則として意思表示から2週間後に生じる。これに対して有期契約の場合、期間途中の辞職には「やむを得ない事由」が必要となる（民628条）。ただし契約期間が1年を超える場合、労働者は、契約期間の初日から1年を経過した日以降、いつでも退職（辞職）することができる（労基137条）。他方、合意解約の場合は、契約終了の効力発生時期は当事者間の合意に委ねられる。

　辞職および合意解約については、解雇と異なり、実定法上の規制は存在しない。そのため問題となるのは、意思表示の撤回や瑕疵についてである。

　第1に、意思表示の撤回は、理論上、一方的な解約（辞職）の場合は、相手方（使用者）に到達した時点でその効力を発し、それ以降原則としてなしえないのに対し、合意解約の場合は、相手方（使用者）が承諾するまで撤回可能である。そのため、判例・通説は、労働者の契約終了の意思が曖昧な場合、退職に関する意思表示を合意解約の申込みと解することによって、労働者による退職の意思表示の撤回の余地を広く認めている（大通事件：大阪地判平10・7・17労判750号79頁）。使用者による承諾については、就業規則等に特段の定めがない限り、退職承認の権限を有する者による承認と解される（大隈鐵工所事件：最判昭62・9・18労判504号6頁）。

　第2に、民法の意思表示の瑕疵に関する規定（心裡留保（民93条）錯誤（同95条）、詐欺・強迫（同96条））に基づき、労働者は、退職の意思表示の取消しまたは無効を主張することができる。裁判例では、懲戒解雇を有効になし得ないにもかかわらず、自主退職しなければ懲戒解雇されると信じて退職の意思表示をした場合について、辞職の意思表示を錯誤により無効（民法改正前）としたも

のがある（富士ゼロックス事件：東京地判平23・3・30労判1028号5頁）。

退職勧奨・退職強要　退職勧奨とは、使用者が労働者に対して退職の意思形成を促す事実行為または合意解約の申込みである。

　使用者が退職勧奨を行うことそれ自体は、原則として自由である。しかしながら、他方で、労働者が退職するか否かは、労働者の自由な意思によって決定されるべきことである。そのため、労働者の自由な意思形成を阻害する態様でなされた勧奨行為、および、労働者の名誉感情を不当に害する侮辱的な言辞を用いる方法でなされた退職勧奨は、「退職強要」として不法行為を構成する（下関商業高校事件：最判昭55・7・10労判345号20頁、 判例9-4 ）。

　大規模な人員削減計画の一環としてなされた退職勧奨については、勧奨行為の態様の適法性審査の1つとして、具体的な勧奨の態様のほか、勧奨目的すなわち、人員削減計画および勧奨者の選定方法の合理性が審査される（ 判例9-4 ）。

判例9-4 日本アイ・ビー・エム事件〈東京高判平24・10・31労経速2172号3頁〉

事実　Y社（従業員数約2万人）は、1300人規模の任意退職計画を実施することとし、主として業績評価下位15％の従業員を対象に、退職勧奨を行った。Xらは、Y社の行った退職勧奨が違法な退職強要であるとして不法行為による損害賠償を請求した。原審が請求を棄却したため、Xらが控訴。

判旨　控訴棄却。「退職勧奨の態様が、退職に関する労働者の自由な意思形成を促す行為として許容される限度を逸脱し、労働者の退職についての自由な意思決定を困難にするものであったと認められるような場合には、当該退職勧奨は、労働者の退職に関する自己決定権を侵害するものとして違法性を有し、使用者は…不法行為に基づく損害賠償義務を負う」。「退職勧奨が…自己決定権を侵害するものとはいえないとしても…名誉感情等の人格的利益を違法に侵害したと認められる場合には…不法行為責任を負う」。「退職勧奨の目的や選定の合理性の有無は、退職勧奨行為の態様の一部を構成するものであり、退職勧奨が合理的な目的を欠く場合や、対象者を恣意的に選定して行われた場合…そのような退職勧奨行為は、原則として、自由な意思形成を阻害するものというべきである」。

5　定年制・定年後の再雇用拒否

定年による退職　定年制とは、一定年齢への到達を理由に労働契約を終了させる制度である。定年年齢への到達は、退職事由または解雇事由を構成する。定年制は、わが国の雇用慣行（長期雇用・年功処遇）において、企業にとっては定期的な人事刷新のための仕組みとして、他方、労働者にとっては定年年齢までの雇用保障の仕組みとして機能している。判例も、従来、定年制それ自体の合理性を認めている（秋北バス事件・ 判例4-2 ）。

　高年法8条は、定年年齢を60歳未満に設定することを禁止している。同規定に違反した場合、その法的効果として、定年制を定める就業規則の部分は無効となり、その結果、「当該事業主においては定年制の定めがない状態が生じたもの」と解される（牛根漁業協同組合事件：福岡高宮崎支判平17・11・30労判953号71頁）。

継続雇用制度　定年後の労働者を引き続き雇用する場合、実務では一旦退職扱いとしたうえで新たな契約を締結する仕組みが広く用いられている。

　高年法は、65歳までの安定雇用の確保および70歳までの就業機会の確保を事業主に課しており（第3章3）、65歳までの雇用確保措置として継続雇用制度を導入する場合には、就業規則所定の解雇事由・退職事由に該当する場合を除き、原則として希望者全員をその対象としなければならないとしている（平24・11・9厚労告第560号、平24・11・9職発1109第2号）。ただし、高年法上の雇用確保義務は公法上の義務と解され、かかる法規定それ自体が私法的効力（労働者が使用者に対して継続雇用制度の導入ないし継続雇用を求める権利）を生じさせるものとまでは解されていない（ 判例9-5 、NTT西日本（高齢者雇用・第1）事件：大阪高判平21・11・27労判1004号112頁）。また、雇用確保措置の中身についても、個々の事業主の実情に応じた柔軟な措置が認められる（ 判例9-5 ）。

判例9-5 京王電鉄・京王電鉄バス事件〈東京地判平30・9・20労判1215号66頁〉

事実　定年（満60歳）後の再雇用制度として、Y社には、①乗務員業務に従事する「継匠社員制度」（希望者のうち選択要件を満たす者）と、②車両清掃業務に従事す

る「再雇用社員制度」（解雇事由等に該当しない者）がある。Ｘらは、継匠社員制度による再雇用を希望したが基準を満たしておらず、再雇用社員として再雇用された。Ｘらは、高年法の趣旨に適合するのは継匠社員制度のみであるとして、継匠社員としての地位確認、基本給・賞与等の既払額との差額の支払い等を求めて提訴。

判旨　請求棄却。「高年法は、労働基準法のような私法的効力に係る規定も補充的効力に係る規定も設けていないこと、高年法９条１項が、高年齢者雇用確保措置に係る高年齢者の労働条件等について具体的な定めを置いていないこと…などに鑑みれば、同法は、私法的効力を発生させるに足りる具体性を有するものとはいい難い」。「〔立法の経緯〕を踏まえると、継続雇用制度その他の高年齢者雇用確保措置においては、同条１項の趣旨に反しない限り、個々の事業主の実情に応じた多様かつ柔軟な措置が許容されているものというべき」。「〔高年〕法９条１項〔は〕、国が事業主に対し公法上の義務を課す形式をとっていること…違反した場合の制裁についても…指導、助言、勧告及び公表が定められるにとどまっていることなどからすると、同法は公法上の観点から上記内容を規定したものと解される」。

定年後の再雇用拒否　労働契約の終了との関係では、定年後の再雇用拒否が問題となる。上記の高年法の規定の性質を踏まえれば、定年後再雇用拒否の法的救済（地位確認）を求めるにあたっては、定年後の再雇用を期待することが合理的と認められるための契約上の根拠（再雇用制度に関する就業規則など）が必要だと解される。**判例9-6** は、雇止め法理を参照し、定年後再雇用拒否についても同様の法的救済を図ることを明らかにした重要判決である。ただし、裁判例のなかには、再雇用後の契約内容（労働条件）を特定することができないとして、新契約の成立を否定したものもある（国際自動車ほか（再雇用新拒絶・本訴）事件：東京高判平 31・2・13 労判1199号25頁）。

判例9-6　**津田電気計器事件**〈最判平 24・11・29 労判1064号13頁〉

事実　Ｘは、期間の定めのない労働契約のもと、定年（60歳）まで勤務し、その後、労働協約に基づき嘱託社員（期間１年）として再雇用された。Ｙ社は、高年齢者継続雇用規程（以下「本件規程」）に定める継続雇用基準を満たしていないことを理由に、Ｘを再雇用しなかった。Ｘは、本件規程に基づく労働契約上の地位確認等を求めて提訴した。原審が、継続雇用基準を満たす場合に継続雇用の申込みを承諾しないことが権利濫用に当たるとして、解雇権濫用法理を類推適用し、継続雇用契約の成立を認めたため、Ｙが上告。

判旨　上告棄却。「Ｘにおいては嘱託雇用契約の終了後も雇用が継続されるものと

期待することには合理的な理由があると認められる一方、Ｙ社においてＸにつき上記の継続雇用基準を満たしていないものとして本件規程に基づく再雇用をすることなく嘱託雇用契約の終期の到来によりＸの雇用が終了したものとすることは、他にこれをやむを得ないものとみるべき特段の事情もうかがわれない以上、客観的に合理的な理由を欠き、社会通念上相当であると認められないものといわざるを得（ず）…嘱託雇用契約の終了後も本件規程に基づき再雇用されたのと同様の雇用関係が存続しているものとみるのが相当であ（る）」。

6　退職後の手続き

退　職　証　明　書　退職証明書とは、労働者がある会社に在籍していたこと、あるいは、退職したことを証明する文書であり、実務上、再就職時に提出を求められることがある。使用者は、退職する労働者が請求する場合、使用期間、業務の種類、その事業における地位、賃金、退職の事由について、証明書を遅滞なく交付しなければならない（労基23条1項）。また、使用者は、労働者が請求した事項以外の事項を記載することはできず（同3項）、第三者と謀って、労働者の就業を妨げることを目的とする秘密の記号を用いることもしてはならない（同4項）。

金　品　の　返　還　使用者は、退職する労働者（または死亡した労働者の遺産相続人）が請求する場合、退職後7日以内に、賃金の支払いおよび労働者の権利に属する金品（積立金、保証金など）の返還をしなければならない（労基23条1項）。退職時の賃金支払請求は、賃金支払期が到来していない場合も特例として認められる。これらは、使用者による労働者の足止め防止、労働者が確実に受領することの保障を目的とするものである。なお、退職金については、退職金規程（就業規則）等に定められた支払期日までに支払うことで足りる（昭26・12・27基収5483号、昭63・3・14基発150号）。

求　職　者　給　付　労働者が雇用保険に加入している場合（第2章1）において退職後に失業したときは、一定の条件のもと、保険給付を受けることができる。保険給付（求職者給付）の中心となるのは、求職期間中の所得保障を目的とする基本手当（いわゆる「失業手当」）である。

　基本手当を受給するには、公共職業安定所（ハローワーク）にて求職の申込みを行い、受給資格の決定を受けること、そのうえで、4 週間に 1 度、「失業の認定」を受けることが必要である（雇保15条）。受給資格が認められるのは、①労働者の意思と能力を有し、②被保険者期間が離職前 2 年間に通算して12ヶ月以上ある場合である。求職者が病気やケガの療養、出産、育児あるいは就学のために離職した場合は、労働の能力を有しているとはいえない。被保険者期間（②）については、倒産・解雇・雇止め、長時間残業、給与の減額・不払い、ハラスメント等により離職した「特定受給資格者」、または、正当な理由のある自己都合退職（健康上の理由、妊娠出産、育児介護、遠隔地配転等）により離職した「特定理由離職者」に該当する場合、離職前 1 年間に通算して 6 ヶ月以上あれば足りる。

　失業の認定は求職活動の実績を元に行われ、これに基づき基本手当が支給される。基本手当日額は、離職前 6 ヶ月間の賃金の50〜80％の水準で算定される（年齢区分による上限額がある）。支給日数は、被保険者期間、離職理由、年齢によって異なる（90〜360日分）。また、正当な理由なく自己都合により離職した場合または自己の責めに帰すべき重大な事由により解雇された場合は給付制限期間が適用され、基本手当は一般に 3 ヶ月間支給されない（雇保33条）。ただし、5 年間のうち 2 回の離職までは給付制限期間が 2 ヶ月となる。

より深く学ぶための道案内

　労働契約の終了については、野田進ほか編著『解雇と退職の法務』（商事法務、2012年）、小宮文人『雇用終了の法理』（信山社、2010年）、高橋賢司「解雇の規制」日本労働学会編『講座労働法の再生第 2 巻　労働契約の理論』289頁、石﨑由希子「辞職・合意解約・定年制」同315頁などが詳しい。また、解雇規制や法的救済制度に関する議論動向については、ジュリスト1465号（2014年）「特集　厳しい？　厳しくない？　解雇規制」所収論文、大内伸哉・川口大司編『解雇規制を問い直す──金銭解決の制度設計』（有斐閣、2018年）などが参考になる。

第 III 部

労働保護法

第**10**章　賃金に関する規制

1　賃金請求権

賃金の性格　賃金は労働者の家族の生活を支える最も重要な労働条件であり、労働契約の本質的な要素である。労基法9条では労働者を定義付ける1つの要素として「賃金を支払われる者」であることを掲げているが、ここからは、日々の労働によって生活の糧を得ているという人間像を法が思い描き、賃金が得られなくなるようなことになれば労働者の生存が危うくなることをおそれていることがみてとれる。そこで労基法では、賃金の支払いが確実に行われるようにするため、賃金保護規定について違反があれば刑事罰を科すこととし（労基120条）、労基署による監督指導・刑事訴追も講じることにより法が遵守されるように仕向けている。

　ただ、抽象的にいえば、賃金を請求できる根拠は"働いたこと"そのものにあるわけではない。民法623条では「労働に従事すること」に対して「報酬を与える」という合意が形成されることによって雇用契約が成立するものとしており、かかる合意に賃金請求権の根拠が求められることになる。

　民法624条では「労働者は、その約した労働を終わった後でなければ、報酬を請求することができない」と定めている。最高裁も宝運輸事件（最判昭63・3・15民集42巻3号170頁）において、「賃金請求権は、労務の給付と対価的関係に立ち、一般には、労働者において現実に就労することによって初めて発生する後払い的性格を有する」と判示している。もっとも、民法624条は任意規定であるため、当事者間においてこれと異なる合意をすることも許される（例えば、月給制を採用している会社において、毎月1日から月末までを賃金の計算期間と

し、欠勤は無いものと見込んで毎月25日に支払うことも可能である）。

賃 金 該 当 性　賃金とは「労働の対償」として「使用者が労働者に支払うもの」をいう（労基11条）。したがって、レストランで客がウェイターに対して渡すチップなどは賃金とはいえない（昭23・2・3基発164号）。

問題となりやすいのは「労働の対償」に当たるかどうかである。実務においては、①任意的恩恵的給付、②福利厚生給付、③企業設備・業務費という３つの類型を除き、広く労働の対償としての賃金に該当するものと理解されている。

①の例としては、会社の設立××周年を記念して金一封が配られたというような場合がある。

②の例としては、会社が所有する保養施設の利用や社宅の貸与、鉄道会社の従業員に支給される無料乗車券などが典型であり、これらは原則として賃金に当たらない。

③の例としては、業務に必要な制服・作業着にかかる費用が会社から支給されているような場合がある。これらは本来使用者が負担すべきものであるから、賃金には当たらない。労働者が個人で所有する自動車を仕事にも用いているという場合、会社から支給される車両維持費等は実費弁償であるから賃金には当たらない（昭28・2・10基収6212号、前掲・基発150号）。他方、通勤にかかる費用は必ずしも使用者が負担する義務はないものであるけれども、使用者が通勤手当を支払ったり通勤定期乗車券を支給したりしているような場合、これらの支給条件が明確にされていれば賃金に当たるものとして扱われている（昭25・1・18基収130号、昭33・2・13基発90号）。

平 均 賃 金　このようにして算定された「賃金」は、時間外労働に対する割増賃金や解雇予告手当などの算定基礎として用いられる。

労基法では、解雇予告手当（第９章参照）や休業手当（後述）等については「平均賃金」を用いて支払うべき金額を算定するよう求めている。平均賃金の算出方法については労基法12条に定めがあり、

事由発生前３ヶ月間の賃金総額 ÷ 事由発生前３ヶ月間の総日数

によって求められる。なお、臨時に支払われた賃金（結婚手当など）や、3ヶ月を超える期間ごとに支払われる賃金（夏・冬の賞与など）は上記の賃金総額から除外される（同条4項）。また、業務上の負傷・疾病による療養期間や、育児・介護のために休業していた期間などについては上記の計算期間から除かれる（同条3項）。

時　　効　　従前、労基法115条は、賃金の請求権は2年（退職金については5年）で消滅すると定めていた。これは、改正前の民法174条1号が「月又はこれより短い時期によって定めた使用人の給料に係る債権」は1年で消滅すると定めていたものを、労働者保護のために延長するための特則であると捉えられていた。

　しかし、2020年4月1日から施行されている改正民法では、民法174条を含む様々な短期消滅時効を廃止し、原則として「権利を行使できることを知った時から5年」「権利を行使することができる時から10年」と定める民法166条に統一されることになった。このままでは労基法の方が民法よりも消滅時効が短いという逆転が生じてしまうため労基法も修正の必要が生じたものの、未払い残業代にかかる請求が増大することをおそれる使用者側の抵抗にあって紛糾した。この問題は労働政策審議会で議論された結果、賃金請求権は5年で消滅することを労基法115条に定めつつも、附則143条において「当面の間」は3年に縮めることで政治的決着が図られている（なお、早期に決着を図る必要のある災害補償請求権については労基法115条で2年とされている）。

付　加　金　　労基法114条は使用者が、①解雇予告手当（労基20条）を支払わないとき、②休業手当（労基26条）を支払わないとき、③割増賃金（労基37条）を支払わないとき、④年次有給休暇の賃金（労基39条9項）を支払わないときには、未払金と同一額の付加金の支払いを「命ずることができる」と定めている。もっとも、裁判所は労働者からの請求があったとしても必ず付加金の支払いを命じなければならないわけではなく、その判断は裁判所の裁量に委ねられている。また、判決前に使用者が割増賃金等を支払った場合には、付加金の支払いを命じることはできないとされている（ホッタ清信堂薬局事件：最判平26・3・6判時2219号136頁）。

　なお、付加金の請求期間も、賃金と同様に原則5年（当面の間は3年）と改め

られた。ケンタープライズ事件（最判令元・12・17判例集未登載）は、付加金の請求は「違反のあつた時から2年以内にしなければならない」と定められていた時期の事案であるが、提訴時から2年以内に支払期日がある賃金債権にかかる付加金に限って請求を認容している。

2 賃金支払いの4原則

賃金の支払いを確実にするため、労基法24条は「賃金は、通貨で、直接労働者に、その全額を支払わなければならない」「賃金は、毎月一回以上、一定の期日を定めて支払わなければならない」と定めている。ここからは、以下に示すように4つの原則が導き出せる。

通貨払いの原則 通貨とは、日本において強制通用力のある紙幣（日本銀行券）と貨幣（硬貨）のことである（通貨2条3項）。したがって、ユーロなどの外国通貨は、ここでいう「通貨」には当たらない。

この規定の目するところは、会社の製品等を現物支給して賃金の支払いに代えようとする行為を防ぐことにある。例えば、弁当屋で売れ残った総菜を使用者が労働者に押しつけ、その販売価格に相当する金額を本来支払われるべき賃金から差し引くようなことは許されない。

もっとも、労基法24条1項但書では「法令若しくは労働協約に別段の定めがある場合」または「厚生労働省令で定める賃金について確実な支払の方法で厚生労働省令で定めるものによる場合」については例外を認めている。これを受けた労基則7条の2により、労働者の同意があれば、労働者が指定する銀行口座や証券総合口座への振込による支払いが可能である。今日においては、現金出納の手間を省きたいという使用者側の思惑と、大金を持ち歩くリスクを減らしたいという労働者側の事情とがあって、銀行振込による賃金支払いの方が主流になってきている。なお、振込にかかる手数料を労働者側の負担として控除することは、後述する全額払いの原則に抵触するものであり認められない。

直接払いの原則 賃金は、労働者に対して直接支払われなければならない。

コンテナ輸送が普及する以前、船舶で運ばれる荷物の積み降ろし（港湾荷役）

には多くの人手を要した。そのために必要な大量の労働者を集めるためにヤクザが活躍し、荷主から受け取った労賃をピンハネして労働者に渡すということが横行していた（派遣法4条1項1号が「港湾運送業務」を名指しして労働者派遣事業を禁じているのは、このような沿革に由来する）。また、子どもの稼ぎを親が代わって受け取り、酒やバクチのために費消してしまうということもあった。そこで労基法は直接払いの原則を定め、中間搾取（労基6条）が行われることを防ごうとしているのである。

　とはいえ、直接払いの原則には例外規定がないので、厳格に適用すると、労働者が病気で入院しているような場合には不都合が生じることがある。そこで、労働者本人へ渡ることが確実な「使者」（例えば配偶者など）に対して渡すのであれば、直接払いの原則には抵触しないと理解されている（昭63・3・14基発150号）。

全額払いの原則

労基法が施行される前の昭和初期には、様々な非人道的・反倫理的な行為が横行していた。工場労働者については、些細なミスをとがめて過大な罰金を科したり、強制貯蓄の制度を設けたりして給料から一方的に差し引くということが行われていたのである（これらの悪弊を除去するために設けられたのが労基法16条から18条までの規定である。第5章参照）。

　そこで労基法は全額払いの原則を定め、賃金を控除することができるのは例外的な場合に限るものとした。まず1つめの例外が「法令に別段の定めがある場合」である。これに該当するのは、所得税や社会保険料の源泉徴収である。また、裁判所によって賃金債権が差し押さえられたようなときには、給料の4分の1までは差し引かれることがありうる（民執152条）。

　2つめの例外は、事業場の過半数を代表する者との書面による協定（労使協定）が存在する場合である。労働者の側を代表する者とは、「当該事業場の労働者の過半数で組織する労働組合があるときはその労働組合、労働者の過半数で組織する労働組合がないときは労働者の過半数を代表する者」である。こちらの代表例は、労働組合の組合費を使用者が天引きして、徴収したお金をまとめて組合に渡すチェック・オフ（第14章）や、社宅の家賃支払いなどである。

賃 金 の 相 殺　全額払いの原則をめぐって議論があるのは、相殺の可否についてである。使用者が何らかの手違いで過払いをしてしまって労働者に不当利得が生じたような場合には、後日の賃金から差し引いて精算したいということが起こる。具体的には、次の事案のような場面である。

> **判例 10 - 1**　福島県教組事件〈最判昭 44・12・18 民集23巻12号2495頁〉
>
> **事実**　Ｘらには、毎月21日に給料が、毎年６月と12月には勤勉手当が支給されていた。ある年の９月にＸらは職場離脱を行った。このことにつき、本来であれば９月分の給料と12月の勤勉手当について減額がなされるはずであったが、そうした処理をせずにＹは支払ってしまった。そこでＹは翌年１月になって過払分の返納を求めることとし、２月分の給与から前年９月給料の、３月分の給与から前年12月の勤勉手当の過払分について控除しようとした。
>
> **判旨**　「精算ないし調整するため、後に支払わるべき賃金から控除できるとすることは…合理的理由があるといいうるのみならず、労働者にとつても…実質的にみれば、本来支払わるべき賃金は、その全額の支払を受けた結果となる」。「適正な賃金の額を支払うための手段たる相殺は、同項但書によつて除外される場合にあたらなくても、その行使の時期、方法、金額等からみて労働者の経済生活の安定との関係上不当と認められないものであれば、同項の禁止するところではない」。

　最高裁はこのように述べて調整的相殺が許されることもあると認めた上で、その要件として、①過払いのあった時期と賃金の清算調整の実を失わない程度に合理的に接着した時期に行われるものであること、②精算調整を行うことが労働者に予告されていること、③額が多額にわたらないものであることを挙げている。

　もう１つの問題は、労働者の同意に基づく相殺が許されるか否かである。これについては議論が分かれるところであるが、裁判所は「労働者の自由な意思」によるものであることが認められるのであれば合意相殺も許容されるという見解に立っている。

> **判例 10 - 2**　日新製鋼事件〈最判平２・11・26 民集44巻８号1085頁〉
>
> **事実**　労働者Ａは、在職中にＹ社の住宅財形融資を利用してＹから87万円、Ｂ銀行から263万円を借り入れた。その後、Ａは破産してＹを退職することになり、借入

金の残額を退職金で返済したいと申し入れた。このような措置につき、Ａの破産管財人であるＸが労基法24条違反を主張した。

判旨　「賃金全額払いの原則の趣旨とするところは、使用者が一方的に賃金を控除することを禁止し、もって労働者に賃金の全額を確実に受領させ、労働者の経済生活を脅かすことのないようにしてその保護を図ろうとするものというべきであるから、…労働者がその自由な意思に基づき右相殺に同意した場合においては、右同意が労働者の自由な意思に基づいてされたものであると認めるに足りる合理的な理由が客観的に存在するときは、右同意を得てした相殺は右規定に違反するものとはいえない」。

　しかしながら、この「労働者の自由な意思」の存否をどのように判断するかは、就業規則の不利益変更（第7章）等にも関わってくる大きな問題である。**判例10-2** が参照するシンガー・ソーイング・メシーン事件（最判昭48・1・19民集27巻1号27頁）は、労働者が賃金債権を放棄したのであれば「全額払いの原則」に抵触するものではないが、そのためには賃金債権放棄が労働者の「自由な意思に基づくものであることが明確でなければならない」と判示していた。同事件は、労働者Ｘが退職後に競合他社へ就職することが明らかとなっており、在職中の経費処理に疑惑が生じていた中でＸがＹに求められて署名した「ＸはＹに対し、いかなる性質の請求権をも有しないことを確認する」旨の書面の効力が問題となっていたものである。労働者の自由意思を認定するに際しては、任意性や明確性を慎重に検討する必要があろう。

毎月払い・定期日払いの原則　企業間の決済には手形・小切手がよく用いられるが、これらについて6ヶ月のうちに2回目の「不渡り」が発生すると振出人の銀行取引が停止され、いわゆる倒産に陥る。そこで経営者らは、決済日が近づくと手持ち資金をかき集めて預金残高を増やし、乗り切ろうと試みる。経営難になると後回しにされやすいのが、労働者への賃金支払いである。賃金の不払いが長引いて労働者の生活が困難となることを防ぐため、労基法は賃金が支払われる間隔を適切に保つことを求めている。

　「毎月」というのは、毎月の1日から末日までの間に必ず一度は賃金が支払われなければならないことを意味する。年俸制を採用している場合にも毎月払いの原則は適用があるため、年俸額を12等分して支払うといった措置を採らな

ければならない。

「一定の期日」というのは、その期日が周期的に到来するものでなければならないことを意味する。したがって、「毎月20日」という暦日を指定した定め方はもちろんのこと、「毎月月末」というような定め方でもよい。

なお、労基法24条2項但書により、年2回の支払いとなることが多い賞与については毎月払い原則の適用を受けない。

3　賃金の確保

危　険　負　担　賃金を受け取れないような事態が生じれば労働者の生活が危機に瀕することが心配される。そこで法は、様々な保護制度を設けている。

まず民法では「先取特権」を設け、会社の経営が危機に陥ったような場合でも優先的に賃金が支払われるようにしている（民306条、308条）。1973年に発生したオイルショックでは企業の倒産が相次ぎ、賃金の支払いを受けられなくなる労働者が多数発生した。そこで1976年に「賃金の支払の確保等に関する法律」が制定され、事業主が破産手続の開始決定を受けたり（賃確7条）、事業活動を停止して再開の見込みがなくなったり（賃確則8条）した場合には、政府が一定の範囲で未払い賃金の立て替え払いをする仕組みが設けられた。

倒産には至らないまでも、景気が悪化して在庫がだぶついたときには、工場の操業を止めて生産調整をすることがある（例えば、通常週5日勤務のところを週3日勤務に減らす等）。法律学的には「危険負担」と呼ばれる問題である。

民法536条2項は「債権者の責めに帰すべき事由によって債務を履行することができなくなったときは、債務者は、反対給付を受ける権利を失わない」と定めており、労務の履行不能が使用者の責めに帰すべき事由に起因するのであれば労働者は賃金全額の請求権を有する。

アディーレ事件（東京地判平31・1・23労経速2382号28頁）は、弁護士法人が業務停止処分を受けて自宅待機を命じられた期間につき、労基法26条所定の休業手当相当額のみが支払われていたという事案である。判決では、法人が処分を受けたのは違法な広告を掲載していたことが原因であって、本件履行不能は法

人の責めに帰すべき事由（民536条2項）によるものであるとし、未払い賃金の全額について支払請求権が認められている。また、同事件では、自宅待機期間中の賃金について「自宅待機等の期間は、労基法26条の休業手当を支払うものとする。」との定めが就業規則に設けられていた。これが民法536条2項の適用を排除する旨の合意といえるかも争点となったが、そのような合意が一般的ではなく、当該就業規則の規定内容に照らしても、法人の責めに帰すべき事由により自宅待機となった場合に休業手当を超える部分を支給しないという趣旨までは含むとは解されないとした。

　他方で労基法26条は、「使用者の責に帰すべき事由による休業の場合」においては、使用者は労働者に平均賃金の60％以上の手当を支払わなければならない」と定めており、民法536条2項との関係が問題となる。

　この問題に対して最高裁は、ノース・ウエスト航空事件（最判昭62・7・17民集41巻5号1283頁）において、労基法26条の「使用者の責に帰すべき事由」は、民法536条2項の「債権者の責めに帰すべき事由」よりも広く、使用者側に起因する経営・管理上の障害を含むものであると判示した。すなわち、親会社の経営難を受けて下請工場の資金繰りが行き詰まって休業したような場合については、労基法26条に基づく休業手当の支払いが必要となる（昭23・6・11基収1988号）。

　これに対し、地震等の天災により工場が被災して操業を停止したような場合は「当事者双方の責めに帰することができない事由」（民536条1項）ということになるので、賃金を受ける権利は生じない（ノーワーク・ノーペイ）。

一時帰休と休業手当　では、感染症の拡大（パンデミック）によって飲食店が営業を休止することになり、従業員を一時的に休業させることとなった場合、その間の賃金についてはどのように扱われるのであろうか。とりわけ、法的な強制力を伴って事業活動の停止が命じられたわけではないけれども、感染拡大防止のため営業の自粛が要請されたような場合、経営者は厳しい立場に置かれることとなる。

　この点、労基法26条は労働者の生活を支えるため最低限の賃金を保障するために設けられている制度であるため、使用者が休業手当の支払いを免れることができるのは、①天変地異など事業の外部に原因があり、②事業主が通常の経

営者としての最大の注意を尽くしてもなお避けることができない不可抗力に
よって休業する場合に限られると行政解釈は示している。そうすると、パンデ
ミックを受けて休業することを使用者が決断した場合であってもなお、テイク
アウトやデリバリーで飲食物を提供することは可能であったり、在宅勤務を導
入することで事業の継続が可能であったりしたような場合には、使用者には賃
金の全額を支払う義務が生じているものと考えられる。

4　最低賃金

　賃金をはじめとする労働条件は、当事者の合意により決定されるのが原則で
ある（労基2条、労契1条）。しかし、労働条件の決定を完全な自由に委ねてし
まうと労働者同士でダンピング（引下げ競争）が発生してしまい、その結果と
して、長時間労働に従事したとしても生活を成り立たせるのに必要な収入が得
られなくなる事態に陥ってしまう（1928年のILO 26号条約）。そこで日本では最
低賃金法を定め、ある一定の金額より低い賃金で働くことは、たとえ労働者本
人が同意していたとしても許さないことにした（最賃4条）。

　最低賃金の定め方には2種類ある。1つが「地域別最低賃金」であり、都道
府県ごとに決定されるものである。もう1つが「特定最低賃金（産業別最賃）」
であり、ある特定の産業について、地域別最賃よりも高い水準を設定する必要
がある場合に定められるものである。いずれも、最低賃金審議会の答申を受け
た都道府県労働局長（または厚生労働大臣）が最賃額を決定している。

　なお、三面関係となる派遣労働の場合、派遣労働者については派遣先事業場
における最低賃金が適用される（最賃13条、18条）ものであるが、もし違反が
あった場合には派遣元事業者が処罰されることになる。

5　賞　　与

賞 与 の 性 格　　賞与（一時金）とは俗に「ボーナス」と呼ばれている
ものである。労基法11条では「賃金、給料、手当、賞
与その他名称の如何（いかん）を問わず、労働の対償として使用者が労働者に支払うすべ

てのもの」が賃金であるとしており、賞与も賃金の一種である。ただし、割増賃金を算定するに際して、賞与は計算基礎から除外される（労基37条4項）。

　日本では夏と冬の年2回、賞与を支給しているところが多い。ところが、会社の業績が悪化した時などに経営者がボーナスを支給しないと言い出して紛争が発生することがある。

　賞与をめぐる議論が理解を難しくするのは、賞与には複数の性格があるとされていることに理由がある。賞与については、①毎月の給料では賄えない不足分を補っているという「生活補助的性格」、②ある期間における労働に対応する対価を従業員に対して支払うという「賃金の後払い的性格」、③会社の業績向上のために貢献した従業員の功績を称えるという「功労報償的性格」、④会社が獲得した利潤を従業員にもその寄与に応じて配分するという「収益分配的性格」などが入り交じっていると経済的には説明される。この中の③や④が強調されると、使用者は「ご祝儀」ないし「プレゼント」として恩恵的に賞与を渡しているという気分になり、経営状態が悪ければ引き下げて当然だということになりがちである。

　しかし、賞与の性格を法的に考えてみると、「賞与は勤務時間で把握される勤務に対する直接的な対価ではなく、従業員が一定期間勤務したことに対して、その勤務成績に応じて支給される本来の給与とは別の包括的対価であって、一般にその金額はあらかじめ確定していないもの」であり、「労務提供があれば使用者からその対価として必ず支払われる雇用契約上の本来的債務（賃金）とは異なり、契約によって賞与を支払わないものもあれば、一定条件のもとで支払う旨定めるものもあって、賞与を支給するか否か、支給するとして如何なる条件のもとで支払うかはすべて当事者間の特別の約定（ないしは就業規則等）によって定まる」もの（梶鋳造所事件：名古屋地判昭55・10・8労判353号46頁）ということになる。

賞与の支給義務　結論をいうと、賞与が必ず支給されるか否かは、その会社における規定と慣行がどのようになっているかによって左右される問題である。

　賞与請求権は、当事者間の合意によって発生するものである。賞与を支給することにしている会社では就業規則に賞与に関する規定を置かなければならな

い（労基89条4号）とされていることから、抽象的な根拠は就業規則に求められることが多い。また、労働組合が存在する会社であれば、労働協約に合意がある場合もある。就業規則等に「毎年6月30日に基本給額の1か月分を夏季一時金として支給する」というように具体的な支給基準まで定められている場合であれば、そこから賞与請求権が生じる。

　しかし、就業規則等に「毎年6月と12月に賞与を支給する」としか定められていなかったような場合、具体的な金額が特定できないので賞与請求権が未だ発生していない。さらには「業績および本人の勤務状況を勘案して賞与を支給することがある」というような定め方をされていた場合には、賞与が支給されないこともありうることになる。会社の完全な裁量により「インセンティブ・ボーナス」が決定されていた UBS セキュリティーズ・ジャパン事件（東京地判平21・11・4労判1001号48頁）では、自宅待機命令を受けていて賞与支給決定がなされなかった場合には請求権が存在しないとされている。

支給日在籍要件　賞与については、過去の労働に対する見返りとしてだけではなく、将来の勤労に対する期待も込められていることがある。そのため、賞与支給日の直前まで勤めていたとしても、支給日には退職していた「元」従業員に対してはボーナスを渡さないことにしていることがある。これが、支給日在籍要件と呼ばれる問題である。

判例 10-3　**大和銀行事件**〈最判昭57・10・7労判399号11頁〉

事実　Y銀行では年2回の決算期の中間時点を賞与の支給日とすると定めており、上期（4～9月）の決算期間を対象とする査定に基づく賞与を毎年12月に、下期（10～3月）の分については毎年6月に支給することが就業規則に明文化されていた。そして、賞与が支払われるのは支給日に在籍する者に限るとしていた。

　ある年、Yは6月15日に夏のボーナスを支給した。これについて、5月31日にYを退職した行員Xが、前年度下期の査定は終わっており金額まで決まっていたのに支給日在籍要件により賞与が支払われないのは「後払い的性格」を有する賃金の未払いであると主張した。

判旨　Y社の就業規則における賞与の支給日在籍要件は「その内容においても合理性を有する」ものであり、Xについて賞与の「受給権を有しないとした原審の判断は、結局正当として是認することができる。」

　最高裁は上記のような判断を示し、賞与の支給日在籍要件には合理性がある
と認めている（ニプロ医工事件：最判昭60・3・12労経速1226号25頁も同旨）。

　もっとも、定年退職や整理解雇のような場合、労働者は退職日を選ぶことが
できないため、支給日在籍要件を適用すると問題が生じることがある。リーマ
ン・ブラザーズ証券事件（東京地判平24・4・10労判1055号8頁）は、民事再生手
続を申し立てたＹ社が従業員Ｘを11月30日に解雇したものであるところ、賞与
の支給日である翌年1月31日に在籍していなかったＸに対しては支給日在籍要
件を理由に支給しなかったという事案である。これについて裁判所は、「支給
日在籍要件それ自体は、合理性があるもので、原則的には有効ということがで
きる」としながらも、「整理解雇は、労働者自身に帰責事由がないにもかかわ
らず使用者側の事情により解雇されるもの」であって「その退職時期を予測で
きるものでもない」ことを考慮すると、「このような場合にまで一律に支給日
在籍要件の適用を及ぼすことには、合理的な理由を見出すことができない」と
して、「支給日在籍要件は、本件のような整理解雇事案に関してはその適用が
排除されるべきであって、その限度で、民法90条により無効となる」と判示し
ている。

6　退　職　金

退職金の位置付け　日本では、一定期間以上勤続した従業員が退職した
際、退職金を支給するのが通例である。日本には長期
勤続雇用の慣行があることを受け、勤続年数が長くなるほど労働者にとって支
給率が有利となるように設計されていることが多く、経験を積んだ労働者を長
く企業に引き留めておくための方策としても利用されている。

　先述した賞与と同様、退職金についても複数の性格があるとされており、①
賃金の後払い的性格、②功労報償的性格、③退職後の生活保障的性格といった
ものが指摘される。

　退職金の請求権も、これまた賞与と同様に当事者間の合意によって発生する
ものであるが、退職金制度を設けることにした場合には就業規則にその支払い
に関する規定を置かなければならない（労基89条3号の2）。

退職金については、退職事由によって支給内容に差を

同業他社への 転職を理由とする 退職金の減額・不支給	退職金については、退職事由によって支給内容に差を 設けていることが多い。例えば、会社都合退職（リス トラに際して自分から希望退職に応じたようなとき）の場

合には上積みされることもあるのに対し、自己都合退職の場合は定年退職の場合に比べると低くされる、といった具合である。こうした減額・没収条項については多くの問題を生じさせていた。

判例 10 - 4　**三晃社事件**〈最判昭 52・8・9 労経速 958 号 25 頁〉

事実　広告代理店 Y に約10年勤務した後に辞めた元従業員 X の退職金をめぐって紛争が生じた。Y 社では、営業担当者が退職後に同業他社へ転職したときは退職金を「自己都合退職の場合の半分」に減らすというルールを設けていた。X は「自己都合退職」であると Y 社に伝えて退職金（64万 8 千円）を受け取ったものであるところ、その翌月になって X はライバルの広告代理店 A に就職していたことが発覚した。そこで Y 社は X に対し、受領した退職金の半額を返還するよう求めたものである。これに対し X は、競業避止義務を課した契約は民法90条違反であるし、本件のような返還請求は賠償予定であって労基法16条に反するものであると主張した。

判旨　「Y 社が営業担当社員に対し退職後の同業他社への就職をある程度の期間制限することをもって直ちに社員の職業の自由等を不当に拘束するものとは認められ」ない。同業他社に就職した場合の退職金を自己都合による退職の場合の半額と定めることも「本件退職金が功労報償的な性格を併せ有することにかんがみれば、合理性のない措置であるとすることはできない」。「この場合の退職金の定めは、制限違反の就職をしたことにより勤務中の功労に対する評価が減殺されて、退職金の権利そのものが一般の自己都合による退職の場合の半額の限度においてしか発生しないこととする趣旨であると解すべきである」から、労基法 3 条、16条、24条および民法90条等の規定に違反しない。

　このように裁判所は、退職金の功労報償的性格を根拠として、競業制限に違反した退職者に対する退職金の減額・没収条項の有効性を肯定している。

　なお、この判決の理論構成を読み解くに際しては労基法24条との関係に留意しておく必要がある。いったんは X に64万余円の退職金請求権が発生していたけれども競合他社へ転職したので Y は32万余円を差し引いた、ということにすると「全額払いの原則」に反することとなるからである。そこで裁判所は、合理性を有する退職金の減額条項があり、これに該当する事由が存在する場合に

は、退職金はその減額限度において発生すると解釈している。

　とはいえ、同じ業界内での転職がまったくできないとなると、労働者は自己の能力を活用して働くことができなくなり、憲法22条が保障する「職業選択の自由」との兼ね合いで問題が生じてしまう。中部日本広告社事件（名古屋高判平2・8・31労判569号37頁）は、広告代理店に勤務していた労働者が退職後に独立して開業したという事案である。前の会社には、退職後6ヶ月以内に同業他社へ就職した場合には退職金を支給しないとする不支給条項が存在した。これについて裁判所は、当該条項によって退職金を不支給とすることが許容されるのは、労働の対償を失わせることが相当であると考えられるような「顕著な背信性がある場合に限る」ものであるところ、本件にあっては顕著な背信性が認められないとして、退職金不支給条項の適用が否定されている。このように、退職金の減額・不支給条項そのものについては合理性を認めつつも、過去の功労の抹消の程度に応じて適用範囲を限定するという解釈が試みられているのである。

懲戒解雇相当の非違行為と退職金の減額・不支給　懲戒解雇の場合には退職金を不支給としている場合も多い。しかし、懲戒解雇そのものは有効であったとしても、退職金の全額を不支給とすることは許されないとされることもある。

　橋元運輸事件（名古屋地判昭47・4・28判時680号88頁）は、会社の就業規則に反して同業他社の取締役に就任していたという事案である。裁判所は、懲戒解雇そのものは有効であるとしつつも、退職金の全額没収を認めるには「労働者に永年の勤続の功を抹消してしまうほどの不信があったこと」が必要であるところ、本件にあっては約16年にわたる勤続の功を一切抹消するに足る程の不信行為があったとはいえないとして、6割の没収にとどめている。

　私生活上の非行が懲戒事由とされることもあるが、労働者の私的領域に属する事柄は、本来、使用者の企業経営とは直接関係がないものである（第5章）。会社に対する直接の背信行為とはいえない職務外の非違行為を理由とする退職金の減額・不支給について争われたのが、次に示す裁判例である。

判例 10 - 5　小田急電鉄事件〈東京高判平 15・12・11 労判867号 5 頁〉
　事実　鉄道会社Ｙの従業員であったＸが、他社の電車内で痴漢行為を行って逮捕さ

れ、罰金刑に処せられた。これを知ったY社はXを降職に処したものであるところ、Xは再び他社の電車内で痴漢行為を行って有罪判決を受けた。そこでY社はXを懲戒解雇することとし、退職金を不支給とした。これについてXは処分が重すぎると主張し、退職金（約920万円）の支給を求めて訴えた。

判旨　痴漢行為は「その法定刑だけをみれば、必ずしも重大な犯罪とはいえないけれども…決して軽微な犯罪であるなどということはできない。」「まして、Xは、そのような電車内における乗客の迷惑や被害を防止すべき電鉄会社の社員であり、その従事する職務に伴う倫理規範として、そのような行為を決して行ってはならない立場にある。」「社内における処分が懲戒解雇という最も厳しいものとなったとしても、それはやむを得ないものというべきである。」「賃金の後払い的要素の強い退職金について、その退職金全額を不支給とするには、それが当該労働者の永年の勤続の功を抹消してしまうほどの重大な不信行為があることが必要である。」

これを本件についてみるに、①本件行為はXの私生活上の行為であること、②Y社の社会的評価や信用の低下や毀損が現実に生じたわけではないこと、③過去にY社で退職金が減額された前例は金銭の着服という会社に対する直接の背信行為であったこと、④Xの約20年にわたる勤務態度は真面目であったこと等からすると、「Yは、本件条項に基づき、その退職金の全額について、支給を拒むことはできない」。結論として裁判所は、本来の退職金の3割については支給するよう命じた。

しかしながら、諸般の事情を考慮して割合的な減額処理が行われているところに理論的な問題がある。減額幅をどの程度にするかは裁判官の裁量に委ねられており、このような判断手法は退職金における賃金の後払い部分を考慮して結果的妥当性を図るものである他面、法的安定性を欠く憾みがある。

より深く学ぶための道案内

賃金支払いの4原則や休業手当については、浜村彰「労基法上の賃金規制」。賞与や退職金については、島村暁代「退職金と賞与」。歴史をさかのぼって賃金規制の意義を知りたいなら、唐津博「賃金の法政策と法理論」。上記3編はいずれも、日本労働法学会編『講座労働法の再生第3巻　労働条件論の課題』（日本評論社、2017年）所収。

第11章　労働時間規制の基礎
——労働時間の概念、残業、割増賃金、年休

1　労働時間規制の対象となる時間

「労働時間」の2つの意義　労基法は実労働時間規制を行っており、実際に労働者が労働した時間（実労働時間）を算定し、それが法定労働時間以内に収まっていることを求めている。この実労働時間規制を実効性あるものにするためには、どのような時間が労基法の労働時間規制の対象となる「労働時間」であるかが明らかにされる必要がある。「労働時間」という概念は一般的に以下の2つの意義で用いられる。その1は労働契約当事者が労働条件の1つとして合意した労働時間、すなわち、労働契約上の労働時間（所定労働時間）である。その2は、労基法の実労働時間規制の対象となる時間であり、労基法上の労働時間と呼称される。

　労働時間規制の対象となるのは、労基法上の労働時間であるから、以下では特にことわらない限り、労働時間とは労基法上の労働時間をいうものとする。

法定労働時間制　労働時間は賃金と並んで最も重要な労働条件である。労基法も、労働時間について、使用者が労働者に、休憩時間を除き1週間について40時間を超えて労働させてはならず、1日については休憩時間を除き8時間を超えて労働させてはならない、という規定（労基32条「1週40時間・1日8時間の原則」）を設けて労働者の保護を図っている。これを法定労働時間制という。そして、使用者が労働者に対して、これを超える労働をさせるときには、法所定の要件を満たさなければならず、かつ、割増賃金を支払わなければならない。

　なお、小規模事業（事業場で常時使用する労働者が10人未満）のうち商業・サー

ビス業等（物品販売等の商業、旅館、料理店、飲食店その他接客娯楽業等）では、特例として、法定労働時間が1週44時間（ただし1日8時間）まで労働させることができるという例外が設けられている（労基40条、労基則25条の2第1項）。

2　労働時間の概念

「労働時間概念をめぐる学説」 労働時間の概念について、法律は明確な定義規定を設けていない。そこで従来、判例・学説において、労基法32条に定める「労働させ」るの意義に関して争いがあった。この点について通説・行政解釈は、労働時間とは「労働者が使用者の指揮命令のもとにある時間」であるという見解（指揮命令下説）に立っていた（なお、ILO30号条約第2条は、労働時間とは使用者の指揮に服する時間をいうとしている）。また、そもそも労働時間性をいかなる観点から判断するかについても、大きく3つの見解の対立があった。具体的には、当事者が労働時間性を約定によって決めてよいとする「約定基準説」、労働時間性は労基法の観点から客観的に判断されるとする「客観説」（通説）、労働力提供そのものである中核的労働時間については客観的に、その前段階の周辺的労働時間（グレーゾーン）については当事者の約定や取扱いを基準に判断する「二分説」の対立である。しかし、約定等により労働時間か否かを決定できるとする「約定基準説」や「二分説」に対しては労基法の強行法規性（労基13条参照）に反するといった批判があった。

「判例上の定義」 こうした中で最高裁（ 判例 11 - 1 ）は労働時間とは「労働者が使用者の指揮命令下に置かれている時間」をいうとし、労働時間性の判断については「客観説」に立つことを明らかにした。

> **判例 11 - 1**　**三菱重工長崎造船所事件〈最判平12・3・9民集54巻3号801頁〉**
> **事実**　造船所で雇用された労働者が作業前後に作業服・安全用具等を着脱する時間等が労働時間に該当するかが争われた。
> **判旨**　「労働基準法…32条の労働時間（以下「労働基準法上の労働時間」という。）とは、労働者が使用者の指揮命令下に置かれている時間をいい、右の労働時間に該当するか否かは、労働者の行為が使用者の指揮命令下に置かれたものと評価することができるか否かにより客観的に定まるものであって、労働契約、就業規則、労働

協約等の定めのいかんにより決定されるべきものではないと解するのが相当である。」「労働者が、就業を命じられた業務の準備行為等を事業所内において行うことを使用者から義務付けられ、又はこれを余儀なくされたときは、当該行為を所定労働時間外において行うものとされている場合であっても、当該行為は、特段の事情のない限り、使用者の指揮命令下に置かれたものと評価することができ、当該行為に要した時間は、それが社会通念上必要と認められるものである限り、労働基準法上の労働時間に該当すると解される。」とした。

判例の位置付け　判例は、従来の通説・行政解釈と同じ指揮命令下説に立っていると評価されることが多い。もっとも、後述する裁判例の多くは、使用者の関与（指揮命令や黙認など）のほかに、業務遂行と同視しうるような状況にあったか、という観点も加味して労働時間該当性を判断しており、具体的な労働時間性の判断に当たっては、労働者が従事する活動の「業務性」や「職務性」も考慮している。この点は、時間的・場所的拘束がゆるく抽象的な指揮命令のもとで業務に従事する場合の労働時間該当性判断や企業外研修や小集団活動への参加などの労働者の活動が私的な活動か、使用者の業務に従事したといえるのかを判断する上で有用な指標となる。ちなみに、厚生労働省が2017年1月20日に発出した「労働時間の適正な把握のために使用者が講ずべき措置に関するガイドライン」では「労働時間とは、使用者の指揮命令下に置かれている時間のことをいい、使用者の明示又は黙示の指示により労働者が業務に従事する時間は労働時間に当たる」と定義しており、業務従事という要素を労働時間の定義に取り入れている。

3　就労形態の多様化と労働時間性判断の新展開

黙示の指揮命令　サービス産業化の進展等により就労形態も多様化し、指揮命令も抽象的なものになりがちな現在の働き方のもとでは、労働者に対して明示的に残業指示が出ていない場合でも労働者が業務をこなさざるを得ない事態はよく生じる。例えば終業時刻後に事業場に残って必要な業務を行い、上司も特に帰宅指示などをしていなかった場合などである。指揮命令の有無を厳格にとらえると、明確な残業指示に基づかない業務従

事時間は労働時間ではないと評価されかねない。しかし、労働時間規制の実効性確保のためには、何が労働時間であるかという点について産業構造や就労形態の変化を踏まえた判断が求められる。

　こうした事態に対し下級審の裁判例の中には、経験則と使用者の黙示の指揮命令という概念を駆使して、労働時間該当性判断を行おうとするものがある。例えばヒロセ電機事件（東京地判平25・5・22労経速2187号3頁）は「一般論としては、労働者が事業場にいる時間は、特段の事情がない限り、労働に従事していたと推認すべきと考えられる。」と述べる。これは、労働者は明示または黙示の指示もなく事業場に居残ることはないのが通常であるという経験則を働かせ、労働時間該当性判断をなしうる余地を認めるものと評価できる。また、使用者が想定していない時間に出退社している場合でも、実際には所定労働時間内ではおよそ終わらないような仕事を任され恒常的に業務を行っているような場合には、そのことを使用者が認識・予見しつつ勤務実態の改善や残業を禁止する具体的な措置をとっていないと黙示の業務命令があったとするものもある（丙川商会事件：東京地判平26・1・8労判1095号81頁、ワールドビジョン事件：東京地判平24・10・30労判1090号87頁）。もちろん社内で業務をこなしていれば全て黙示の指揮命令があったとされるわけではない。居残りの必要性がなく事業場内に滞留し会社からも早く帰ったらどうかと退社を促されていたという事情のもとでは居残り時間は労働時間に該当しない（株式会社乙山事件：東京地判平24・3・23労判1054号47頁）し、会社が想定していない深夜の時間帯に業務を行っても労働時間とはいえない（十象舎事件：東京地判平23・9・9労判1038号53頁）と判断するものもある。また労働時間管理を厳格に行い、使用者が適切に労働時間を把握管理している場合には、単に事業場内に滞在していたことを窺わせる資料があっても労働時間とは認めていない（オリエンタル・モーター（割増賃金）事件：東京高判平25・11・21労判1086号52頁等）。

　なお、自発的な時間外労働やいわゆる持ち帰り残業についても使用者の黙認・許容といった事情が認められれば労働時間となる（三栄珈琲事件：大阪地判平3・2・26労判586号80頁、自発的な休日出勤につき、ほるぷ事件：東京地判平9・8・1労判722号62頁）。もっとも、使用者から持ち帰り残業の業務命令があっても労働者はこれに応ずる義務はないから、持ち帰り残業の労働時間該当性の立証に

は困難も伴う。

手待ち時間・仮眠時間　労働者が使用者の指揮命令下に置かれているならば実作業に従事していない時間であっても労働時間に該当する。通常の業務より労働密度の薄い手待ち時間も労働時間となる。手待ち時間とは、具体的な作業を行っていなくとも業務が発生したときにただちに作業を行えるように待っている時間（すし処「杉」事件：大阪地判昭56・3・24労経速1091号3頁）や休憩時間とされていても取引先等からの業務上の電話対応のために適宜業務に従事することが必要で労働から完全に解放されているとはいえない時間などを指す。

　近時、問題となっているのは、ビル管理人等の仮眠時間（ 判例11-2 ）や住込みマンション管理員夫婦のように職場と私生活の線引きが難しい働き方をしている場合の労働時間である。

判例11-2　**大星ビル管理事件**〈最判平14・2・28 民集56巻2号361頁〉
事実　仮眠室への滞在と警報等への対応が義務付けられていたビル警備員の夜間仮眠時間（実作業に従事していない仮眠時間という意味で「不活動仮眠時間」と呼ぶ）が労働時間にあたるか否かが争われた。
判旨　労働時間の意義について三菱重工長崎造船所事件最判（ 判例11-1 ）を参照し、次のように判示した。「不活動仮眠時間において、労働者が実作業に従事していないというだけでは、使用者の指揮命令下から離脱しているということはできず、当該時間に労働者が労働から離れることを保障されていて初めて、労働者が使用者の指揮命令下に置かれていないものと評価することができる。したがって、不活動仮眠時間であっても労働からの解放が保障されていない場合には労基法上の労働時間に当たるというべきである。」

　大星ビル管理事件最判（ 判例11-2 ）は、場所的拘束や業務対応の義務付けにより精神的緊張を強いられる働き方のもとでは、実際の業務対応が皆無に等しいなどの特段の事情のない限り、不活動仮眠時間は労働時間にあたるとした。さらに最高裁は住込み管理員の労働時間も同様の視点で判断している（大林ファシリティーズ（オークビルサービス）事件：最判平19・10・19民集61巻7号2555頁、差戻審東京高判平20・9・9労判970号17頁）。

　さらに待機時間が多く、休憩などが労働者の裁量にゆだねられるような職種

との関係では、使用者が休憩時間についてあらかじめ具体的に指示しているか
が問題とされ、労働者を適正に休ませるような業務指示をしているかという観
点から労働時間該当性を問い直すものもある（医療法人Ｅ会（産科医・時間外労
働）事件：東京地判平29・6・30労判1166号23頁）。

出 張 ・ 移 動 時 間　場所的・時間的拘束性がゆるい働き方の進展との関係
では、出張に伴う移動時間や出張先での滞在時間の労
働時間該当性、さらに出張中の労働時間についての事業場外みなし制度の適用
も問題となっている。出張時の列車等交通機関乗車時間が労働時間に該当する
かについては、従来から議論のあるところであり、移動時間を仕事と同性質と
みるか、通勤時間と同性質とみるかで見解は分かれている（労働時間にあたると
するものとして島根県教組事件：松江地判昭46・4・10労判127号35頁、労働時間では
ないとするものとして日本工業検査事件：横浜地川崎支決昭49・1・26労民集25巻1・
2号12頁、京葉産業事件：東京地判平元・11・20労判551号6頁、横河電機事件：東京
地判平6・9・27労判660号35頁など）。他方、自ら自動車を運転して出張先に赴い
ている場合には公共交通機関を利用した場合のように自由度が強いわけではな
いとして、労働時間該当性を肯定するものがある（シニアライフクリエイト事
件：大阪地判平22・10・14労判1019号89頁）。加えて、近時の裁判例には、出張中
の移動時間の労働時間性について、果たすべき別段の用務を命じられておら
ず、具体的な労務に従事していたと認められない場合は労働時間に該当しない
が、納品物の運搬それ自体を出張の目的としている場合には使用者の指揮命令
下に置かれていたと評価でき、また、ツアーの参加者の引率業務のサポートと
いった具体的な労務提供を伴っている場合には労働時間に該当するとしたもの
がある（ロア・アドバタイジング事件：東京地判平24・7・27労判1059号26頁）。次
に、休日に出張先に移動したとしても、出張の際の往復に要する時間は労働者
が日常の出勤に費やす時間と同一性質であると考えられ、通勤時間の処理と同
様の処理がなされることが多い。ただし多くの使用者は、労働時間と労働時間
以外の時間の境界線上の問題であるという認識のもとに、出張手当などの手当
を支給して労働者の納得感を高める労務管理に努めている。

　他方、用務先間の移動時間（勤務先営業所と用務先間の移動時間や用務先と用務
先との間の移動時間）であるが、こうした場合、通常は移動に努めることが求め

られるのであり、業務から離脱し、自由利用することが認められていないか
ら、自由利用が可能であったとする特段の事情がない限り、労働時間になると
いえよう。

**自己研さん・研修時間
その他本務外の作業時間**　新入社員、技能職・専門職（調理人、美容師、臨床検査
技師、理学療法士など）が自己啓発・自己研さんや新人
研修等を行った場合、当該時間が労働時間になるかも問題となる。行政解釈
は、労働者が自主的に参加する、いわゆる小集団活動が労働時間になるのか否
かについて「使用者が自由意思によって行う労働者の技能水準向上のための技
術教育を、所定労働時間外に実施」することが時間外労働となるか否かについ
て「労働者が使用者の実施する教育に参加することについて、就業規則上の制
裁等の不利益取扱による出席の強制がなく自由参加のものであれば、時間外労
働にはならない」（昭26・1・20基収2875）としている。一般的には業務との関
連性が認められる企業外研修・講習や小集団活動は使用者の明示または黙示の
指示があり事実上参加を拒否できないことが多いであろうから自由参加が保障
されているという特段の事情がなければ労働時間性は肯定され、業務との関連
が薄い研修会等への参加については使用者による強制の程度により決せられ
る。

　自己研さんや研修時間の労働時間性は、賃金時間としての労働時間該当性の
問題として争われることはもとより、自己研さんや研修時間を含めた長時間労
働により使用者の労働者に対する安全（健康）配慮義務違反があったかといっ
た観点からも問題となっている。具体的には、労災の業務上外認定や安全（健
康）配慮義務違反の有無を検討する場合に、賃金時間としての労働時間とは言
い難い時間も含めて長時間労働となっていたかが問題とされている（大阪府立
病院（医師・急性心不全死）事件：大阪高判平20・3・27労判972号63頁等）。

　また、本務外の作業の労働時間該当性の関係では、全社員販売（従業員がグ
ループ企業の製品、商品等を友人知人等に勧めて販売するもの）の労働時間該当性お
よびWEB学習の労働時間性が問題となったNTT西日本ほか（全社員販売等）
事件（大阪高判平22・11・19労判1168号105頁）が注目される。これらの事件では
いずれも労働時間該当性が否定された。特に全社員販売の労働時間性を否定し
た理由としては、本来業務との違いのほか、作業の時間、場所、方法を従業員

が任意に決定できるために使用者において従業員が作業に従事した時間があっても、そのことを把握することはそもそも想定されていないことを考慮して、使用者の指揮命令下に置かれていたとは見ることはできないとした。加えて作業の性質上、従業員の日常の私生活上の行為との区別が明確ではなく、その意味で販売作業があるとしても通常の労働時間の長短の観念にはなじみ難い性質があることも考慮されている。

4　休憩・休日・特例

休　　憩　　使用者は、労働時間が6時間を超え8時間以内の場合には少なくとも45分、8時間を超える場合は少なくとも1時間の休憩を、労働時間の途中に与えなければならない（労基34条1項）。休憩時間とは、労働から完全に解放された時間をいう。もし休憩時間が相当期間にわたり十分に与えられない場合は、使用者は休憩時間付与義務違反として、休憩をなしえなかったことによる肉体的精神的苦痛に対する慰謝料の損害賠償責任を負うことがある（住友化学事件：名古屋高判昭53・3・30労判299号17頁、最判昭54・11・13判タ402号64頁も高裁を支持）。この休憩時間は、事業場の全労働者に一斉に与えるのが原則（一斉休憩）であるが、事業場の過半数代表との労使協定がある場合にはその例外が認められる（同条2項）。また、休憩時間は労働からの解放を保障する時間であるから、労働者に自由に利用させなければならない（同条3項（休憩の自由利用の原則））。したがって、休憩時間中の外出も原則として自由であり、使用者が外出について一定の制約を加える場合（届出制など）には合理的理由が必要となる。

休　　日　　使用者は、労働者に毎週少なくとも1回の休日を与えなければならない（労基35条1項）。これを法定休日と呼ぶ。もっとも、毎週1回休日を与えるのが難しい場合には、4週間を通じ4日以上の休日を与えることで、この週休1日原則は適用されない（同条2項）。ただし、この場合には就業規則等で4週間の起算点を定めておく必要がある（労基則12条の2第2項）。これを変形休日制と呼んでいる。

　休日をあらかじめ特定することは法律上求められていないが、就業規則によ

り休日を特定するよう行政指導がなされている（昭63・3・14基発150号など）。他方、就業規則等で休日を特定している場合（例えば日曜日を法定休日としている場合）に、突発的に休日に仕事を命じる必要が生じたことから、使用者としては、休日を労働日とする代わりに、別の労働日を休日に変更したいという希望を持つことがある。これは、休日の振替と呼ばれる問題である。休日の振替には、事前の振替（あらかじめ振替休日の日を指定した上で休日を労働日と変更する場合）と事後の振替（休日に労働をさせた後に代休日を与える場合）がある。事前の振替（振替休日）については、①就業規則などに使用者が休日を振り替えることができる旨の規定が存在し、②休日を振り替えた後の状態が週休1日原則など労基法上の規定に反していない場合には、使用者は労働者の個別的同意を得ずに休日振替を命じることができる（三菱重工業横浜造船所事件：横浜地判昭55・3・28労判339号20頁参照）。次に事後の振替（代休）については、就業規則上休日として特定された日に、その休日としての性格を変えないまま労働者に労働を命じることになるため、その日の労働は休日労働（休日労働の意義とこれを行う場合の要件および効果については、後述「5　時間外労働・休日労働」参照）となる。そのため労基法の休日労働の要件を満たす必要があり、代休日を与えたとしても休日労働に対する割増賃金の支払義務が生じる（労基37条。割増賃金については、後述「7　割増賃金」参照）。

労働時間・休憩の特例　小規模事業（事業場で常時使用されている労働者の人数が10人未満）のうち、物品の販売等の商業（労基法別表第1第8号）、映画の映写、演劇その他の興行の事業（同10号）、保健衛生事業（同13号）、旅館、料理店、飲食店その他接客娯楽業（同14号）では、事業の特殊性から1週間44時間（ただし1日8時間）まで労働させることができるという例外が設けられている（労基40条、労基則25条の2第1項）。

　また、休憩についても、事業の性格から原則どおりに休憩時間を与えることができない場合に、一斉休憩や休憩の自由利用などについて例外を設けている（坑内労働について労基法38条第2項、公衆の便宜その他特殊の必要がある場合について労基法40条、具体的な業種としてサービス業につき労基則31条、運送・郵便・信書便の乗務員等につき労基則32条、警察官、消防吏員等につき労基則33条をそれぞれ参照されたい）。

5　時間外労働・休日労働

残業には２種類ある　　使用者は、法定労働時間を超えてまたは法定休日に労働させることができないのが原則であるが、労基法はその例外として、災害・公務による臨時の必要がある場合および労使協定が締結されている場合には、法定労働時間を超える労働や法定休日における労働をさせることができるとしている。この時間外・休日労働に対しては使用者に割増賃金の支払が義務付けられている。ところで、一般に残業と呼ばれるものには、法定労働時間を超えて働いた時間と、法定労働時間の範囲内であるが所定労働時間を超えた時間（例えば、所定労働時間が７時間の場合に、７時間を超えて８時間までの１時間）とがある。前者は法定労働時間外の労働時間であり、上述の労働時間規制や割増賃金規制の適用対象となる。他方、後者は法内残業と呼ばれており、法定労働時間の範囲内であるため、36協定の締結・届出や割増賃金の支払は労基法によって義務付けられてはいない。

災害・公務の必要による
時間外・休日労働　　災害その他避けることのできない事由によって臨時の必要がある場合、使用者は行政官庁の許可を得て、必要な限度において時間外・休日労働をさせることができる（労基33条１項）。ただし、事態急迫のため行政官庁の許可を受ける暇がない場合においては、事後に遅滞なく届け出をしなければならない（同条２項）。

　また、官公署の事業に従事する公務員については、公務のために臨時の必要がある場合には、時間外・休日労働をさせることができる（同33条３項）。

労使協定による
時間外・休日労働　　(1)**概　要**　　使用者は、事業場の過半数代表者との間で書面による労使協定（36協定、サブロク協定またはサンロク協定と読む）を締結し、これを行政官庁（所轄の労基署長）に届け出た場合、その定めに従って時間外・休日労働をさせることができる（労基36条）。ところで、36協定とは、時間外・休日労働を命じる前提として、使用者が事業場の従業員を代表するものとの間で、どのような事由が生じた場合に、誰に、どの程度時間外労働や休日労働をさせることがあるかを取決めるものであるが、36協定自体は労基法の規制を解除する効力を持つに過ぎず、後述するように労

働契約において時間外・休日労働義務を設定しておく必要がある。

　36協定の締結にあたって留意すべきなのは、労働者側の当事者である。労基法36条は、労働者側の代表を事業場ごとに過半数の労働者が加入している労働組合、それがなければ労働者の過半数を代表する者（以下「過半数代表者」という。）としている。そして過半数代表者は、労基法上の管理監督者（同41条2号）でないこと、選出目的を明らかにして実施される投票、挙手等の方法による民主的手続にて選出された者であることを要件としている（労基則6条の2第1項）。したがって、こうした手続きを経ずに過半数代表者を指名することは許されない（トーコロ事件：最判平13・6・22労判808号11頁参照）。また、時間外労働の上限を設定した後述の2018年労基法改正を契機に、使用者の意向に基づき選出された者でないこと、という要件が追加され、使用者は過半数代表者が労基法に規定する協定等に関する事務を円滑に遂行できるよう必要な配慮を行わなければならないという規定も追加された（労基則6条の2第1項および第4項）。

(2)　**働き方改革関連法**（改正労基法と時間外労働の上限規制）　　従来は、36協定で延長できる時間外労働時間数については、告示で限度時間が1ヶ月45時間、1年360時間等と定められていた（平10労告154号。これを限度基準と呼んでいた）。しかし、限度基準には違反しても罰則がないために強制力は働かなかった。むしろ臨時的に限度基準を超えて労働時間を延長しなければならない特別の事情がある場合には「特別条項付き36協定」（特別条項）を結ぶことで限度時間を超えることが許容されていたため、特別条項を濫用的に利用すると上限なく時間外労働をさせることが可能となっており、この点が問題視されてきた。そこで、働き方改革関連法による労基法36条の改正では、時間外労働の上限規制を全面的に見直し、労使協定（36協定）による時間外・休日労働について罰則付きで時間外労働の上限規制を設定（従来の限度基準を告示から法律の本則に格上げして規制を強化した）したほか、協定事項を整理・追加し法律の本則に列挙する改正を行った（改正労基36条2項）。具体的には①時間外労働（休日労働は除外）の上限について月45時間、年360時間を原則とし（労基36条4項）、②特別条項発動時の上限を設け、特別な事情がある場合であっても、年720時間（休日労働は除外）、単月100時間未満（休日労働を含む）、複数月平均80時間（休日労働を含む）を限度に設定した（同5項、6項）。そして上記の最大限度を超えて労

働させた場合は罰則（6ヶ月以下の懲役または30万円以下の罰金）の対象となる（同119条、適用対象は同36条6項違反）。なお、時間外労働の「限度基準」（同4項）と、特別条項の上限（同5項）を超える時間外・休日労働協定の効力は労基法36条の要件を満たさないものとして無効となる（平30・12・28基発15号）。上記の2018（平成30）年改正労基法の施行日は、中小企業主以外は、2019（平成31）年4月1日より施行、以下の定義に当てはまる中小企業主については、上記①および②（時間外労働の上限規制強化に関するもの）は2020（令和2）年4月1日から、それぞれ施行されている。なお、自動車運転業務、建設事業、医師等については猶予期間を設けた上で規制を適用する等の例外が設けられた。

業種	資本金の額または出資の総額	または	常時使用する労働者
小売業	5000万円以下	または	50人以下
サービス業	5000万円以下	または	100人以下
卸売業	1億円以下	または	100人以下
その他	3億円以下	または	300人以下

※中小企業主（事業場単位ではなく、企業単位で判断）

時間外・休日労働義務の設定　使用者が労働者に具体的に時間外・休日労働を命じるためには、36協定の締結・届出など労基法上の要件を満たすことに加えて、労働契約上時間外・休日労働を行う義務を設定しておく必要がある。

判例11-3 日立製作所武蔵工場事件〈最判平3・11・28民集45巻8号1270頁〉

事実　労働者が残業命令に従わず、態度を改めなかったために、懲戒解雇された事案において、懲戒事由該当性の前提となる残業命令の効力（残業命令に従う義務の存否）が争われた。

判旨　「使用者が、当該事業場の労働者の過半数で組織する労働組合等と書面による協定（いわゆる三六協定）を締結し、これを所轄労働基準監督署長に届け出た場合において、使用者が当該事業場に適用される就業規則に当該三六協定の範囲内で一定の業務上の事由があれば労働契約に定める労働時間を延長して労働者を労働させることができる旨定めているときは、当該就業規則の規定の内容が合理的なものである限り、それが具体的労働契約の内容をなすから、右就業規則の規定の適用を受ける労働者は、その定めるところに従い、労働契約に定める労働時間を超えて労

働をする義務を負うものと解するを相当とする。」

　時間外・休日労働義務がいかなる場合に認められるかについては学説上、包括合意説（36協定を前提に、これとは別に労働協約・就業規則・労働契約に一般規定があればよい）と個別的同意説（36協定を前提に、労働者の個別の同意が必要である）の対立がある。

　判例は、就業規則の内容をなす36協定が時間外労働の上限を規定し、かつ、一定の事由を定めている場合につき、就業規則の合理性を認め、時間外労働義務を肯定している。これは就業規則上の規定が合理的なものであれば労働契約の内容になるとの判例（秋北バス事件・ 判例4-2 、電電公社帯広局事件：最判昭61・3・13労判470号6頁、労契7条参照）に従い、基本的には包括的同意説の立場を採用したものといえる。もっとも、近時の学説には、時間外労働義務について、36協定を前提に、判例のように時間外労働の内容の合理性を労働義務の発生要件と解しつつ「合理性」の内容を労基法36条の趣旨により合理的に限定しようとする見解もある（土田道夫『労働契約法（第2版）』（有斐閣、2016年）327頁から328頁）。また労基法36条では、36協定を締結する際に、「事業場の業務量、時間外労働の動向その他の事情を考慮して通常予見される時間外労働の範囲内で」、上限時間を超えない時間を定めることが必要であり（同3項）、残業の有無や必要性について就労実態を踏まえて労働者の予測可能性を確保しようとしている。ここからは、近時の学説と同じく労働義務の発生する範囲を合理的に限定しようとする方向性を見て取ることができる。なお現行労基法36条のもとでは、上限時間を超える時間外労働命令に個別的に同意しても無効であり、労働義務は生じない。

6　労働時間の計算および労働時間の適正把握管理義務

　労働時間の適正管理は実効性ある労働時間規制のための基盤である。使用者において適正に労働時間を把握させること、そして労働時間および適正な労働時間の把握管理について労使の理解を深めることは、労働時間法制の実施に必要不可欠の基盤整備ということができる。労働時間規制を実効性あるものにで

きるか否かはまさに労使が労働時間について正しく理解し、これを適正に把握管理するという意識を持って協議をすることができるか否かに関わってくるのである。

労働時間の計算　労基法は、労働時間の計算について「労働時間は、事業場を異にする場合においても、労働時間に関する規定の適用については通算する」（労基38条1項）と定めている。この規定の解釈については、同一の使用者のもとで事業場を異にする場合を想定した規定と見るのか（非通算説）、複数の使用者のもとで労務を提供している場合も労働時間は通算される規定と見るべきか（通算説）について争いがある。行政解釈（昭23・5・14基発769号、昭61・6・6基発333号）では複数の使用者のもとで労務を提供する場合にも適用され、例えばA社で8時間働き、B社で3時間アルバイトとして就労する場合、労働時間は11時間と算定され、後に契約を締結したB社が3時間分の割増賃金支払義務を負うということになる。この規定については副業・兼業者の労働時間管理と健康確保をめぐって議論されており、厚生労働省は「副業・兼業の促進に関するガイドライン」（平成30年1月策定［令和2年9月改定］）で通算説に立ちつつ、労働時間の把握については労働者からの申告等により、これを把握し他社の労働時間と通算するとしている。上記ガイドラインでは労働時間の申告等や通算管理における労使双方の手続上の負担を軽減し、労働基準法が順守されやすくなる簡便な労働時間管理の方法（管理モデル）を提案している。もっとも、2018（平成30）年の労基法改正により時間外労働について複雑かつ厳格な上限設定がなされており、副業・兼業の労働時間を日々管理するのは非常に困難である。こうした実態を踏まえると、行政解釈の見直しや法改正も含めた議論も必要である。

　また、坑内労働については、その場所的特殊性のために、労働者が坑口に入った時刻から坑口を出た時刻までの時間を、休憩時間を含め労働時間とみなすものとされる（同条2項）。

労働時間の適正把握管理義務　(1)　**行政解釈**　前述のように厚生労働省は、労働時間把握ガイドライン（平29・1・20基発0120第3号）を策定し、労働者の労働時間をタイムレコーダー等の客観的資料により把握し管理すべきことを求めている。なお、同ガイドラインは自己申告制による管理を

否定するものではないが、自己申告制は労働時間が正しく申告されない可能性があるため、使用者において適正な運用がなされているかについて自主的にチェックすべきとされている。

(2)　**裁判例**　使用者の労働時間把握・管理義務を肯定し、割増賃金に関する労働者側の立証責任を軽減する判断を示す傾向にある。例えば、労働契約上使用者には労働時間の適正な把握管理義務があることを認め、その把握手段として用いられた労働時間に関する記録文書の開示義務を使用者に課し、不開示について損害賠償責任を肯定している（医療法人大生会事件：大阪地判平22・7・15労判1014号35頁）。またタイムカードによる労働時間の記録がある場合に使用者が適切に反証できない限り当該記録のとおりの時間外労働時間を認定したり（プロッズ事件：東京地判平24・12・27労判1069号21頁）、使用者の労働時間適正管理義務を指摘してタイムカードの記録どおりに労働時間を推定するものもある（京電工事件：仙台地判平21・4・23労判988号53頁）。

7　割増賃金

割増賃金規制の概要　使用者が時間外労働または休日労働をさせた場合には、通常の労働時間または労働日の賃金の2割5分以上5割以下の範囲内で政令の定める率以上の率で計算した割増賃金を支払わなければならない（労基37条1項）。具体的な割増率を定めている割増賃金令では時間外労働については2割5分とし、休日労働については3割5分と定めているが、2008（平成20）年労基法改正により、1ヶ月の時間外労働の時間数が60時間を超えた場合はその部分の割増率が引き上げられ、5割以上の率とすることとされた（労基37条1項但書。ただし前述のように中小事業主については猶予措置がある）。また、この法改正により引き上げられた割増賃金部分［割増アップ分］については事業場の過半数代表との労使協定により有給の代替休暇を与えることができ、労働者が実際に代替休暇を取得した場合には、割増アップ分の支払いを要しないとされた（労基37条3項、労基則19条の2）。

　また午後10時から午前5時までの間の労働（いわゆる深夜労働）をさせた場合には、通常の労働時間の賃金の2割5分以上の率で計算した割増賃金を支払わ

なければならない（労基37条4項）。労基法37条に違反した使用者は、割増賃金の支払義務を負うとともに、裁判になった場合には付加金支払義務（労基114条）を課されるほか、処罰される（労基119条1号）。

	割増率	深夜労働との重複の場合（労基則20条）
1ヶ月60時間までの時間外労働	25％以上増	50％以上増
1ヶ月60時間を超える時間外労働※	50％以上増	75％以上増
休日労働	35％以上増	60％以上増
深夜労働（午後10時から午前5時）	25％以上増	—

※中小企業については猶予あり。

　割増賃金の割増率は上述のとおりであるが、1時間あたりの賃金の計算方法については、労基則19条が定めている。また労基法37条は割増賃金の計算基礎に算入されない賃金を列挙（家族手当、通勤手当、別居手当、子女教育手当、住宅手当、臨時に支払われた賃金、1ヶ月を超える期間ごとに支払われる賃金）しており、これに該当しない賃金はすべて割増賃金の計算基礎に算入しなければならない（労基37条5項、労基則19条、21条参照）。

　2008（平成20）年改正労基法（2010（平成22）年4月1日施行）では、割増賃金率の引き上げに関して、時間外労働が1ヶ月60時間を超えた場合には5割以上の率で計算した割増賃金を支払うこととするが、中小事業主については当分の間、これを適用しない（労基法附則138条）こととしていた。しかし、2023年4月1日から労基法附則138条の規定を廃止することとなった。猶予規定の廃止により、規模を問わず、すべての事業場を対象として労基法37条1項但書が適用されることになる。

定 額 残 業 代　労基法37条は、労働者の時間外労働、休日労働、深夜労働（以下では総称して「時間外労働等」という。）について使用者に割増賃金の支払義務を課しているが、使用者が賃金計算の簡略化（労務管理上の便宜）を図る等の目的から、毎月一定時間までの時間外労働等の対価として（時間外労働がその一定時間に満たない場合でも）定額の時間外賃金を支払う旨を労働者と合意しまたは就業規則でその旨を定めるという取扱いがなされることがある。このような取扱いを一般的に定額残業代制あるいは固定残

業代制などと呼んでいる。

　定額残業代の支払方法には、基本給に時間外労働等の対価を組み込んで支払う「定額給制」と基本給とは区別された固定的な手当を時間外労働等の対価として設定する「定額手当制」とがある。

　定額残業代制は、一定の範囲で時間外労働等が恒常化していたり、実際の時間外労働等の時間数の確定が困難な場合に、使用者の労務管理上の便宜を図る制度として取り入れられてきた。例えば、外回りの多い営業担当従業員には営業手当を支払うことで時間外労働等の割増賃金の支払いに代えるといった取扱いである。もっとも、定額残業代制が争われたケースの中には、定額残業代制が何時間働いても定額で設定された範囲でしか割増賃金を支給せず、あたかも割増賃金の上限を画する手当として位置付け（いわば完全定額残業代制と呼ぶべきもの）、単なる人件費抑制手段として不適正に運用している例も散見される。

　定額残業代については、歩合給には残業代を含むものとして扱ってきたことが労基法37条に違反するかが争われた高知県観光事件（最判平6・6・13労判653号12頁）において、最高裁は事例判断としてではあるが、通常の労働時間の賃金に当たる部分と時間外および深夜の割増賃金に当たる部分とを判別することができなければ割増賃金を支払ったものとは言えないとしていた。これは「明確区分性の要件」または「判別要件」と呼ばれてきた（以下では「判別要件」という）。そして医療法人社団康心会事件において最高裁（**判例11−4**）は、労基法37条の趣旨を根拠として判別要件が導かれることを明らかにした。

> **判例11−4**　**医療法人社団康心会事件**〈最判平29・7・7労判1168号49頁〉
> **事実**　本件は年俸制の適用を受け比較的高額の年収（年俸1700万円）を得ている専門職労働者（勤務医）との関係で定額残業代の有効要件が争いとなった。
> **判旨**　最高裁は「労働基準法37条が時間外労働等について割増賃金を支払うべきことを使用者に義務付けているのは、使用者に割増賃金を支払わせることによって、時間外労働等を抑制し、もって労働時間に関する同法の規定を遵守させるとともに、労働者への補償を行おうとする趣旨」であるとした。また、「使用者が労働者に対して労働基準法37条の定める割増賃金を支払ったとすることができるか否かを判断するためには、割増賃金として支払われた金額が、通常の労働時間の賃金に相当する部分の金額を基礎として、労働基準法37条等に定められた方法により算定した割増賃金の額を下回らないか否かを検討することになるところ、同条の上記趣旨

によれば、割増賃金をあらかじめ基本給等に含める方法で支払う場合においては、上記の検討の前提として、労働契約における基本給等の定めにつき、通常の労働時間の賃金に当たる部分と割増賃金に当たる部分とを判別することができることが必要」と判示し、「上記割増賃金に当たる部分の金額が労働基準法37条等に定められた方法により算定した割増賃金の額を下回るときは、使用者がその差額を労働者に支払う義務を負うというべきである。」とした。

　判例 11 - 4 では、判別要件が労働契約における賃金の定めの中で充足される必要があるとした。このことにより、定額残業代の有効性が争われる事案では、定額残業代により割増賃金が支払われるという合意がそもそも成立していたといえるか（労働契約書、就業規則の定めのほか、途中から定額残業代が導入された場合には労働条件変更合意（労契 8 条）や就業規則の不利益変更（労契10条）が有効になされているかも問題とされる）が問われるようになっている（鳥伸事件：大阪高判平 29・3・3 労判1155号 5 頁等）。なお、「青少年の雇用機会の確保及び職場への定着に関して事業主、特定地方公共団体、職業紹介事業者等その他の関係者が適切に対処するための指針」（平 27・9・30 厚労告406号）、「求人票における固定残業代等の適切な記入の徹底について」（平 26・4・14 厚生労働省職業安定局各都道府県職業安定部長宛事務連絡）では、定額残業代に関する求人票の明示および記載の適正化を求め、定額残業時間数と金額の明示を求めている。また最高裁は割増賃金にあたる部分が法定計算額以上であるべきこと（金額適格性要件）や定額残業代が法定割増賃金に満たない場合の差額分の支払義務を使用者において果たすこと（精算合意）についても言及しているが、これら（特に精算合意や精算実績の点）を定額残業代の有効要件であると判示したとみるべきかについては見解が分かれている。

　そして、近時、最高裁は、タクシー乗務員の歩合給賃金の支払方が労基法37条に違反するかが争われた国際自動車（第二次上告審）事件（**判例 11 - 5**）において、定額残業代の有効性判断について新たな規範を示すに至っている。

　判例 11 - 5　**国際自動車（第二次上告審）事件〈最判令 2・3・30 民集74巻 3号549頁〉**
　　事実　本件は、タクシー乗務員の歩合給から時間外・深夜労働等の割増賃金を控除

197

し、時間外・深夜労働等を行っても、行わなくても売上額が同一である限り、支給される賃金が同額になる賃金規則の適法性が争われた。本件において最高裁は、 判例11-4 等を引用し、そこで定立された判別要件および金額適格性要件について言及した後、日本ケミカル事件最判の位置付けについて次のように判示した。

判旨　「使用者が、労働契約に基づく特定の手当を支払うことにより労働基準法37条の定める割増賃金を支払ったと主張している場合において、上記の判別をすることができるというためには、当該手当が時間外労働等に対する対価として支払われるものとされていることを要するところ、当該手当がそのような趣旨で支払われるものとされているか否かは、当該労働契約に係る契約書等の記載内容のほか諸般の事情を考慮して判断すべきであり（前掲最高裁平成30年7月19日第一小法廷判決参照）、その判断に際しては、当該手当の名称や算定方法だけでなく、上記アで説示した同条の趣旨を踏まえ、当該労働契約の定める賃金体系全体における当該手当の位置付け等にも留意して検討しなければならないというべきである。」

判例11-5 は、判別要件に加え、第1次上告審判決（最判平29・2・28労判1152号5頁）以降に出された、2つの最高裁判決（医療法人康心会事件・ 判例11-4 、日本ケミカル事件：最判30・7・19労判1186号5頁）の双方の判旨を組み込んだところに新規性があり、定額残業代合意の有効性に関する一連の最高裁判決と歩合給制における割増賃金の支払に関する最高裁判決の現在の到達点を整理・結合し、判断基準を定立した。したがって、 判例11-5 は本件のような歩合給制賃金下における割増賃金の支払合意の問題にとどまらず、定額残業代合意の有効性の一般的な判断基準として汎用性の高い基準を示したといえる。また特に、① 判例11-4 が判別要件の根拠を労基法37条の趣旨（時間外労働等の抑制により、使用者に労基法の労働時間規制を遵守させることおよび労働者への補償）に求めた点を踏襲したこと、②日本ケミカル事件最判の判旨を補足する形で、対価性の判断に際しては、当該手当の名称や算定方法だけでなく、労基法37条の趣旨を踏まえ、当該労働契約の定める賃金体系全体における当該手当の位置付け等にも留意して検討しなければならないという点を付け加えたこと、③これまで判別要件の前提として位置付けられていた対価性に関する判断について（対価性がなければ論理的には判別要件を検討するまでもないはずであったところ）、これを判別要件に取り込んで（包摂して）、同要件の充足の問題として検討することとした点が注目される。

　最後に、定額残業代の有効性との関係では、定額残業代の金額に対応する労働時間数があまりに多い場合に当該定額残業代に関する合意の効力をどのように考えるべきかも争われているが、月間80時間分の時間外労働を想定した定額残業代の定めを公序良俗違反として無効とする裁判例がある（イクヌーザ事件：東京高判平30・10・4労判1190号5頁等）。最高裁が定額残業代の有効性判断について労基法37条の趣旨（長時間労働を抑制し、使用者に労働時間規制を遵守させる）を考慮していることを踏まえると、あまりに多い時間数を見込んだ定額残業代の効力は否定されることになろう。この点については、2018年労基法改正による時間外労働の上限設定の結果、月間45時間を超える時間外労働を想定した固定残業代の約定は許されないこととなった、との指摘もある（菅野和夫『労働法（第12版）』（弘文堂、2019年）524頁脚注34参照）。

8　年次有給休暇

年次有給休暇の意義

　年次有給休暇制度は、毎年一定日数の休暇を与え、しかもその間平常どおりの賃金を支払うことによって、労働者が安心して休養をとり、心身の疲労を回復させるとともに、働きがいのある質の高い労働の実現にも資することを目的とするものである。労基法39条は、年次有給休暇に関する規定を置き、付与要件、付与日数、取得方法、休暇日における賃金などについて定めるとともに、同法附則136条で年次有給休暇取得労働者に対する不利益取扱いを禁止する旨の定めを置いている（年休の不利益取扱い禁止）。年次有給休暇は「年休」や「有休」などと略称して呼ばれることがあるが、以下では「年休」と表記する。

年休権の成立要件

　年休の付与要件について、労基法39条では、使用者は雇入れの日から起算して6ヶ月以上継続勤務し、全労働日の8割以上出勤した労働者に対して、継続しまたは分割した10労働日以上の年休を付与しなければならないとしている（労基39条1項）。なお、使用者に無効な解雇を言い渡されたために就労できなかった日など使用者側の強い帰責性の下で出勤できなかった日（八千代交通（年休権）事件：最判平25・6・6労判1075号21頁）や、労働者が法律上の権利を行使して休業している日（労基39条8

項、昭22・9・13発基17号など）は、「全労働日」に含めた上で「出勤」日として取り扱われる。

年休の日数・単位　6ヶ月継続勤務した労働者に付与される年休日数は10労働日であるが、労基法39条2項では、その後勤続年数を増すに従って、1年6ヶ月以上継続勤務した労働者に対しては、継続勤務2年6ヶ月までの継続勤務1年ごとに1日、同3年6ヶ月以後の継続勤務1年ごとに2日を加算した年休（20日が限度）を与えなければならないとしている（表1参照）。

　また、所定労働日数が少ない労働者については、所定労働日数に比例して算定された日数（表2参照）の年休が付与される（比例付与。同条3項、労基則24条の3）。

　年休は本来1日以上の単位（1暦日単位）での付与が原則であり、労働者が半日単位で請求しても、使用者はこれに応じる義務はない（昭24・7・7基収1428号、昭63・3・14基発150号）。しかしながら、労使合意の上、半日単位での付与の取扱いを決めること自体は労使自治の範疇であり、年収取得促進にも資する。このため年休の半日単位の付与は就業規則等の定めがあれば特段問題はない。また2008（平成20）年労基法改正により、2010（平成22）年4月から、年

【表1：年次有給休暇の付与日数（週の所定労働日数が週4日ないし年216日を超える者または週4日以下でも週の所定労働時間が30時間以上の労働者）】

継続勤務年数	0.5	1.5	2.5	3.5	4.5	5.5	6.5以上
付与日数	10	11	12	14	16	18	20

【表2：所定労働日数の少ない労働者（週所定労働日数が週4日以下・週所定労働時間が30時間未満または年216日以下の労働者）の年休付与日数】

週所定労働日数	年間所定労働日数	継続勤務年数						
		0.5	1.5	2.5	3.5	4.5	5.5	6.5以上
4日	169～216日	7	8	9	10	12	13	15
3日	121～168日	5	6	6	8	9	10	11
2日	73～120日	3	4	4	5	6	6	7
1日	48～72日	1	2	2	2	3	3	3

休の消化率を高める目的で、時間単位での年休の付与が法律上認められること
となった（労基39条4項）。この時間単位での年休の付与は、年休制度の本来の
趣旨とは相容れない面を持つため、その要件として、法所定の事項（①時間単
位年休の対象労働者の範囲、②時間単位年休の日数、③時間単位年休一日の時間数、④
一時間以外の時間を単位とする場合の時間数）を記載した労使協定を締結すること
が求められ、また、時間単位で付与できる年休日数も5日に限定されている
（同39条4項、労基則24条の4）。この労使協定は労基署への届出は不要とされて
おり、事業場内において保管・従業員への周知をしておけば足りる。加えて同
労使協定が締結された事業場においても時間単位で年休を取得するのか、日単
位で取得するかは労働者の意思による。

時　季　指　定　　上記の要件を満たして発生した年休権は、労働者がそ
の時期（時季）（労基法は季節を含めた時期という意味で
「時季」という言葉を用いている）を特定することによって、労働義務の消滅とい
う具体的な効果を生じさせる（労基39条5項）。労働者が指定した具体的な月日
が年休付与日となり、分割するか、または何日継続するかも、原則として労働
者が決定できるものであって、使用者の承認は必要ではない（白石営林署事件：
最判昭48・3・2民集27巻2号191頁）。

　もっとも、この労働者の時季指定権の行使に対して事業運営との調整を図る
ため、使用者が適法に時季変更権を行使したときには、年休権行使の効果は消
滅する（労基39条5項）。ただし使用者が適法に時季変更権を行使するには、
「事業の正常な運営を妨げる」といえる必要がある。これは例えば、年末等特
に業務繁忙な時季を指定する場合や同一時期に多数の労働者の年休が競合した
ために、その全員に年休を付与することが難しい場合などを指す。「事業の正
常な運営を妨げる」といえるか否かの判断は、請求を行った労働者の所属する
事業場を基準として、個別的、具体的に客観的に判断される（昭23・7・27基収
2622号）。そして判例（弘前電報電話局事件：最判昭62・7・10労判499号19頁）は
「法の趣旨は、使用者に対し、できるだけ労働者が指定した時季に休暇を取れ
る状況に応じた配慮をすることを要請している」として、「勤務割を変更して
代替勤務者を配置することが可能であるにもかかわらず、休暇目的によってそ
のための配置をせずに時季変更権を行使することは許されない」としている。

このように判例は業務遂行のための必要人員を欠くなどの業務上の支障が生じることだけでなく、人員配置の適切さや代替要員確保の努力など使用者が労働者の指定した時季に年休が取れるよう状況に応じた配慮を尽くしたかという点も踏まえて時季変更権行使の適法性を判断しているといえる。他方、年休申請による休暇が1ヶ月など長期に及ぶ場合、判例は短期の時季指定がなされた場合とは異なる判断枠組みを提示している。

> **判例 11－6**　**時事通信社事件〈最判平4・6・23民集46巻4号306頁〉**
>
> **事実**　時事通信社に勤める労働者（新聞記者）が24日間の連続的年休を取得しようと時季指定したところ、会社側は後半の12日間につき時季変更権を行使した。これを労働者は無視して休暇取得したところ、懲戒処分がなされ、その効力が争われた。最高裁は、以下のように判示して会社側の時季変更権の行使の適法性を認め、懲戒処分を有効とした。
>
> **判旨**　事前の調整を経ることなく、「長期かつ連続の年次有給休暇の時季指定をした場合には、これに対する使用者の時季変更権の行使については、右休暇が事業運営にどのような支障をもたらすか、右休暇の時期、期間につきどの程度の修正、変更を行うかに関し、使用者にある程度の裁量的判断の余地を認めざるを得ない。」

　この事案の労働者は、科学技術記者クラブに単独配置されている記者であり、代替性が乏しかったにもかかわらず、連続かつ長期の年休を取得しようとしたというものであり、会社側も2週間ずつ2回に分けて休暇を取るという代替案を示していたという特殊な事情も存在した。 **判例 11－6** は、年休による長期休暇取得の場合には、事前に会社側と調整の上で、年休時季指定をなすことを求めており、こうした調整を経ずになされた長期連続の年休取得については時季変更権行使について使用者の裁量を広く認めたものといえる。

計　画　年　休　また、年休は労使協定により年休を与える時季に関する定めをしたときは、その労使協定で定めたところによって年休を与えることができる（労基39条6項）。これを年休の計画的付与（計画年休）と呼んでいる。計画年休の労使協定は労基署に届け出る必要はなく、5日を超える日数（5日間は労働者自身が完全に個人的に使用できるよう留保した）につき年休を計画的に付与することを可能としている。計画年休の方式には①事業場全体の休業による一斉付与方式、②班別の交替制付与方式、③年休

付与計画表による個人別付与方式等があり、労使協定においてその事業場の実情に応じて適切な方法を選択している。計画年休の対象となっている年休部分は、時季指定権行使の対象外とされ（同条6項）、かかる労使協定が締結されると、その定めに従って年休日が特定される。その効果は、当該協定によって適用対象とされた労働者（これに反対する労働者を含む）に及ぶものと解されている（三菱重工長崎造船所事件：福岡高判平6・3・24労民集45巻1・2号123頁）。なお「休暇に関する事項」は就業規則の絶対的必要記載事項であり（労基89条1号）、計画年休制度を採用する場合はその旨を就業規則に盛り込む必要がある。

年休の自由利用　労働者は取得した年休を自由に利用することができる（前掲・白石営林署事件）。もっとも、所属事業場の業務運営を阻害する目的で一斉に年休を取得する一斉休暇闘争は、正常な勤務体制を前提とする年休制度の趣旨に反するものであるため、年休権の行使とは認められない（国鉄郡山工場事件：最判昭48・3・2民集27巻2号210頁）。

不利益取扱いの禁止　使用者は、年休を取得した労働者に対して賃金減額など不利益な取扱いをしないようにしなければならない（労基法附則136条）。このことを定めた労基法附則136条は努力義務規定にとどまるが、年休取得を理由とする不利益取扱いは、その趣旨・目的、不利益の程度、年休取得に対する事実上の抑制力などを総合的に考慮して、年休権保障の趣旨を実質的に失わせると認められる場合には、公序違反として無効になると解されている（沼津交通事件：最判平5・6・25民集47巻6号4585頁など参照）。

年休付与の効果　労働者が年休の時季指定を行うか、または労使協定による計画年休日の特定によって、年休の効果が生じることとなるが、この場合の法的効果として、当該年休指定日等に係る就労義務が免除され、法所定の賃金請求権が生じることになる。

年休権の消滅　労働者が年休を消化することによって年休権は消滅する。労働者が消化していない年休については、労基法115条の2年の消滅時効にかかり、1年に限り繰越しが認められる（発生から2年で消滅する）ものと解されている（昭22・12・15基発501号）。また、年休はあくまでリフレッシュのために労働者が休む権利であるので、退職時に未行使の年休を使用者に対して買い取らせること（使用者に義務的に買い取らせること）は

できない。もっとも、労働者の退職時に労使で任意に話し合い、未消化の年休を買い取る合意をすることまでは禁止されない。

年5日の年休取得義務化（使用者による年休時季指定）等　わが国の年休取得日数・取得率は世界的に見ても最低レベルであり、年休取得の促進が課題となっていた。そこで2018年の働き方改革関連法による労基法改正は、年休取得の促進を目的として、使用者による年休付与義務を定めた。すなわち、使用者は、10日以上の年次有給休暇が付与される労働者に対し、年次有給休暇の日数のうち5日については、基準日から1年以内の期間に、労働者ごとに時季を定めることにより付与しなければならないとされた（労基39条7項本文）。使用者がこの義務を果たさなかったときには、30万円以下の罰金に処するものとされている（同法120条1号）。なお、労働者の時季指定権の行使または計画年休制度により年休が付与された場合には、それらの日数分（5日を超える場合には5日）については、使用者の時季指定により与えることを要しない（使用者の5日の年休付与義務の対象から差し引いてよい）ものとされている（同条8項）。使用者は、この時季指定にあたっては、労働者から時季に関する意見を聴取し、その意見を尊重するよう努めなければならない（労基則24条の6）。また、使用者は年休管理簿を作成し3年間保存することが義務付けられた（同則24条の7）。

より深く学ぶための道案内

労働時間制度等の成立経緯と条文解釈については、東京大学労働判例研究会編『注釈労働時間法』（有斐閣、1990年）が詳しい。また基本文献として荒木尚志『労働法（第4版）』（有斐閣、2020年）、水町勇一郎『詳解　労働法』（東京大学出版会、2019年）がある。さらに新たに生じている論点について鋭く考察するものとして土田道夫『労働契約法（第2版）』（有斐閣、2016年）がある。

第**12**章　労働時間規制の現在

1　変形労働時間制

1ヶ月以内の変形労働時間制　製造業などでは、予め生産計画を定めるのが通例であるが、その中には、第1〜2週は機械のメンテナンス等のため生産量を抑制する一方、第3・4週は一転して生産量を拡大する場合がありうる。これを基に各社員・パート社員などの勤務シフトを策定した場合、当該月内の大枠では法定労働時間内に収まったとしても、第3・4週は週40時間を超過する結果となる（他方で第1・2週は週40時間に達しない）。前章のとおり、労基法32条の労働時間規制が適用されると、第3・4週について、36協定の締結および時間外割増賃金の支払いが義務付けられることとなるが、1ヶ月以内の変形労働時間制度を適法に導入した場合、労基法32条の規制にかかわらず前記シフトも労基法32条違反に当たらず、適法とするものである。

　1ヶ月以内の変形労働時間制の導入要件であるが、まず「従業員過半数代表者（労働組合含む）との労使協定」、または「就業規則その他これに準ずるもの」により変形労働時間制を導入する旨、定めることを要する。また当該定めを設ける際、「1ヶ月以内の一定期間」を単位とするとともに、その期間の起算日を明らかにすることが求められる（労基則12条の2）。そのうえで、変形期間の開始前までに、予め法定労働時間の枠内で、各日・各週の労働日・労働時間数を具体的に特定し、これを対象労働者に周知しなければならない。

1年以内の変形労働時間制　また1ヶ月を超え1年以内の期間内において業務繁閑が生じる業種・業務として、例えば炭酸飲料などの食品製造工場がある。当該工場では夏にかけて受注がピークを迎え、工場稼働を

高める一方、冬期については生産量が縮小するのが通例である。当該製造ラインで勤務する社員等の労働時間につき、業務繁閑に応じて、6月から8月までは、月・週等に応じて週40時間を超える労働時間数等で設定する一方、12月から2月の間は労働時間数を週40時間未満で設定し、年間総枠労働時間を法定労働時間内とするニーズが生じうるが、これも労基法32条の労働時間規制との関係が問題となりうる。これに対し当該対応を適法あらしめるのが、1年以内の期間の変形労働時間制である。

　同制度は、事業場ごとの労使協定により、1ヶ月を超え1年以内の期間を平均して1週間当たりの労働時間が40時間を超えない定めをした場合、労基法32条の規制にかかわらず、予め特定した週・日につき、1日8時間、週40時間を超えて、適法に労働させることが可能となる。同制度の導入要件としては、まず1ヶ月以内の変形労働時間制と異なり、必ず事業場の労使協定によって制度内容を定め、労基署に届け出ることを要する。また合わせて就業規則において、1年以内の変形労働時間制に係る定めを設けなければならない。

　この労使協定に定めるべき事項としては、変形制の対象となる労働者の範囲、対象期間（1ヶ月を超え1年を超えない期間）、その起算日がある。さらに同対象期間を平均して1週間当たりの労働時間が週40時間を超えないように、対象期間中の労働日・各日の労働時間を予め特定することを要する。この特定の方法であるが、年間稼働カレンダーをもって行うか、または2～3ヶ月以降の労働日・労働時間を具体的に特定できない場合には区分期間ごとの特定も認められている。これは対象期間を1ヶ月以上の期間ごとに区分して、労使協定では、最初の区分期間の労働日・労働時間を定めておき、残りの期間については各期間の総労働日数と総労働時間数を明記しておくものである。その上で各区分期間が開始する30日前に、過半数労働者等の同意を得て、区分期間内の労働日・労働時間数を具体的に書面で特定する方法によることも許容されている。

　ところで1年以内の変形労働時間制の場合、事前特定がなされるとしても、過度に特定月や週に労働日・労働時間が集中することで、過重労働による健康障害の危険が生じうる。このため、1年以内の変形労働時間制については、対象期間が「3ヶ月以内のもの」、「3ヶ月を超えるもの」に応じて、年間当たりの所定労働日数の限度、連続労働日数の上限、さらには1日・1週の所定労働

時間の上限や、週労働時間数48〜52時間の週の限度などの特別な規制が設けられており、これを遵守しなければならない（詳細は労基則12条の４）。

　またその他の特別な変形労働時間制としては、小売業・旅館・料理店および飲食店で常時30人未満の労働者を使用する事業場を対象とした１週間単位の非定型的変形労働時間制（労基32条の５）がある。

労働日の事前特定と変更可能性　前記のとおり、変形労働時間制については、事前に労働日・労働時間数を特定し、労働者に通知する義務が課せられているが、実際の運用では様々な要因から、事前特定後に労働日・時間数を変更したい場合も生じる。同問題が争われたものとした以下裁判例がある。

> **判例 12−1**　　JR 東日本事件〈東京地判平 12・4・27 労判782号６頁〉
>
> **事実**　同事件は１ヶ月単位の変形労働時間制を導入する会社において、事前特定した労働日を会社側が一方的に変更していたところ、労働者側が当該変更は違法であり、週40時間を超過した労働時間につき、時間外割増賃金請求を行った。
>
> **判旨**　これに対し地裁判決ではまず変形労働時間制における勤務変更の諾否に係る定め自体は「勤務指定前には予見することが不可能であったやむを得ない事由の発生した場合についてまで、勤務変更を可能とする規定を就業規則等で定めることを一切禁じた趣旨に出たものとまではいえないと解すべきである。」とし、その限りで変更条項を設けることを許容する。その一方で「使用者は、勤務変更をなし得る旨の変更条項を就業規則で定めるに際し、同条が「特定」を要求した趣旨を没却せぬよう、当該変更規定において、勤務変更が勤務指定前に予見できなかった業務の必要上やむを得ない事由に基づく場合のみに限定して認められる例外的措置であることを明示すべきであり、のみならず、労働者の生活利益に対する十分な配慮の必要性からすれば、労働者から見てどのような場合に勤務変更が行われるかを予測することが可能な程度に変更事由を具体的に定めることが必要であるというべきであって、使用者が任意に勤務変更しうると解釈しうるような条項では、同条の要求する「特定」の要件を充たさないものとして無効である」とした。そのうえで、本件は特定の要件を充たさないことから、労働者側請求を認容したものである。

2　フレックスタイム制

制 度 の 概 要　フレックスタイム制とは労働者の自由な時間管理が保障されることを前提として、各日、各週の労働時間を予め特定することを要件とせずに、労基法32条に定める日または週の法定労働時間を超えて労働させることを認める制度である。このため、いつ出社し、また帰社するのかという始業および終業の時刻も、当然に労働者各人の自主的判断に委ねられており、使用者が当該始業・終業時刻を指示することはできない。

　フレックスタイム制度の導入要件であるが、就業規則その他これに準ずるものにおいて始業および終業の時刻を労働者の決定に委ねる旨定めるとともに、労使協定を締結し、労働者に周知することが求められる（1ヶ月以内フレックスは労基署への届け出義務なし）。また労使協定には以下事項を定める事を要する。①対象となる労働者の範囲、②清算期間（2019年4月1日以降は3ヶ月以内に改正）、③清算期間における総労働時間（清算期間を平均し1週間当たりの労働時間が週の法定労働時間の範囲内）、④標準となる1日の労働時間、⑤コアタイムを設ける場合には、その開始および終了の時刻、⑥フレキシブルタイムを設ける場合には、その開始および終了の時刻等である。

所定労働時間と
過 不 足 の 調 整　フレックスタイム制度では、清算期間における総労働時間数を設けることとなるが、この総労働時間数は契約上労働者が清算期間において労働すべき時間として定められた時間であり、いわゆる所定労働時間を指す。フレックスタイム制においては、所定労働時間は、清算期間を単位として定められることになる。労使協定では、例えば1ヶ月160時間というように各清算期間を通じて一律の時間を定める方法のほか、清算期間における所定労働日を定め、所定労働日1日当たり8時間という定め方をすることもできる。

フレックスタイム
制 度 の 見 直 し　2019年4月1日施行の改正労基法では、前記のとおり清算期間の上限が1ヶ月から3ヶ月に延長された。1ヶ月を超える清算期間を定めるフレックスタイム制の労使協定については行政官庁への届出を要する。また過重労働防止対策の観点から、「清算期間内の

１ヶ月ごとに１週平均50時間（完全週休２日制の場合で１日当たり２時間相当の時間外労働の水準）を超えた労働時間については、当該月における割増賃金の支払い対象としており、同改正点にも留意する要がある。

3　事業場外みなし労働制

制　度　の　概　要　一般に会社外で勤務する営業社員については場所的拘束がない上、上司は随時指示できず、労働時間を算定することは容易でない。このような場合に「みなし労働時間」の適用を認めるのが、事業場外みなし労働制度である（労基38条の２）。同制度の適用要件としては、労働者が事業場外で業務に従事しており、事業場外労働が労働時間の全部または一部であること、そして事業場外において「労働時間を算定し難い場合」と定めている。

　事業場外みなし労働制の法的効果としては、以上の要件に該当した場合、原則として、事業場外業務は所定労働時間労働したものとみなされる。ただし当該業務を遂行するために通常所定労働時間を超えて労働することが必要となる場合においては「当該業務に関しては、厚生労働省令で定めるところにより、当該業務の遂行に通常必要とされる時間労働したもの」とみなすとしており、労使協定による特段の定めをもって、みなし労働時間数を設定することを認めている（この場合には労基署への労使協定の届け出が必要）。

「労　働　時　間　の　算　定　し　難　さ」　前記のとおり、事業場外みなし労働に該当するためには、「事業場外労働」であり、かつ「労働時間を算定し難い場合」であることが求められる。このうち「労働時間を算定し難い場合」は、その文言のみから直ちにその定義を導き出し難いところ、厚労省は行政通達において、「使用者の具体的な指揮監督が及んでおり、労働時間の算定が可能であるので、みなし労働時間性の適用はない」場合を以下のとおり例示列挙している（昭63・1・1基発１号）。①何人かのグループで事業場外労働に従事する場合で、そのメンバーの中で労働時間の管理をする者がいる場合、②事業場外で業務に従事するが、無線やポケットベル等によって随時使用者の指示を受けながら労働している場合、③事業場において、訪問先、帰社時刻等当日

の業務の具体的指示を受けたのち、事業場外で指示どおりに業務に従事し、その後事業場に戻る場合である。

　裁判例も概ね前記行政通達の①〜③に沿った判断がなされている。例えば、外勤先の展示場において、上長等が同行し、随時指示をなしうる場合には前記①のとおり、みなし労働の適用は認められないとする。また前日までに上長から「当日の訪問先・営業開始・終了予定時間」の確認承認を受けたうえで、翌日そのとおりに外勤営業に従事した場合などは前記③と同様であり、これも事業場外みなし労働が否定されている。他方で②については、近時、スマートフォン・携帯電話などの連絡手段があることをもって事業場外みなし労働が否定されるか否か問題たりうるが、情報端末はあくまで連絡手段の１つであり、当該ツールの使用状況を含めた「勤務の状況」の実態が「随時使用者の指示を受けながら労働しているか否か」をもって、事業場外みなし労働の適用可否が決せられる。近年、最高裁も旅行添乗業務に従事する派遣社員に対する事業場外みなし労働の適用可否に関し、「業務内容」のほか「（業務）状況等、本件会社と添乗員との間の業務に関する指示及び報告の方法、内容やその実施の態様、状況等」など様々な考慮要素を示したうえで「労働時間を算定しがたい」か否かを判断し、事業場外みなし労働の適用を否定した。

判例 12 - 2　阪急トラベルサポート事件〈最判平26・1・24 労判1088号５頁〉

事実　同事件は事業場外みなし労働の適用を受けていた旅行添乗員が、会社に対し、当該みなし制度の適用が違法であるとし、時間外割増賃金等の支払いを求めた。

判旨　これに対し、最高裁判決は、当該労働者に対する事業場外みなし労働の適用につき、旅行業約款による旅程保証等から「業務の性質、内容やその遂行の態様、状況等、本件会社と添乗員との間の業務に関する指示及び報告の方法、内容やその実施の態様、状況等に鑑みると、本件添乗業務については、これに従事する添乗員の勤務の状況を具体的に把握することが困難であったとは認め難く、労働基準法38条の２第１項にいう「労働時間を算定し難いとき」に当たるとはいえないと解するのが相当である」とし、結論として時間外割増賃金請求を認容した。

4　専門業務型裁量労働制

制 度 の 概 要　専門業務型裁量労働制とは、労基法38条の3に基づき、「業務の性質上その遂行方法を大幅に労働者の裁量に委ねる必要があるため、業務の遂行手段や時間配分などの決定について具体的な指示が困難なものとして省令で定める業務」につき、対象業務やみなし時間数など一定の事項に関して労使協定を締結した場合、同協定で定めたみなし時間により労働時間の算定を行うことが認められる制度である（労基署への労使協定届出義務有り）。

　同制度が適法に導入された場合、対象労働者の労働時間は現実の労働実績にかかわりなく、労使協定で定める時間数働いたものとみなされる。裁判例（ライドウェーブコンサルティングほか事件：東京高判平21・10・21労判995号39頁）においても同制度の適用（10時間みなし）を肯定したうえで、「労働者が実際に労働した時間が例えば12時間であるとして、証拠を挙げ反証しても、その分の割増賃金を請求することを許さない趣旨のものと解される」と判示している。ただし休憩、法定休日労働、深夜労働については、専門業務型裁量労働制であっても、労基法の各種規制が適用になる。

対 象 業 務　専門業務型裁量労働制の対象となるのは、業務の性質上その遂行の方法を大幅に労働者の裁量に委ねる必要があるため、当該業務の遂行の手段及び時間配分の決定等に関し具体的な指示をすることが困難なものとして厚生労働省令で定める業務である。まず1988年立法当初は研究開発、情報システムの分析・設計、記事の取材編集、デザイナー、プロデューサー・ディレクターの5業務を例示列挙していた（昭63・1・1基発1号）が、1997年にはコピーライター、公認会計士、弁護士、1級建築士、不動産鑑定士、弁理士の6業務を、さらにシステムコンサルタント、インテリアコーディネーター、ゲーム用ソフトウェア創作者、証券アナリスト、金融商品開発者、建築士、中小企業診断士そして税理士等と順次拡大がなされている（平14・2・13厚労告22号）。

　同対象業務（施行規則第24条の2の2第2項各号）の定義・範囲については、解

釈例規が定められており、これを基に各事業場における業務の実態、その遂行方法につき熟知している労使間で協議し、実際の適用等につき労使協定で定めることとされている。他方、当該業務の性質上その遂行の方法を大幅に労働者の裁量に委ねることができないにもかかわらず、当該業務の遂行の手段および時間配分の決定等に関し具体的な指示をしないことと労使協定で定めても、みなし労働時間制の適用はない。

　例えば、数人でプロジェクトチームを組んで開発業務を行っている場合で、そのチーフの管理のもとに業務遂行、時間配分が行われている者やプロジェクト内で業務に附随する雑用、清掃等のみを行う者（昭63・3・14基発150号・婦発47号等）、研究開発業務に従事する者を補助する助手、プログラマー等は、専門業務型裁量労働制の対象とはならない。

　近年、専門業務型裁量労働の適用可否が問題となる裁判例が増加傾向にあり、システムコンサルタントへの裁量労働制適用をめぐり争われた以下裁判例などがある。

判例 12-3　エーディーディ事件〈大阪高判平24・7・27 労判1062号63頁〉

事実　同事件は営業やプログラミング業務を主としたシステムコンサルタントに従事していた社員が時間外割増賃金等を求め提訴したものであるが、同人に適用されていた専門業務型裁量労働の「情報処理システムの分析または設計の業務」の適用が争点となった。

判旨　これに対し、原審・高裁ともにその適用を否定し、労働者側の請求が認容されているが、その理由として同高裁判決は次の判示を行っている。まずシステムコンサルタントが裁量労働制を許容されるのはシステム設計というものが、システム全体を設計する技術者にとって、どこから手をつけ、どのように進行させるかにつき裁量性が認められるからとした。これに対し、本件ではシステムコンサルタントに対し、裁量労働に含まれないプログラミング業務を大量に行わせていたうえ、営業業務等も行わせていたことから、結論として専門業務型裁量労働制の適用を否定した。

5　企画業務型裁量労働制

制　度　の　概　要　企画業務型裁量労働制とは、事業運営上の重要な決定が行われる企業の本社などにおいて企画、立案、調査および分析を行う労働者を対象とした裁量労働制である。同制度を導入することにより、対象労働者の労働時間数は予め定められた時間数にみなされることとなる。

　まず同裁量労働制を導入するためには、企画立案業務が中心となる本社・本店のほか、以下のような事業場が対象となる。企業全体の事業運営に大きな影響を及ぼす決定が行われる事業場あるいは本社等の具体的指示を受けることなく独自にその事業場を含む複数の支社・支店等に関する事業活動の対象となる地域における、生産・販売等についての事業・営業計画の決定等を行っている支社・支店等である。

　これに対して、独自の事業計画を立てることなく、個別の製造作業や工程管理のみを行っている事業場、あるいは本社等の具体的指示を受けて、個別の営業活動のみを行っている事業場は導入できない。

　また同裁量労働制導入にあたり、必ず設置しなければならないのは労使委員会である。同委員会は賃金、労働時間などの労働条件に関する事項を調査・審議し、事業場に対し意見を述べることを目的とするものであり、委員の半数については、従業員の過半数を代表する労組（これがない場合は従業員過半数代表者）に任期を定めて指名される労働者側委員であること（非管理監督者でなければならず）等が要件とされている。

労 使 委 員 会 の
決議内容と対象業務　企画業務型裁量労働制を適法に導入するためには、労使委員会を設置したうえで、労使委員会決議と労基署への決議届け出をなさなければならない。まず決議については、出席委員の5分の4以上の多数決により、①対象業務、②対象者の範囲、③みなし時間等につき決議しなければならない。

　また①の対象業務については、「業務の性質上、これを適切に遂行するには、遂行方法を大幅に労働者の裁量に委ねる必要があるため、遂行手段、時間配分

の決定等に関し、使用者が具体的な指示をしないこととする業務として、次の要件を満たす業務を具体的に定めなければならない」とする。具体的には事業の運営に関する事項についての業務であること、企画・立案・調査・分析の業務であること、業務の性質上、適切に遂行するには、その遂行方法を大幅に労働者の裁量に委ねる必要がある業務であること、そして業務の遂行手段・時間配分の決定等に関し、使用者が具体的な指示をしないこととする業務であることの4点が要件として挙げられる。厚労省は具体的に対象業務となりうる例として、人事部内であれば、人事労務担当部署における人事制度に関する調査・分析・新人事制度策定業務、教育・研修策定業務などを挙げる。他方で、人事記録の作成・保管、給与計算・支払、保険加入・脱退、採用・研修実施等の業務や給与・社会保険事務、リクルーターなどは対象外業務として示す。

労使委員会における労働者側委員の役割　また企画業務型裁量労働制の導入に際して、労使委員会の設置・決議等が必須であるところ、従業員の過半数を代表する労働組合または従業員過半数代表者から指名された労働者側委員が使用者委員とともに審議・決議権を有し、裁量労働制導入とりわけ前記の対象業務が適切なものか否かをチェックする役割が期待されている。また、同制度はいったん決議を得て導入した後も、有効期間の定め（3年以内が目安）があり、更新時には改めて労使決議を要するほか、決議の変更に係る以下規程を設ける決議例がみられる。「決議をした時点では予見することができない事情の変化が生じ、委員の半数以上から労使委員会の開催の申出があった場合には、有効期間の途中であっても、決議した内容を変更する等のための労使委員会を開催するものとする」（東京労働局版）。

　大手企業の多くは本社・支社等の従業員過半数以上を組織する企業内労働組合を有しており、労使委員会には同労組から指名を受けた労働者側委員が半数を構成するのが通例である。同労組・労使委員会の労働者側委員が、企画業務型裁量労働制の導入時はもとより、決議更新時、さらには決議の有効期間中においても、その対象業務の運用実際を確認し、当初の決議と異なる状況が認められる場合、その見直しを求める責務を有することは疑いえない。企業側はもちろん、労働組合・労使委員会の労働者側委員も、企画業務型裁量労働制の適用可否とともに、導入後の運用管理も合わせて見守っていく必要がある。

6　適用除外

適用除外制度の意義　労基法41条は、農業・畜産・水産業に従事する労働者（同1号）、管理監督者および機密事務取扱者（同2号）、監視・断続労働者（同3号、ただし行政官庁の許可を得た者に限る）については、労働時間、休憩、休日に関する規制を適用しないと定めている。なお、ここで適用除外となっているのは、あくまで労働時間、休憩、休日に関する規定であるから、年次有給休暇や深夜労働時間帯の割増賃金に関する規定の適用は除外されない（ことぶき事件：最判平21・12・18労判1000号5頁は、管理監督者に対しても深夜割増賃金を請求できるとした）。

管 理 監 督 者　管理監督者は職務の性質上通常の労働者と同じ時間規制になじまず、厳格な労働時間規制を及ぼさなくてもその保護に欠けることがないために適用除外とされた。行政解釈においては、管理監督者とは、部長、工場長等労働条件の決定その他労務管理につき経営者と一体的立場にある者をいうとされており、これは名称にかかわらず職務内容、責任と権限、勤務態様等を総合考慮し実態に即して判断される（昭22・9・13発基17号、昭63・3・14基発150号。「多店舗展開する小売業、飲食業等の店舗における管理監督者の範囲の適正化について」平20・9・9基発0909001号等）。上記裁判例では管理監督者該当性は肯定されたが、裁判所は管理監督者該当性については労働時間規制を及ぼさなくともその保護に欠けることがないかという点を踏まえて、慎重に判断している（神代学園ミューズ音楽院事件：東京高判平17・3・30労判905号72頁は事業部長らの管理監督者該当性を否定、日本マクドナルド事件：東京地判平20・1・28労判953号10頁は店長の管理監督者該当性を否定など）。管理監督者に該当するとした例としては退職した労務担当の元部長（取締役兼務従業員）からの時間外手当等を請求した事案（ 判例 12 - 4 ） 等がある。

判例 12 - 4　**ピュアルネッサンス事件**〈東京地判平24・5・16労判1057号96頁〉
事実　従業員10名程度の規模の小さな個人企業において、退職した労務担当の元部長（取締役兼務従業員）が時間外手当・深夜割増手当の支払いを求めた事案におい

て、元部長が管理監督者に該当するかが争点となった。

判旨　裁判所は「労基法41条1項2号の管理監督者とは、部長、工場長等労働条件の決定その他労務管理について経営者と一体的な立場にある者をいうとされる。管理監督者に該当するか否かは、①事業主の経営に関する決定に参画し、労務管理に関する指揮監督権限を認められているか否か、②自己の出退勤をはじめとする労働時間について裁量権を有しているといえるか否か、③一般の従業員に比しその地位と権限にふさわしい賃金上の処遇を与えられているか否かを実態に即して判断することになる。」と判示した上で、本事案では、元部長が経営会議等の重要な会議に参加していたこと、厳格な勤怠管理が行われていたわけではなく労働時間について広い裁量があったこと、一般従業員よりも賃金面で厚遇されていたことを詳細に認定して、管理監督者に該当するとした。その上で時間外手当の請求は棄却しつつ、深夜割増賃金については支払いを命じた。

なお、上下の指揮命令系統（ライン）に直属しないスタッフ管理職も、ライン管理職と同格で経営上の重要な企画立案等の職務を担当する場合には、適用除外の対象となる（昭和63・3・14基発150号）。

高度プロフェッショナル制度　2018年の働き方改革関連法による労基法改正は、これらの従来からの適用除外制度に加え、高度プロフェッショナル制度という新しいタイプの適用除外制度を創設した。

金融商品や金融ディーラー、アナリスト、コンサルタント、研究開発業務などといった高度専門職は、自らの裁量で仕事を進めることができ、一般に労働時間と成果との関連も高くないことから、現行労基法の労働時間規制にそぐわない面がある。そこで高度プロフェッショナル制度では、こうした高度専門職のうち高年収（年間賃金額が基準年間平均給与額の3倍を相当程度上回る水準として厚生労働省令で定める額（1075万円）以上）を得ている労働者を、本人の希望（同意）に基づいて、労基法の労働時間規制の適用除外とすることとした。同制度が適用されると、36協定がなくとも時間外・休日労働ができ、かつ、時間外・休日・深夜割増賃金も支払われないことになる。労働時間規制、割増賃金規制が及ばないという点で裁量労働制とも異なり、深夜労働の割増賃金規制が及ばない点で管理監督者よりも適用除外となる範囲が広いといえる。長時間労働やサービス残業のために制度が悪用されないよう、①健康管理時間（事業場内にいた時間と事業場外で労働した時間の合計時間）を把握する措置を使用者が講じる

こと、②年間104日以上かつ4週間に4日以上の休日の付与等の健康確保措置を使用者が講じること、③当該労働者から書面等で同意を得ること（この同意は撤回可能〔労基法41条の2第7第1項7号参照〕）、④当該事業場の労使半数ずつによって構成される労使委員会の委員の5分の4以上の多数による議決により法定事項に関する決議をし行政官庁（所轄労働基準監督署長）に届け出ることが要件とされている。また労使委員会の決議事項には、対象労働者の健康管理時間に応じた健康福祉確保措置を使用者が講じること（同項6号）、対象労働者の同意撤回の手続（同項7号）、対象労働者からの苦情処理措置を講じること（同項8号）、同意しなかった労働者に解雇その他不利益な取扱いをしないこと（同項9号）等を含むものとされている。さらに、健康管理時間（対象労働者が事業場内にいた時間と事業場外において労働した時間との合計の時間）が一定時間（週40時間を超える時間が月100時間）を超える場合には、医師による面接指導を行うことが事業者に罰則付きで義務付けられている（労安66条の8の4、同120条1号）。

7　過重労働による健康障害の防止

労働安全衛生法と　安全衛生管理体制　の　　確　　立　職場における労働者の安全と健康の確保および快適な職場環境の形成の促進を目的に定められた基本法として労働安全衛生法（以下、安衛法）がある。安衛法は全122条で構成されており、大きく分けて5つの分野で構成されている。第1に安全衛生管理体制、第2に労働者の危険または健康障害の防止、第3に機械等および有害物に関する規制、第4に労働者の就業にあたっての措置、第5に定期健康診断の実施など健康等の保持増進のための措置である。同法はその他多くの政令、省令、大臣告示、指針その他無数の通達とあいまって全体として労働者の安全衛生に関する1つの巨大な法体系を築いている。

　職場における労働者の安全と健康の確保にあたり、まず重要であるのが安全衛生管理体制の確立である。安衛法は常時50人以上の労働者が使用されている事業場に対し、業種を問わず衛生管理者の選任および衛生委員会の設置等を事業者に義務付けている（製造業等については、さらに安全管理者、安全委員会の設置等必要）。さらに定期健診など労働者の健康管理に関する専門家として産業医

の選任が義務付けられる。近年における衛生委員会等の重要な審議事項に挙げられるのが、「長時間労働による健康障害防止対策」「職場におけるメンタルヘルス対策」であり、産業医からの助言・指導等を受けながら、衛生管理者等を中心に職場全体で対策を講じていくことが求められる。

労働時間の状況の把握　いかなる労働時間制度を採用するにせよ、長時間労働は、睡眠不足をはじめとした生活リズムの乱れを招き、脳心臓疾患、メンタル不調などの健康障害を招く恐れが高まる。このため安衛法は事業者に対し、いかなる時間帯にどの程度の時間、労務を提供しうる状態にあったかの「労働時間の状況」を把握することを義務付けることとした（同法68条の8の3）。対象となる労働者は、別に健康管理時間の把握が義務付けられる高度プロフェッショナル労働制適用対象を除くすべての労働者であり、事業場外みなし労働、専門・企画裁量労働適用対象者はもちろん管理監督者も把握対象となる。

　この「労働時間の状況」の把握方法は「タイムカードによる記録、パーソナルコンピューター等の電子計算機の使用時間の記録等の客観的な方法その他の適切な方法」（安衛則52条の7の3第1項）とされるが、問題となるのは、労働者本人の自己申告による把握方法が許されるか否かである。行政通達は自己申告につき「やむを得ず客観的な方法により把握し難い場合」にのみ認められるとし、その一例として「労働者が事業場外において行う業務に直行または直帰する場合など、事業者の現認を含め、労働時間の状況を客観的に把握する手段がない場合」を挙げる。他方で直行直帰の場合であっても、事業場外から社内システムにアクセス可能であり、客観的な方法による労働時間の状況を把握できる場合には、「自己申告により労働時間の状況を把握することは、認められない」との立場を示しており、自己申告による把握に限定的な立場を示している。事業者は、同方法により把握した労働時間の状況の記録を作成し、3年間保存するための必要な措置を講じることが義務付けられる（同第2項）。

長時間労働に対する面接指導　安衛法は、定期健康診断のほか、長時間労働者に対する健康障害を防止するため、事業者に対し、医師による長時間労働者に対する面接指導実施を義務付けている（安衛法66条の8の2）。同面接指導の対象者は「1週あたり40時間を超えて労働させた場合における、

その超えた時間が1ヶ月あたり80時間を超え、かつ、疲労の蓄積が認められる者」等であり、事業者は該当する労働者に対し、速やかに労働時間に関する情報の通知を行い、面接指導の手続きを進めなければならない。

　同面接指導を実施する産業医等は、労働者本人と面談の上、労働者の勤務の状況および疲労の蓄積の状況、心身の状況を確認するとともに、労働者に対し保健指導等をなすことが求められる。さらに面接指導実施後、事業者は当該医師から意見を聴取した上で、必要があると認めるときには、時間外労働の制限・禁止、深夜業の回数制限その他就業制限など事後措置を講じなければならない。事業者は、面接指導の実施に伴う産業医等の意見につき、いかなる対応を講じたのか、また講じない場合にはその旨とその理由を速やかに産業医等に報告をなすことが義務付けられており、長時間労働者に対する健康確保の実効性を高めることが期待されている。なおメンタル不調による健康障害を未然に防止すべく、労働者50人以上の事業場を対象に、年1回のストレスチェック実施も別途事業者に義務付けられている。

8　私傷病休職制度と復職可否判断

私傷病休職の制度設計
と　休　職　命　令
　私傷病休職制度は一般に「期間中の従業員の労働関係を維持しながら、労務への従事を免除するものであり、業務外の傷病により労務提供できない従業員に対して…退職を猶予してその間傷病の回復を待つことによって、労働者を退職から保護する制度」（北産機工事件：札幌地判平11・9・21労判769号20頁）である。労基法では、休職制度を設ける場合、就業規則の任意必要記載事項（同89条）とするが、私傷病休職制度を設けるか否か、また設ける場合、いかなる要件・内容とするか等は、原則として労使自治に委ねている。他方で当該制度は合理性あるもの（労契7条）でなければならず、適用対象が差別的であったり、復職条件が多くの同種休業者から見て達成困難な基準を設けることは許されない。

　私傷病休職の多くは、労働者が自ら主治医診断書等を提出し、私傷病休職の申出がなされた場合に命じられるが、問題となるのは上司・同僚等から見て、労働者にメンタル不調の疑いがあるが、労働者本人が病識を欠き、休職申請を

頑なに拒む場合である。会社が一方的に休職命令を命じてよいかが問題となるが、産業医等が労働者の精神的不調の状況を精査し、「妄想性障害の合理的な疑いがあり、その意味において精神的な不調が存在した」と認められる場合、会社側判断による一方的な休職命令も有効と解される（日本ヒューレット・パッカード事件：東京地判平 27・5・28 労経速2254号 3 頁）。

私傷病休職中の所得保障とリハビリ出社　私傷病休職自体は使用者の責めに帰すべき事由による休業に該当しないため、原則として賃金または休業手当等の支払義務は生じない。その一方、会社側が就業規則等において、一定期間（3ヶ月程度が多い）に限り、賃金保障を行う旨の特段の定めを設ける例が見られる。また健康保険法に基づき、私傷病による欠勤期間中、支給開始した日から 1 年 6 ヶ月の間、一定の要件を満たした場合、労働者からの申請に基づき「傷病手当金」が支給されることになる。傷病手当金は業務外の事由による私傷病のための休業によって、4 日以上労務に服することができず、賃金の支払いを受けない場合に支給されるものであり、支給額は 1 日あたり標準報酬日額の 3 分の 2 である。

　私傷病休職期間中、対象労働者は職場復帰を目指し治療に専念するところ、順調な回復が進むにつれ、職場復帰を支援するリハビリ外来など外部医療機関等を利用するほか、職場内でのリハビリ出社制度の活用例が増加しつつある。このように私傷病休職期間中、職場内でリハビリ出社を行っていた労働者が、当該期間中の賃金請求をなしうるか否かが争われたのが **判例 12 - 5** である。

判例 12 - 5　NHK名古屋放送局事件〈名古屋高判平 30・6・26 労判1189号51頁〉

事実　うつ病による休職中のXに対し、Yがリハビリ出社として時間通りの出局・退局を求めるとともに、同出勤中にニュース制作作業務等を行わせ、合計60本のニュースの制作・放映がなされていたところ、XがYに賃金支払い等を求め提訴。

判旨　請求一部認容。本件リハビリ出社中の労務提供は通常のニュース制作に比べ、その負担は軽いこと等から、通常の債務の本旨に沿った労務提供とはいえず、給与規程による賃金支払義務は存しないとする一方、「職場復帰の可否の判断をも目的として行われる試し出勤（勤務）の性質を有するものであることなどにも鑑みると…当該作業が使用者の指示に従って行われ、その作業の成果を使用者が享受しているような場合等には、当該作業は、業務遂行上、使用者の指揮監督下に行われた…「労働」に該当する」とする。その上で「最低賃金の適用により、テスト出局

については最低賃金と同様の定めがなされたものとされて、これが契約内容とな」るとし、会社は最低賃金額相当の賃金を支払う義務を負うと判断した。

　他方で治療の一環として行われ、指揮監督が生じないリハビリ出社等につき会社の賃金支払義務は生じないことも明らかであり、リハビリ出社中の賃金支払義務の存否は、リハビリ出社制度の制度設計と運用実態に委ねられる。

私傷病休職者の復職可否判断　私傷病休職制度は通常、休職期間の限度が定められており、期間満了するも復職できない場合には、就業規則上、解雇または退職と取り扱われるのが通例である。このため私傷病休職期間の満了直前における復職可否判断が極めて重要な法的問題となりうる。まず復職可否判断は、原則として休職事由の消滅、つまり「休職原因となった疾病等が治り、休職前と同様の労務提供が可能となったか否か」をもって行うこととなるが、休職期間満了時点でただちに従前通り労務に服しえなければ、復職不可となり、解雇有効と判断されるのだろうか。

　賃金請求に係る **判例5-1** 以降、裁判例の多くは、休職期間満了時に休職者が直ちに従前通りの職務に従事できない場合であっても、その後それほど長くない期間に従前通りの職務につくことができる状態にまで回復する見込みがある場合には、使用者は「休業または休職に至る事情、使用者の規模、業種、労働者の配置等の実情から見て、短期間の復帰準備時間を提供したり、教育的措置をとるなどが信義則上求められる」（全日本空輸事件：大阪地判平11・10・18労判772号9頁）等とし、当該配慮に欠ける退職扱いまたは解雇処分は無効とする。このため、最近の実務では、休職期間満了前後に前記リハビリ出社等を導入し、当該期間中に労働者本人の回復見込みおよび配置可能性を労使および産業医等が見極め（必要に応じて休職期間延長）、復職可否判断がなされる例が増えている。同判断の結果、労働者本人の治癒・障害状況に鑑みて、従前通りの職務への従事が困難な場合、会社は障害者雇用促進法に基づく合理的配慮につき別途検討を要することとなるが、その先駆けともいえるものとして **判例9-2** がある（なお障害者に対する合理的配慮については40頁以下参照）。

より深く学ぶための道案内

　労働時間制度改革および過重労働防止対策の課題と展望を検討するものとして、道幸哲也・開本英幸・淺野高宏編『変貌する労働時間法理――《働くことを考える》』（法律文化社、2009年）、大内伸哉『労働時間制度改革――ホワイトカラー・エグゼンプションはなぜ必要か』（中央経済社、2015年）、北岡大介『「働き方改革」まるわかり』（日本経済新聞出版社、2017年）。また私傷病休職者の休職・復職をめぐる法的問題については、北岡大介「私傷病休職者の復職と解雇・退職」季労252号（2016年）67頁以下参照。

第**13**章 労災補償

1 労働災害と補償制度

労 災 に 対 す る
3 つ の 救 済 制 度

職場で労働災害が発生した場合に法的救済を求める方法としては3つの制度がある。第1に、労働者が、不法行為（民709条）や債務不履行（民415条）に基づき、傷病の発生に責任を負う使用者などに損害賠償を請求する方法である。第2に、労働者が、業務上傷病にり患し、または死亡した場合に、労基法の労災補償条項に基づき、使用者に補償を求める方法である。この補償は、使用者の過失の有無に関係なく、その額も基本的に平均賃金を基本としたものとなる。第3に、労働者が、業務上傷病にり患し、または死亡した場合に、労災保険法に基づき、労災保険の保険者に対し保険給付を請求する方法である。

労 災 補 償（保 険）
制 度 の 誕 生

職場における労働者の傷病や死亡については、不法行為によりその責任を追及する方法が従来から存在していた。このような方法をとる場合、被災した労働者側が、使用者の故意・過失などを立証しなければならない。しかし、情報が限定されている労働者側が、そのような立証を行うことは容易ではなく、使用者などに補償を求めることができないという事態が発生しうる。また、使用者の責任が認められたとしても、労働者側の過失によって損害賠償額が相殺され、被災した労働者本人やその家族（遺族）が、その後の生活に必要な補償を受けられない可能性がある。さらに、仮に損害賠償が認められたとしても、使用者に支払い能力がない場合には、損害賠償を受けることができないこともありうる。そこで、補償や保険給付の条件として過失などの立証を求めない無過失責任主義を採用することに

より、労働者側の立証を容易にすること、それに加えて（社会）保険方式を採用することにより、被災した労働者に対し被災後の生活補償をより確実にすることが求められた。前者の要請に応えるために労基法上の労災補償制度が充実化され、両方の要請に基づいて労災保険制度が誕生した。

労災補償（保険）制度の特徴　労基法上の労災補償制度と労災保険制度は同時に制定された。しかし、労災保険制度が適用される場合には、使用者はそれに対応する労基法上の補償責任を免れることになっていること（労基84条1項）、大多数の労働者に労災保険制度が適用されていること、また労災保険の給付内容が、労基法上の労災補償の内容に対して、そのほとんどについて上回っているいることから、労基法上の労災補償制度が適用されることはほとんどなくなっている。

併存主義　労災の法的救済の方法として労災保険制度が一般的なものとなっている一方で、被災した労働者は、使用者に民事責任を求めることも可能である。労災補償制度や労災保険制度を整備している他の国々においては、民事損害賠償の請求を認めないことや、民事責任の追及か労災補償制度かのどちらかを選択することを求めることがあるが、日本では併存主義を採用している。

　以下では、労災保険制度と労災民訴を中心に、労災の法的救済についてみていくこととする。

2　労災保険制度

労災保険の保険関係　労災保険制度は、社会保険の1つであり、保険方式を採用している。労災保険の保険者は政府（政府管掌型）であり、原則として労働者を1人でも使用している事業は適用対象となる。しかし、労災保険は、国の直営事業や官公署の事業には適用されず、また暫定任意適用事業（労働者を5人未満しか雇っていない農林、水産事業など）には適用されないことがある。

　社会保険では、保険者に対する、保険関係の一方当事者は通常、被保険者という。しかし、労災保険では被保険者ではなく、「労働者」という用語を用い

ている。この「労働者」は、労基法上の労働者と一致するものと考えられている（横浜南労基署長（旭紙業）事件・ 判例2－1 ）。しかし、労働者以外にもその適用を拡大することが求められるようになり、1965年以降特別加入者の制度が設けられている。特別加入者として認められるのは、中小事業主、自動車運送業や土木作業などの個人業者や1人親方、家内労働者、海外派遣者などである。

<u>労災保険の保険料</u>　　労災保険は、給付は拠出される保険料を主な財源としている。労災保険の保険料をめぐってはいくつかの特徴がある。第1に、医療保険や年金保険などでは保険料を労使双方が負担するのに対し、労災保険の保険料は使用者のみが負担することである。第2に、保険料率が、事業の種類ごとによって定められており、重大な労災が発生する可能性が高い事業では高く、比較的安全な事業では低く設定されていることである。第3に、労災の発生が企業努力によって抑えられることを前提として、事業者に労災発生を抑制するインセンティブを与えるために、一定規模以上の事業については労災発生の程度に応じて保険料を原則40％の範囲内で増減させるメリット制を採用していることである。第4に、労災保険の保険料納付手続きは、原則として雇用保険と合わせて行われることである（手続きを一緒に行うことから、2つを合わせて「労働保険」ということがある）。

<u>労災保険の給付手続・</u>
<u>不服審査と取消訴訟</u>　　職場で労災が発生した場合、被災労働者またはその遺族が、事業場を管轄する労働基準監督署長（以下労基署長）に、保険給付を請求する（労災22条の8、2項）。その保険給付の請求に対して、労基署長が支給決定または不支給決定を行う（労災則1条3項）。労働者またはその遺族は、支給決定がなされることにより保険給付の具体的な請求権を得ることとなる。また、不支給決定がなされた場合に、労災保険審査会への審査請求、さらに再審査請求などの不服申立て（労災38条）を提起することができる。

　労災保険の適用をめぐっては過去に類似する支給決定事案がない場合や傷病と業務との間の因果関係について疑いがある場合などには、労基署長が不支給決定をなすことが多い。このような請求が、労災審査会の審査請求によっても認められないときには、労働者または遺族は、労基署長の不支給決定を取消す

訴訟を裁判所に提起することができる。

　社会保険は保険方式を採用しており、通常保険事故（保険給付が認められる事由）が発生する前に保険に加入することが求められる。保険事故が発生してから保険に加入することを認めると誰もリスクに備えるために保険に入らなくなり、リスクをシェアするという保険のシステムが機能しなくなるためである。これを逆選択の禁止という。しかし、労災保険法は、使用者が労災保険料を納めていない状況で労災が発生した場合でも、保険給付を行うことを認めている。

療養補償給付　業務上発生した傷病に医療が必要な場合には、療養補償給付が支給される。療養補償給付は、現物支給を原則としている。労災病院や労災指定病院などでは原則無償で療養補償給付を受けることができる。それ以外の医療機関で医療サービスを受けた場合には、被災労働者などがいったん費用を全額負担し、後で請求する費用償還方式が採用されている。医療保険と異なり、自己負担金はなく、10割支給となっている。

休業補償給付　業務上の傷病に対する療養のため労働できない期間について、休業補償給付が支給される。療養のために休業した4日目から支給される。1日につき給与基礎日額の100分の60が支給される。休業補償給付に加えて、社会復帰促進等事業の制度の1つとして、休業特別支給金が1日につき給与基礎日額の100分の20を支給している。

傷病補償給付・障害補償給付・介護補償給付　業務上の傷病による療養が開始されて1年6ヶ月を経過しても治癒（これ以上医療を施しても症状の改善がみられない状態になること）していない場合に、傷病補償年金が支給される。傷病補償年金が支給されることにより休業補償給付は支給されなくなるが、療養補償給付は継続給付される。

　業務上の傷病が治癒したが、身体に障害がある場合には、障害補償給付が支給される。障害等級が1級から7級までの障害がある場合には障害補償年金を、8級から14級までの障害がある場合には障害補償一時金が支給される。

　業務上の傷病により労働者が常時または随時介護が必要な状態にある場合には介護補償給付が支給される。具体的には、労働者に障害補償年金または傷病補償年金を受ける権利があり、障害の程度が一定レベル以上で、さらに身体障碍者療護施設、特別養護老人ホームに入所していないか、医療機関に入院して

いない場合に支給される。

| 遺族補償給付・
葬　祭　料 | 業務上の災害により労働者が死亡した場合、遺族補償給付が支給される。遺族補償給付が支給される遺族 |

は、労働者の死亡当時その収入によって生計を維持されていた配偶者（内縁関係を含む）、子、父母、孫、祖父母および兄弟姉妹となっており、さらに受給者資格が最先順位にある者に支給される。ただし、遺族補償年金の受給者となるためには、男性配偶者、父母、祖父母については労働者の死亡当時60歳以上でなければならない。子や孫は、労働者の死亡当時18歳以下（18歳を迎えて最初の3月31日までにある者を含む）でなければならない。兄弟姉妹は、労働者の死亡当時18歳未満または60歳以上でなければならない。障害補償年金の受給要件を満たさない最先順位の遺族には、遺族補償一時金が支給される。遺族補償年金の受給権をめぐって、男性配偶者について60歳以上とする年齢要件を男女差別であるとした事件において、最高裁はこれを合理的な区別としている（ 判例13-1 ）。

死亡した労働者の葬祭のために必要な費用として、葬祭料が支給される。

判例13-1　**遺族補償年金男女差別事件**〈大阪高判平27・6・19労判1125号27頁、最判平29・3・21労判1162号5頁〉

事実　Xは、地方公務員（中学校教諭）であった妻が公務により精神疾患を発症し、自殺したため、遺族補償年金を請求した。しかし、不支給決定がなされたため、処分の取消を求めた事案である。

　地方公務員災害補償法（地公災法）32条1項は、遺族補償年金を受けることができる遺族として、職員の配偶者、子、父母、祖父母および兄弟であって、死亡当時その収入によって生計を維持していること、さらに、「夫、父母、祖父母については60歳以上であること（1号）」を要件としていた。女性である妻についてはこのような制限がなく、夫が公務災害で亡くなった場合には、妻は年齢に関係なく、遺族補償年金を受給できた。一方、妻の死亡当時51歳であったXは、年齢要件があるため、遺族補償年金を受給できなかった（遺族補償一時金が支給された）。Xは、男性である夫についてのみ年齢要件を課す規定が憲法14条1項の法の下の平等に違反し、無効であるとして提訴した。

判旨　大阪高裁は、年齢要件が課されていない妻の状況が、「一般に独力で生計を維持することが困難である」状態に該当するかを検討し、女性は、労働力率が低いこと、非正規雇用の割合が高いこと、男性に比べて賃金が相対的に低いこと、現在では共働き世帯が専業主婦世帯よりも多いものの、いまだ専業主婦世帯が多く、専

業主夫世帯の100倍を超えていることから、「専業主婦世帯において夫が死亡した場合はもちろんのこと、共働き世帯において夫が死亡した場合においても、妻が独力で生計を維持できなくなる可能性は高いというべき」であり、憲法14条1項に違反しないとした。最高裁も、地公災法32条1項ただし書の規定は、「男女間における生産年齢人口に占める労働力人口の割合の違い、平均的な賃金額の格差及び一般的な雇用形態の違い等からうかがえる妻の置かれている社会的状況に鑑み」、「合理的な理由を欠くものということはできない」として、上告を棄却した。

給付基礎日額　労災保険の給付において給付額を算定するとき（療養補償給付、介護補償給付、二次健康診断等給付を除く）に、給付基礎日額を用いる。給付基礎日額は、原則として労基法の平均賃金に相当する額をいう。具体的には、業務上の傷病、死亡が発生した日または医師の診断によって疾病の発生が確定した日の直前3ヶ月間に労働者に対して支払われた賃金の総額をその期間の暦日数で割った1日当たりの賃金のことをいう。

　多様な働き方を選択する労働者やパート労働などで複数の事業場で就業している労働者（複数事業労働者）が増えており、これに対応するかたちで給付基礎日額の算出方法が2020（令和2）年に改正されている。従来は、労働者が複数の事業場で就労していたとしても、被災した事業場での給付基礎日額に基づき休業補償給付などの支給額が決定される仕組みであった。例えば、A社で月給20万円、B社で15万円の賃金を受領している場合、A社で被災した場合にはA社の20万円に基づき給付基礎日額が算定された。しかし、A社で就労ができない状態にある場合には、B社での就労もできない場合が多いにもかかわらず、従来の制度では15万円分が考慮されなかった。改正法は、就労所得の実態に合わせて、複数事業労働者は、A社とB社の賃金を合算して給付基礎日額を算定することとした。

3　業務災害の認定

労災の業務上外認定　労災保険制度は、無過失責任主義を採用している。それゆえ、保険給付の支給決定やその不支給決定の取消しを求める訴訟において、不法行為に基づく民事訴訟とは異なり、傷病が使用

者などの故意・過失に基づくものであることを問題としない。労災保険では、労働者の傷病が「業務上の事由による」か否かが問題となる。傷病などが「業務上」発生したとすれば業務災害となり、労災保険が適用されるが、「業務外」で発生した場合には保険給付の対象とならない。つまり、労災保険では、労働者に発生した傷病に対する使用者の有責性を問う構成をとっていない。

労災における業務と傷病との因果関係　労災保険が適用される「業務災害」となるためには、業務と災害（傷病）との間に相当因果関係（原因と結果の関係）があることが必要となる。この因果関係を判断する要件として「業務遂行性」と「業務起因性」がある。「業務起因性」とは、労働者の傷病が業務に起因している場合に、業務災害とするものである。

　一方、「業務遂行性」は、労働者が事業主の支配下または管理下に置かれているときに発生した事故などにより傷病にり患した場合に、「業務起因性」があるとの推定を可能にする第1次的な判断基準のことである。業務遂行性を組み込んだ二元的要件設定は、労災が工場や作業場での事故によって発生すること（災害性傷病）を念頭に置いた制度設計となっている。最近では、過労死の例に典型的なように、職務を遂行していない時間に心臓・脳疾患などの傷病が発生したこと（非災害性疾病）に対し労災適用を求める事案が多く発生している。このような事案では、傷病の発症の時期が事業主の指揮命令下にあるときとは限らないため、業務遂行性を用いることは適切ではなく、業務起因性のみで業務災害を判断することとなっている。

業務と傷病との因果関係の強さ　業務災害となるためには、業務と傷病との間には、条件レベルのものではなく、一定レベルの因果関係（相当因果関係）が存在しなければならない。傷病が労災となるための因果関係の強度に関しては、災害発生の原因が複数ありうることを前提として、相対的有力原因説や共働原因説などがある。相対的有力原因説は、傷病の発生の原因が業務であることが相対的にみて有力である場合に、業務災害とみなす考え方である。一方、共働原因説は、災害発生の原因が複数あったとしても、発生した傷病の原因の1つとして業務がそれに寄与している場合に、業務災害とみなす考え方である。

　労災の不支給決定の取消訴訟において裁判所は、上記のような考え方につい

て言及することがあるが、相対的有力原因説を採用するとしつつ、業務との因果関係について相対的に有力なレベルまで求めないことがある。例えば、相対的有力原因説を採用するとしているが、被災労働者の脆弱性を相当程度考慮することによって求められる因果関係の強度を相対的に低下させている判決がある（豊田労基署長（トヨタ自動車）事件：名古屋高判平15・7・8労判856号14頁）。つまり、事案によっては使用される用語と因果関係の強度の関連性について一貫性がない場合がある。

災害性傷病と業務災害　土木作業中にブルドーザーが横転したことによって骨折をするような場合、つまり事故によって傷病が発生するような場合を、災害性傷病という。このようなケースにおいて、事故（ブルドーザーの横転）と傷病（結果として発生した骨折）との関係は通常明白であり、災害性傷病の事件における法的に問題となるのは、事故が作業中つまり使用者の指揮命令下に置かれている時間に発生しているか否か（業務遂行性）となる場合が多い。しかし、業務遂行性の有無も明らかである場合がほとんどであり、災害性疾病をめぐる労災保険適用は、のちに述べる非災害性疾病に比べて、その認定が容易な例が比較的多いと考えられる。

　業務遂行性をめぐっては、行政解釈上のルールが存在する。会社の寮や出張中に発生した災害（例えば火事など）によって傷病を負う場合や死亡した場合には、業務遂行性があるとされて、労災保険の適用が認められている。一方、会社の慰安旅行、運動会、宴会などはその性質によって業務遂行性が認められない場合がある。例えば、台湾への研修旅行の帰途中に空港で航空機が墜落し、死亡した労働者の遺族が遺族補償給付を請求した事案（多治見労基署長（日東製陶）事件：岐阜地判平13・11・1労判818号17頁）がある。裁判所は、その研修旅行は、参加が強制されておらず、全行程における研修時間が短く、内容も見学程度であったとして業務遂行性がないと判断した。一方、上司から参加が要請されており、業務の性質のある歓送迎会およびそれに付随する送迎行為は、使用者の指揮命令下にあるものとして、業務遂行生が認められている（国・行橋労基署長（ナイクロ九州）事件：最判平28・7・8労判1145号6頁）。

非災害性疾病と業務災害　非災害性疾病は、事故の発生を伴わないが、労働者の心身に不調を来すような場合をいう。例えば、特定の

化学物質や金属を使用することによって手足にかゆみが出たり、火傷を負ったりすること（職業病）、過重な業務が心疾患や脳疾患を発症させること（過労死など）が典型的な例である。非災害性疾病が労災保険の適用を受けるためには、業務と疾病との因果関係、いいかえると業務起因性が求められる。しかし、非災害性疾病は、同じ状況に置かれていてもすべての労働者に発症するわけではなく、また業務以外のことがその原因になっていることもある。したがって、被災した労働者側が業務と疾病との因果関係を証明することが困難なものとなっている。

　このような状況を踏まえて、非災害性疾病について、労災認定基準を設定している。例えば、職業病に関しては、経験則上特定作業に関連して発生している疾病を厚生労働省令に列挙し、そのような症状に該当する場合には、業務災害と認める実務を採用している。過労死や過労自殺を念頭に置いて脳・心臓疾患や精神疾患などについても労災の認定基準が定められている（後述）。

過労死・過労自殺と労災保険認定基準

　過労死とは、長時間労働、職場における人間関係によるストレス、肉体的な負担により、脳・心臓疾患等を発症し、死に至ることをいう。同様の理由により精神障害を発症し、自殺を行うことを過労自殺ということがある。これらがわが国の社会問題とされて久しいが、日本人の働きすぎを象徴する言葉として "Karoshi" として海外でも紹介されている。しかし、業務が過重であることにより労働者が死に至ること自体は日本に固有にものではなく、過労死の労災保険の適用に取り組んだ時期が比較的早かったことから注目を集めることとなったとみることができよう。

　労災保険の適用は、災害性傷病を前提に、業務遂行性と業務起因性の2つの要件によって判断されてきた（二要件主義）。二要件主義のもとでの労災認定は、使用者の指揮命令下で発生した災害による傷病を念頭に置いており、業務遂行性を重視する傾向にあった。しかし、このような判断基準は、業務が過重であることにより発生する過労死を想定していなかったため、その労災保険の適用には制約があった。二要件主義の影響のもとで、行政解釈は、過労死に対する労災認定が認められるようになっても、発症直前に突発的な出来事がある場合（1987年）や発症前1週間に過重な負担がある場合（1995年）などに限定し、過重な業務と死亡の発生の期間を短く設定していた。また、労災保険は無

過失責任主義を採用し、過失の有無を問わないものの、故意によるものには適用されないこと（労災12条の2の2第1項）となっており、自ら死を選ぶ（過労）自殺の労災保険適用にも制約があった。

　一方、裁判所は、過重な業務と発症の期間に関して、行政解釈や支給決定基準に比べてより長い期間について考慮し、また過労死における業務の過重性と死亡の因果関係を緩やかに解する判断を行った。このような裁判所の判断を受けて、1999年、2001年に過労死の認定基準は大きく見直されるに至った。現在の脳・心臓疾患の認定基準は、長期の過重業務については発症前概ね6ヶ月について考慮し、発症前に1ヶ月の間に時間外労働が100時間を超える場合、発症前2ヶ月から6ヶ月の間に時間外労働が1ヶ月当たり80時間を超える場合には、因果関係があるとみなして、原則として労災保険の適用を認めるものとなっている。

　また、過労自殺に関連して1999年の通達は、「業務上の精神障害によって、正常な認識、行為選択能力が著しく阻害され」た状態で「自殺が行われたと認められる場合には、結果の発生を意図した故意には該当しない」とした。そして、対象疾病に該当する精神障害を有しており、対象疾病の発症前概ね6ヶ月の間に業務による強い心理的負荷が認められ、かつ業務以外の要因によって精神障害を発症したとは認められない場合には、業務上の精神障害として認めるとした。心理的負荷に関しては、労働者の心理的負荷を弱・中・強の三段階に分け、「強」と判断された場合には労災保険の適用を認めることとなっている。精神障害等にかかる労災保険の認定基準は、ストレスが強ければ個体側の脆弱性が小さくても精神障害を発症し、脆弱性が大きければストレスが小さくても発症するという「ストレス—脆弱性」理論に基づいている。

　過労死、過労自殺をめぐる行政の認定基準や裁判所の判断が一般化することに伴い、職業病などと同様に、労基法施行規則別表に、2010年に過労死や過労自殺に関連して、過重負荷による「脳・心臓疾患」、「精神障害」が加えられることとなった。

　裁判しは、ある出来事の心理的負担が「中」であったとしても、個別ではなく全体をひとつとして「強」と判断すれば労災保険の適用を認めるべきであるとしている（国・三田労基署長（シー・ヴイ・エス・ベイエリア）事件：東京高判平

28・9・1労判1151号27頁、国・神戸西労基署長（阪神高速パトロール）事件：大阪高判平29・9・29労判1174号43頁）。

過重性判断基準 複数事業労働者の業務の過重性判断について、従来個別の事業場ごとで労働時間やストレスなど業務上の負荷を評価して、業務災害に該当するかを検討していた。2020（令和2）年の改正は、この仕組みを基本的に継承するものの、1つの事業場での業務上の負荷の評価では労災認定できない場合に、複数の事業場での負荷を総合的に評価して判断することとなった。

基礎疾患と業務上外認定 過労死と聞くと、健康であった労働者が、働きすぎで、突然死に至ることをイメージする人が多いかもしれない。しかし、過労死をめぐる裁判例をみると、過労死をした労働者のほとんどが、基礎疾患を有し、発症前になんらかの前駆的症状をみせている。過労死はまわりの人にとって突然訪れるように感じられるが、労働者がそれに気付いているか否かは別にして、発症を招くような疾患（基礎疾患）、例えば脳・心臓疾患についてみれば高血圧症、高コレステロール症、動脈硬化、高脂血症など、にすでにり患しているものと考えることができよう。ここで、問題になるのは、基礎疾患を有している労働者が、過重な業務の結果として死に至った場合、それを労災保険の適用対象とできるかである。

基礎疾患がある場合であっても過重な業務がその症状を、自然経過を越えて増悪させたとみることができれば労災保険の適用が認められる。例えば、**判例13-2**において最高裁は、「発症前に従事した業務による過重な精神的、肉体的負荷が上告人（被災労働者）の右基礎疾患をその自然経過を越えて増悪させ、右発症に至ったものとみるのが相当であり、その間に因果関係の存在を肯定できる」としている。行政解釈においても、業務上の要因によって、基礎疾患が「自然経過を越えて著明に増悪し、発症した」ことが「医学的に認めうる」ならば、労災保険の適用が認められるとしている。

判例13-2 横浜南労基署長（東京海上横浜支店）事件〈最判平12・7・17判時1723号132頁〉

事実 Xは、保険会社の支店長付きの運転手として、支店長の出退勤、接待などの

送迎を行っている労働者であり、基礎疾患として進行中の高血圧症（治療の必要なし）を有していた。Ｘは、支店長を迎えにいくための運転中にくも膜下出血を発症した。本件疾病発症前１ヶ月のＸの業務についてみると、断続的な休日が６日間あったものの、勤務の終了が午後12時を超えた日が２日間、走行距離が260キロメートルを超えた日が２日間あった。発症前日には、午前５時50分に車庫を出発し、午後７時30分頃には車庫に戻ったものの、午後11時頃まで車両の修理を行っていた。就寝は日をまたいだ午前１時頃であり、発症当日は、３時間半ほどの睡眠の後、午前５時には仕事を開始していた。Ｘは本件疾病の発症により休業し、労基署長に対し休業補償給付の請求をしたものの、業務上の疾病とは認められないとして不支給決定がなされた。原審は、Ｘのくも膜下出血は先天性病変である脳動脈りゅうが加齢とともに自然増悪し、たまたまＸの運転中に発症したもので、業務起因性がないと判断した。

判旨　最高裁は、「Ｘの基礎疾患の内容、程度、Ｘがくも膜下出血発症前に従事していた業務の内容、態様、遂行状況等に加えて、脳動脈りゅうの血管病変は慢性の高血圧症、動脈硬化により増悪するものと考えられており、慢性の疲労や過度のストレスの持続が慢性の高血圧症、動脈硬化の原因の一つとなり得ることを併せ考えれば、…Ｘが右発症前に従事した業務による過重な精神的、肉体的負担がＸの右基礎疾患をその自然の経過を超えて増悪させ、右発症に至ったものとみるのが相当であって、その間に相当因果関係の存在を肯定」できるとして、不支給決定を取消した。

治療機会の喪失

致死性の疾病が発症していても業務の継続によって治療の機会を失い、結果として死に至った場合に、労災保険の適用があるかが問題となる。感冒症などで体調が悪く、医師からも安静にするように言われていた労働者が、代替要員がみあたらず、夜勤勤務を余儀なくされた結果職場で死亡した事案において、裁判所は「客観的にみて、発病後直ちに必要な安静を保つことや治療を受けることが困難で、引き続き業務に従事せざるを得ないという状況に置かれていた場合にはその業務によって自然経過を超えて増悪した疾病による死亡等には、当該業務に内在する危険があるとして、業務起因性を認めるのが相当である」と判断している（尼崎労基署長（森永製菓塚口工場）事件：大阪高判平12・11・21労判800号15頁）。このような事案では、業務が治療の機会を失わせるような場合、死亡の原因となった疾病が業務に起因するものか否かにかかわらず、労災（公務災害）の適用が認められる

（地公災基金愛知県支部事件：最判平 8・3・5 判時1564号137頁）。

**業務の過重性を
判断する際の
比較対象者**
　労働者の死亡を過労死とするには、死亡の原因となった業務が「過重」なものでなければならない。この「業務の過重性」は、通常他の労働者との比較によって量られる。行政解釈は、1987年通達では同僚または同種労働者を基準として判断することとしていた。1995年通達は、「当該労働者と同程度の年齢、経験等を有し、日常生活を支障なく健康状態にある」労働者を基準とすることとした。これを平均的労働者基準説という。平均的労働者にとって、致死性の疾病を発症させる程度に業務が過重であるならば、その死亡を過労死として労災の適用を認めることに異論を唱える者はいないだろう。しかし、業務が過重であったとしても、すべての労働者に重篤な疾病が発生するとは限らず、死亡に至ることも実際には稀であるとすれば、その基準は相当高いものとなる。また、過去の事案から明らかなように、過労死した労働者は基礎疾患を有しているなど致死性の疾病を発症しやすい状態にあり、平均的労働者基準説をとると、多くの過労死事案に労災保険の適用が認められなくなる。

　このような状況において裁判所は、平均的労働者基準説よりも緩やかな基準を採用している。代表的なものとしては、脆弱労働者基準説と本人基準説である。豊田労基署長（トヨタ自動車）事件（名古屋地判平 13・6・18 労判814号64頁）において名古屋地裁は、「同種労働者（職種、職場における地位や年齢、経験等が類似する者で、業務の軽減措置を受けることなく、日常業務を遂行できる健康状態にある者）の中でその性格傾向が最も脆弱である者」を比較対象者とした（脆弱労働者基準説）。

　一方、国・豊橋労働基準監督署長（マツヤデンキ）事件（名古屋高判平22・4・16判タ1329号121頁）で名古屋高裁は、「身体障害者であることを前提に、その障害とされている基礎疾患が悪化して発症した場合には、その業務起因性の判断基準は、当該労働者が基準となる」としている（本人基準説）。また、前掲・豊田労基署長（トヨタ自動車）事件で名古屋高裁は、相当因果関係の存否を判断するにあたり「発症前の業務内容及び生活状況並びにこれらが労働者に与える心理的負担の有無や程度、さらには当該労働者の基礎疾患等の身体的要因や、うつ病に親和的な性格等の個体側の要因等を具体的かつ総合的に検討」す

るとして、本人基準説に近い立場をとっている。本人基準説は、他の労働者と
比較することなく、亡くなった労働者本人にとって業務が過重か否かを問うも
のとなる。したがって、同僚など他の労働者にとってはまったく過重でない業
務であったとしても、労災保険の適用が認められる可能性がある。このような
基準による労災保険の認定が、業務に内在する危険が現実化したものに対する
補償として適切なものといえるか、つまり労災保険の目的に合致するものかに
ついて疑問が残る。

　近時の裁判例では、上記の三基準に収まらない基準が採用されている。例え
ば、国・熊本労基署長（ヤマト運輸）事件（熊本地判令元・6・26労判1210号 9 頁）
では、本人基準や最も脆弱な労働者を基準とするではなく、脆弱性を有しなが
らも、特段の勤務軽減を要することなく通常業務を遂行することができる平均
的労働者を基準とすべきとし、脆弱労働者基準説よりも平均的労働者基準説に
近い立場を採っている。また、国・厚木労基署長（ソニー）事件（東京高判平
30・2・22労判1193号40頁）では、業務起因性の判断において必要とされる「特
別な出来事」について、すでに精神障害を発症している労働者の場合には悪化
の原因が障害に基づくものかそうでないかの判別が難しく、そのような場合に
は「労働者本人の要因が業務起因性の判断に影響することが非常に少ない極め
て強い心理的負荷があるケースについてのみ業務起因性を認めるのが相当」と
し、脆弱労働者基準説よりも相当厳格な立場を採っている。

4　通勤災害

**通勤災害に対する
労災保険の適用**　　1960年代に自動車が普及したことに伴い、交通事故が
　　　　　　　　　多発し、深刻な社会問題となった。交通事故は、通勤
途上でも発生し、労働者およびその家族の経済生活に大きな影響を与えた。通
勤途上の時間には、業務遂行性がないので、当然に労災保険による補償がなさ
れなかった。しかし、問題の深刻さから通勤途上の事故に対しても補償を行う
必要が認識されるに至り、1973年に「通勤災害」に対して労災法による給付が
なされることとなった。

通 勤 の 概 念

「通勤災害」として労災保険の給付を受けるためには、事故などによる傷害が「通勤」によるものでなければならない。通勤とは、「労働者が、次に掲げる移動を、就業に関し、合理的な経路及び方法で行うこと（労災７条２項）」とされている。「次に掲げる移動」とは、①住所と就業の場所との往復、②就業の場所から他の就業場所への移動、③住所と就業の場所との往復に先行しまたは後続する住居間の往復である。

　①の「住居と就業の場所」との往復について、「住居」とは、通常労働者の生活の本拠となる場所を想定している。しかし、「住居」は、「労働者が居住して日常生活の用に供している家屋等の場所で、本人の就業のための拠点」のことをいう。生活の本拠として１ヶ所しか認めない、国民健康保険などの住所の概念と異なり、「住居」は、ある程度反復継続して往復している場所であれば複数あることが認められている。「就業の場所」は、業務を開始し、終了する場所のことをいう。これは事業所の所在地に限定されず、例えば住宅から作業現場などに直行する場合、または作業現場から住居へ直帰する場合には、その作業現場が就業の場所となる。

　「就業に関し」は、「業務に就くため、または業務を終えたため」という意味であり、単に職場への往復ではなく、就業するための往復のことをいう。また、「就業に関し」と認められるためには、始業時間や就業時間から近接した時間に移動するものでなければならない。行政解釈では始業時間や就業時間から、概ね２時間を目安として「就業に関」する通勤か否かが判断される傾向にある。

　「合理的な経路」とは、労働者が通常往復しており、大きく迂回などをしていない経路のことをいう。会社に届け出ている経路に限られない。また、無免許や飲酒運転などによる移動は「合理的な方法」とは認められない。

　②は、例えば大学の非常勤講師が、使用者が異なる複数の大学で講義を兼任する場合に、大学から大学への移動を通勤とするものである。かつて就業の場所から別の就業の場所へ移動する場合、「住居」と「就業の場所」の移動とはいえず、「通勤」には該当しなかった。また、同じ使用者のもとである場所（例えば事業所の場所）から別の場所（作業現場）への移動中に事故に遭遇した場合には、通勤災害ではなく、労働災害となるが、異なる使用者のもとでの職場間の移動は、労働災害にも当てはまらなかった。しかし、複数の使用者のもと

で就業する労働者が多く存在しており、災害により傷病にり患する場合も多いことから、これが問題視され、このような移動も「通勤」となった。

　③は、単身赴任の労働者が帰省地から就業の場所に戻る場合に、就業の時間に近接していない日時に移動することや就業の場所とは直接関係のない場所に移動することを、「通勤」とみなすものである。単身赴任者は、次の日の仕事に備え、帰省地から就業日の前日などに単身赴任中のアパートなど戻ることが多い。しかし、帰省地から前日に戻るとすると就業時間に近接した時間とはいえず、「就業に関」する移動とはみなされなかった。また、帰省地から戻る場所が厳密にいえば就業の場所ではなく就業地の住所（アパート等）であるとすると、住居（帰省地）から住居（就業地）への移動となり、通勤に該当しなかった（これが問題となった事件として、能代労基署長（日動建設）事件：秋田地判平12・11・10労判800号49頁がある）。そこで、単身赴任の実情に配慮して、「通勤」の概念を広く捉えるよう改正された。

通勤の中断・逸脱

移動の経路から「中断」、「逸脱」がある場合には、それ以降の移動について通勤とは認められない。「中断」とは、通勤途上で通勤行為を中断すること、「逸脱」は、合理的な経路からそれることをいう。例えば、帰宅途中に居酒屋で長時間飲食をするような場合には、通勤行為を中断し、合理的な経路からそれているので、「中断」、「逸脱」があって以降は、たとえ合理的な経路に戻ったとしても、通勤とは認められない。

　しかし、「逸脱又は中断が、日常生活上必要な行為であって厚生労働省令で定めるものをやむを得ない事由により行うための最小限度のものである場合」には、中断・逸脱後に合理的経路に復帰した後、通勤とみなされる。例えば、介護のため義父宅に寄った後に合理的経路に戻ったところで交通事故に遭った事件では、逸脱に当たらないとされている（国・羽曳野市労基署長事件：大阪高判平19・4・18労判937号14頁）。ただし、日用品の購入など日常生活に必要で行為であっても、逸脱中に事故に遭った場合には、通勤災害の給付対象とはならない（札幌市中央労基署長（札幌市農業センター）事件：札幌高判平元・5・8労判514号27頁）。

通勤災害と通勤起因性

通勤時の災害によって傷病や死亡に至った場合でも、そのすべてに労災保険から給付がなされるわけではない。通勤災害として保険給付の対象となるのは、通勤に内在する危険が現実化

したものであることを求める。これを通勤起因性という。

　大阪南労基署長（オウム通勤災害）事件（最判平12・12・22労判798号５頁）では、通勤途上に労働者がVXガスを浴びせられて死亡したことが通勤災害といえるかが問題となった。最高裁は、第三者による計画的な犯罪による被害の場合には、通勤が単に機会を提供しただけでは通勤起因性があるとはいえないとする下級審を支持した。ただし、オウム地下鉄サリン事件の被害者には、労災保険の適用を認めている。やや矛盾するように思われるが、霞が関などでは政党や官公庁を狙った事件が起きていることを考慮して、テロ行為を通勤に内在する危険が現実化したものとみなしているようである。

5　労働災害と損害賠償

労災民訴による補償　労災保険は、業務災害を被った労働者に立証責任を軽減し、より確実に補償が受けられるように制度設計がなされているが、労働者に発生した損害をすべてカバーするものではない。例えば、休業補償給付は、給与基礎日額（平均賃金）の６割に加えて、特別支給金の２割を合計しても８割分の補償しか用意していない。また、労災保険は、精神的な苦痛に対する損害賠償である慰謝料に相応するような給付を用意していない。

　そこで、労災保険によってカバーされない損害賠償を求める手段として、裁判所に民事訴訟を提起することが認められている。このような訴訟を「労災民訴」という。上述のように、日本では労災保険・労災補償と労災民訴の両方が認められる（併存主義）。

労災民訴の方法　労災民訴として裁判所で使用者などに損害賠償を請求する根拠として、不法行為（民709条）と安全配慮義務（債務不履行（民415条）、労契５条）がある。かつて労災民訴は、不法行為を根拠としていた。しかし、1970年代以降に安全配慮義務の法理が発展し、また債務不履行のほうが、時効期間が長い（現在、民法改正によって消滅時効に関する不法行為と安全配慮義務との間の差異は解消されている）ことなどから、労災民訴において安全配慮義務違反として損害賠償を請求する方法、または不法行為と安全

配慮義務違反の両方に基づいて請求する方法が一般的となっている。

　不法行為は、契約関係の存否に関係なく、「故意又は過失によって他人の権利又は法律上保護される利益を侵害した者は、これによって生じた損害を賠償する責任を負う」としている。過失とは、加害者が権利侵害に関し、予見が可能である（予見可能性）にもかかわらず、その結果を回避すること（結果回避義務）をしなかった場合をいう。労災民訴では、業務上の災害またはそれにより発生する傷病について使用者に予見可能性があるか否か、結果回避義務が履行できたか否かが問われる。

　一方、安全配慮義務とは、最高裁によれば、「ある法律関係に基づいて特別な社会的接触の関係に入った当事者間において、当該法律関係の付随義務として当事者の一方又は双方が相手方に対して信義則上負う義務」（陸上自衛隊八戸車両整備工場事件・最判昭50・2・25判時767号11頁）をいう。安全配慮義務においては、「具体的な安全配慮義務の内容とその履行可能性」があるか否か、雇用関係や親子会社など「特別な社会接触関係」があるか否かなどが問題となる。具体的な安全配慮義務の内容とその履行可能性に関しては、労働者の傷病や死亡について予見可能性があり、それを回避する措置をとったか否かによって判断される。したがって、労災民訴における不法行為と安全配慮義務の立証内容は類似するものとなっている。「特別な社会接触関係」に関して、団地における植物管理工事中に転落し、ケガをした労働者が、使用者に加えて、元請の二社に対して損害賠償を請求したことについて、元請会社が安全帯の着用、使用に関する指示を使用者に対し具体的に行っていたことから特別な社会接触関係があるとして元請二社も不法行為責任を負うとした判決がある（日本総合住生活ほか事件：東京高判平30・4・26労判1206号46頁）。

　不法行為や安全配慮義務違反に基づく損害賠償請求を行う場合、その立証責任は労働者側にある。過失または具体的義務の内容およびその不履行を主張立証する必要がある。

判例 13-3　電通事件〈最判平12・3・24民集54巻3号1155頁〉

　事実　Aは、大学卒業後広告代理店であるYに入社し、スポンサー募集や企業宣伝のための企画立案にあたっていた。Aは、入社後半年を過ぎたことから帰宅が遅く

なり（深夜１−２時ごろ）、１年半後には徹夜の日が増加し、長野県への出張から
戻って帰宅した後に縊死した。自殺前Ａは顔色が悪く、言動に異常がみられ、上司
もそれに気づいていた。Ａの両親であるＸが、長時間労働防止措置の懈怠について
安全配慮義務違反または不法行為に基づき、Ｙに対し損害賠償を請求した。
　判旨　最高裁は、「使用者は、その雇用する労働者に従事させる業務を定めてこれ
を管理するに際し、業務の遂行に伴う疲労や心理的負荷等が過度に蓄積して労働者
の心身の健康を損なうことがないように注意する義務」を負うとした。具体的に
は、使用者は、長時間労働により疲労や心理的負荷が過度に蓄積すると労働者の心
身の健康が損なわれる危険があることを知っており、亡労働者が深夜に及ぶ慢性的
な長時間労働を行っていること、心身の異変が生じていたことにも気づいているか
ら、健康が損なわれる危険があることを予見できたにもかかわらず、人員を補充す
るなどの具体的な結果回避措置をとらなかったことが不法行為を構成するとした。

**上司の発言などと
精神疾患の発症・自殺
に対する安全配慮義務**
　使用者は、その雇用する労働者に従事させる業務を定
めてこれを管理するに際し、業務の遂行に伴う疲労や
心理的負担などが過度に蓄積して労働者の心身の健康
を損なうことがないように注意する義務を負う。安全配慮義務違反について
は、労災保険における心理的負荷の強度（心理的負荷が「強」である場合）を準
用し、判断される（加野青果事件・ **判例 5 - 4** ）。

　障害者はその障害ゆえに職場でストレスを感じやすく、一般的にみると重大
と考えられないような業務内容や上司の発言でも自殺につながってしまうこと
がある。このような場合に遺族は安全配慮義務に基づき損害賠償を請求できる
のだろうか？　障害者枠で採用された労働者が自殺した事件において、裁判所
は一般論として、安全配慮義務の一環として、障害を前提に心理的負担を与え
る言動をしない注意義務があるとしつつ、適切な対応を取っている場合には注
意義務違反にならないと判断している（食品会社Ａ（障害者雇用枠採用社員）事
件：札幌地判令元・6・19 労判1209号64頁）。

**労災民訴における
過　失　相　殺**
　脳・心臓疾患など労働者の傷病や死亡そして精神疾患
の発症や死亡をめぐる労災民訴において、使用者の過
失や注意義務違反が認められたとしても、労働者の基礎疾患、性格などがその
傷病や死亡に寄与していると考えられる場合がある。使用者に損害のすべてを
賠償させるのが公平にかなわないと考えられる場合に、裁判所は、過失相殺の

規定（民722条2項）を類推適用して損害賠償の額を決定することがある。

　電通事件（ 判例13-3 ）において最高裁は、損害の発生に寄与した亡労働者の性格などの心理的要因を一定程度斟酌できるとしつつも、「特定の労働者の性格が同種の業務に従事する労働者の個性の多様さとして通常想定範囲を外れるものでない限り」、過失相殺の対象とはならないとした。また、東芝（うつ病）事件（ 判例13-4 ）において最高裁は、うつ病にり患した労働者が病名などを使用者に正確に伝えなかったことから過失相殺を認めた原審に対し、使用者が労働者の状況を知りえた場合には、それを理由として過失相殺を認めることはできないと判示した。

判例13-4　東芝うつ病（労災民訴）事件〈最判平26・3・24判時2297号107頁〉

事実　Xは、液晶ディスプレイの製造ラインを構築するプロジェクトに参加し、その1つの工程において初めてプロジェクトリーダーとなった労働者であった。Xは、その役割を果たすために、休日出勤や長時間の残業を行うことが多かったが、そのうち不眠やめまいなどの症状を発生した。その後、本件プロジェクトに加えて、別の製品の開発プロジェクトにも参加するように指示され、さらに体調が悪化した。Xの体調不良は、上司や同僚もみてわかる程度であった。Xは、当初安静が必要である旨が示された（病名が書かれていない）診断書を提出して、欠勤した。Yは、欠勤期間が就業規則の定める期間を超えたため、Xに対し休職命令を発令し、休職することとなった。その後休職期間を満了しても職場復帰することができなかったため、YはXを解雇した。Xは、本件解雇が無効であり、本件うつ病に発症についてYに安全配慮義務違反があるとして提訴した。原審は、解雇の無効および安全配慮義務違反に基づきYが損害賠償責任を負うと判断したが、Xが神経科に通院していることや病名を伝えていなかったため、YがXのうつ病の発症を回避し、発症後の増悪を防止する方法をとることができなかったとして、二割の過失相殺を行った。

判旨　最高裁は、Xが、過重な業務が続く中で、体調不良を伝えて欠勤を繰り返し、業務の軽減等を申し出ていた状況において、Yは、そのような状態が過重な業務によって生じていることを認識できる状況にあり、業務の軽減などの措置をとることができたことから、Xからの申告がなかったことを重視して過失相殺を認めることは相当ではないと判断した。

労災保険給付と損害賠償の調整　労災民訴による損害賠償と労災保険給付とは、内容、対象が重複している部分があり、併存主義のもとで2つを同時に受けるときに二重補てんとなる場合がある。これらをいかに調整するかが問題となる。これについて明文の規定はないが、労基法84条2項を類推適用して、既になされている労災保険の給付額について、被災労働者に対して行う損害賠償の額から控除される方法が一般的になっている。

　労災保険給付と損害賠償の調整についてはいくつかの問題がある。例えば、すでになされている保険給付の額に加えて、将来支払われる年金などの給付の額についても控除できるかという問題がある。最高裁は、いまだ現実に給付が行われていない将来の給付分を控除する必要はないとする立場をとっている（ただし、これを受けて損害賠償の履行猶予制度が設けられている（労災64条1項））。また、休業補償給付の6割分に加えて、特別支給金が2割分の給付を行っているが、特別支給金の額を損害賠償額から控除できるかについても問題となっている。最高裁は、特別支給金が労働者の損害をてん補するものではないとして、控除を認めていないが、学説からは有力な批判がある。

より深く学ぶための道案内

　労災保険法の行政解釈を詳細に述べたものとして、井上浩『労災補償法入門（10版改訂版）』（経営書院、2010年）がある。また、過労死・過労自殺の裁判例を検討したものとして、佐久間大輔『労災・過労死の裁判』（日本評論社、2010年）がある。労災保険法について理論的により詳しく学びたいのであれば、西村健一郎『社会保障法』（有斐閣、2003年）の「社会保障給付と損害賠償との調整（1編4章）」および「労災保険（2編4章）」、東京大学労働法研究会編『注釈労働基準法下巻』（有斐閣、2003年）の「災害補償（8章）（岩村正彦執筆分）」をご覧いただきたい。

第 IV 部

労働組合法

第**14**章 団結権と不当労働行為救済制度

1 団結権保障の沿革

団結禁止から
団結権保障へ

18世紀後半のイギリスから始まった産業革命は、家内制手工業から機械制大工場へと生産様式の大転換をもたらした。初期資本主義の時代は労働法など存在せず、労働者は、低賃金、長時間労働、解雇・失業、労働災害・疾病に苦しんだ。当時の低賃金、長時間労働の最大の被害者は、女性と年少者であった。ヨーロッパでは、まず女性と年少者を対象に、工場法が制定された。例えば、イギリス工場法（1819年）、ドイツ工場法（1839年）、フランス工場法（1841年）がある。工場法の時代は、労働組合を違法とする団結禁止の時代でもあった。労働者団結は、国家と市民社会の秩序を乱す夾雑物であり、取引の自由を侵害し、治安を脅かす存在とみなされ、団結禁止法により否定された（例えば、フランスにおける1791年のル・シャプリエ法）。

19世紀後半になると、団結放任の時代を迎える。労働運動は、弾圧に抗して勢いを増し、団結禁止法ではおさえきれなくなり、各国は、相次いで団結禁止法を廃止した。労働組合は、その存在そのものを犯罪視されることはなくなったが、その代わりに刑法や民法などの一般市民法理にさらされることとなった。労働組合は、ストライキを企画・実行すれば、共謀罪、威力業務妨害罪、住居侵入罪などの刑事責任や、民事共謀、脅迫などの不法行為および債務不履行などの民事責任を追及された。団結放任といっても、実質的には、労働組合の活動を否定するに等しかった。

20世紀に入って、労働組合は、それまでの熟練工を中心とした職種別労働組

合から、熟練を要しない大衆的な産業別労働組合へと転換し、もはや社会的に無視することが許されない存在となった。1919年に誕生したドイツのワイマール憲法159条は、世界で初めて団結の自由と権利を保障した。その条文は「労働および経済条件の維持促進のためにする団結の自由は、何人に対してもかつすべての職業に対して、これを保障する。この自由を制限し又は妨害しようとするすべての約定及び措置は違法である」というものである。この時期以降、労働者に対する団結権の保障と労働組合の民事・刑事免責が国際社会の常識となり、労働組合は、完全に合法的な団体として承認されるようになった。

日本国憲法28条の団結権保障　　わが国では、1897（明治30）年に高野房太郎と片山潜らが労働組合期成会を結成して労働組合の結成を呼びかけ、鉄工組合、活版工組合などが相次いで誕生した。しかし、1900（明治33）年、治安警察法が公布され、労働組合の結成および争議行為が事実上禁止された（団結禁止の時代）。1911（明治44）年には、工場法が制定され、1916（大正5）年に施行されている。

　1925（大正14）年、治安維持法が制定され、治安警察法は、翌年に廃止された（団結放任の時代）。同時に、内務省社会局は、労働組合法案（社会局案）を発表した。政府は、1931（昭和6）年には、労働組合法案（政府案）を閣議決定するに至ったが、審議未了となり、戦前においてついに労働組合法が成立することはなかった。わが国が団結権保障の時代を迎えるのは、戦後の1946（昭和21）年11月3日、日本国憲法28条の公布を待たなければならなかった。

2　団結権保障の意義

団結権保障の構造　　憲法28条は「勤労者の団結する権利及び団体交渉その他の団体行動をする権利は、これを保障する」と定める。憲法28条全体を広義の団結権といい、具体的に3つの権利、すなわち狭義の団結権、団体交渉権、団体行動権（争議権）が保障されている。これらを労働三権という。

　労働三権は、相互に密接に関連しており、どれか1つでも欠ければ、団結権保障の意義が失われると解すべきである。労働者は、まず労働組合を結成し

（団結権）、団体交渉を申し入れ（団体交渉権）、争議行為によって要求の実現を
図るのである（争議権）。

団結権の主体　憲法28条の「勤労者」とは「職業の種類を問わず賃金
その他これに準ずる収入によって生活する者」（労組
3条参照）とほぼ同義と解してよい。したがって、民間企業の労働者はもとよ
り公務員および失業者も勤労者に含まれる（通説判例）。また、いわゆる個人事
業主や業務委託就業者であっても、実態として「賃金その他これに準ずる収
入」に依存せざるをえないような働き方をしている場合には、団結権の保護が
及ぶ。なお、勤労者の団結する権利が保障されている以上、その団結体もまた
当然に憲法28条の権利主体となると解される（第2章1参照）。

団結権の法的性格　憲法における団結権の保障は、第1に、法令の違憲審
査としての性格を持つ。団結権を制限・禁止する法令
は違憲である。例えば、公務員は、一律に争議行為が全面的に禁止されている
が（国公98条2項、地公37条1項など）、現在もなお、これらの争議行為禁止規定
の合憲性が問われているのである。

　第2に、団結権の保障は、国家との関係ばかりではなく、使用者に対して
も、労働組合への妨害や干渉を禁止することになる。憲法28条は、他の基本的
人権とは異なり私人間にも直接適用される（直接適用説、通説）。例えば、団結
権侵害を内容とする法律行為は私法上無効であり、同時に不法行為（民709条）
となりうる。

　第3に、労働組合の正当な行為については、刑事免責および民事免責が認め
られている。労働組合にとって、歴史上、刑事責任（犯罪）および民事責任
（損害賠償）の追求こそが最大の脅威であったことは前述のとおりである。団結
権を保障するということは、これらの法的責任から労働組合を解放することに
ほかならない。労働組合法は、刑事免責については労組法1条2項で、また民
事免責については8条で、このことを確認的に規定している。

公務員の労働基本権制限　終戦後間もない1947（昭和22）年2月1日、労働側は、
官公労働者を中心として全国的なゼネラルストライキ
を計画したが（ニ・一スト）、連合国軍総司令部（GHQ）長官マッカーサーはス
ト中止命令を発した。この事件をきっかけに、GHQは日本の占領政策を転換

し、公務員の労働基本権が制限されて現在に至っている。

　公務員の労働基本権の制限が、憲法28条に違反するのではないかという問題について、最高裁は、変遷している。初期の判例は、公共の福祉を理由に全面的に合憲としていた（国鉄弘前機関区事件：最大判昭28・4・8刑集7巻4号775頁）。その後、官公労働者による ILO 闘争の展開と ILO 87号条約（結社の自由および団結権の保護に関する条約）の批准（1965〔昭和40〕年）などの社会情勢の変化もあり、最高裁は「国民生活全体の利益」との調整の観点から、労働基本権の制限は合理的最小限のものでなければならないとする限定的合憲論を示した（全逓東京中郵事件：最大判昭41・10・26刑集20巻8号901頁）。しかし、最高裁は、再び立場を変更し「国民全体の共同利益」を重視して、全面合憲論を復活させ、現在もなお維持されている（ 判例 14 - 1 ）。

> **判例 14 - 1**　　**全農林警職法事件**〈最大判昭48・4・25刑集27巻4号547頁〉
> **事実**　昭和33年11月5日、農林省（当時）の職員団体である全農林労働組合は、警察官職務執行法改正に反対し、午前10時から農林省前で職場大会を開き、組合員約2500名に対し、正午出勤とする争議行為を指令した。この行動が、争議行為のそそのかし等（現行国公98条2項）の罪に該当するとして、組合幹部5名が起訴された。
> **判旨**　（有罪）「憲法28条の労働基本権の保障は、公務員に対しても及ぶものと解すべきである。ただ、この労働基本権は…勤労者の経済的地位の向上のための手段として認められたものであって、それ自体が目的とされる絶対的なものではないから、おのずから勤労者を含めた国民全体の共同利益の見地からする制約を免れない。」

3　労働三権の内容

狭義の団結権　　憲法28条の「勤労者の団結する権利」とは、第1に、労働者個人が労働組合を結成し、これに加入し、組合活動に参加する権利を意味する。使用者は、労働者の組合結成・加入を妨害・干渉してはならない。

　第2に、団結権は、労働組合という団結体が、組織の維持・強化のために行

動する権利を保障する。使用者は、組合活動への介入・妨害をしてはならない
ことはもちろん、わが国における企業別組合の性格上、組合活動への一定の配
慮（組合事務所の供与、組合掲示板の設置など）を容認すべき場合がある。

　第3に、団結内部の問題として、強固な内部統制が求められる。なぜなら、
労働組合は、一般の市民的団体とは異なり、ストライキを武器にもつ闘争的な
性質を有する団体だからである。いわゆる労働組合の統制権が肯定されるの
も、団結権に由来すると考えられる（三井美唄炭鉱労組事件：最大判昭43・12・4
刑集22巻13号1425頁）。

　なお、以上の積極的団結権に対して、団結しない自由または労働組合からの
脱退の自由を内容とする消極的団結権は認められるかという問題がある。これ
については肯定説と否定説が対立しているが、否定説が通説である。

団 体 交 渉 権　団体交渉（団交）とは、労働組合が労働協約の締結を
目的として、使用者と労働条件等について交渉・協議
することである。使用者は、労働組合からの団交申入れに応じる義務があり
（団交応諾義務）、団交の場では、誠実に説明・回答・協議すべき義務がある（誠
実交渉義務）。使用者による正当な理由のない団交拒否は、不当労働行為として
禁止されている（労組7条2号）。なお、団体交渉にも刑事免責・民事免責が適
用される。

　使用者の団交権は認められるか、いいかえれば労働組合にも団交応諾義務が
あるか、という問題があるが、少なくとも憲法レベルでの権利義務という意味
では問題とならない。憲法28条の主体は、あくまでも勤労者およびその団結体
だからである。団体交渉については、第15章を参照されたい。

　団体交渉権は、裁判上の団交応諾請求権としては、認められていない。具体
的な給付の内容を裁判所が確定するのは困難だからである。ただし、労働組合
が団体交渉を求め得る地位にあることの確認請求は可能である。これにより、
使用者は、団交応諾義務を負うことになる。

判例 14 - 2　**国鉄事件〈最判平3・4・23 労判589号6頁〉**
事実　昭和57年11月13日、旧日本国有鉄道（国鉄、Ｙ）は、職員とその家族が無料
で乗車できる鉄道乗車証制度を廃止した。国鉄労働組合（国労、Ｘ）は、この制度

の存続を要求して、たびたび団体交渉を申し入れていたが、Yは、管理運営事項で
あることを理由に団体交渉を拒否した。これに対し、Xは、Yの団交応諾義務の確
認等を請求した。

判旨　（一部認容）Xが「団体交渉を求め得る地位にあることの確認を求める本件
訴えが、確認の利益を欠くものとはいえず適法であるとした原審の判断は、正当と
して是認することができ」る。

　　　　　　　　　　　　　　憲法28条の「その他の団体行動をする権利」は、争議
団体行動権（争議権）
　　　　　　　　　　　　　　権ないしストライキ権と解されている。団結放任の時
代にあっては、ストライキは、威力業務妨害罪その他の犯罪として刑事弾圧の
対象とされた。また、個々の労働者は、労働契約違反とされ債務不履行責任を
追求され、団体としての労働組合に対しても、営業権の侵害を理由に多額の損
害賠償が請求された。現在では、争議権保障の効果として、正当な争議行為に
ついては、刑事免責および民事免責を受けるのである。争議行為の正当性につ
いては、第15章に譲る。

4　労働組合法上の労働組合

　　　　　　　　　　　　　　憲法28条の団結権保障を具体化するために、労働組合
労働組合の目的
　　　　　　　　　　　　　　法が制定された（旧労組法1945〔昭和20〕年12月22日公
布、現行労組法1949〔昭和24〕年6月1日公布）。労組法の立法目的は、一言でい
うと、労働者が「団結することを擁護すること」である（1条1項）。
　労働組合の主たる目的は「労働条件の維持改善その他経済的地位の向上を図
ること」である（2条本文）。したがって、例えば、共済事業その他福利事業の
みを目的とする団体及び主として政治運動または社会運動を目的とするもの
は、労働組合とはいえない（2条但書3、4号）。ただし、労働組合は、主たる
目的の達成に必要な限りで政治・社会活動等を行うことはさしつかえない。判
例も「現実の政治・経済・社会機構のもとにおいて、労働者がその経済的地位
の向上を図るにあたっては、単に対使用者との交渉においてのみこれを求めて
も、十分にはその目的を達成することができず、労働組合が右の目的をより十
分に達成するための手段として、その目的達成に必要な政治活動や社会活動を

行うことを妨げられるものではない」としている（前掲・三井美唄炭鉱労組事件）。

自主性の要件　労働組合は、労働者が「自主的に」組織したものでなければならない（２条本文）。これを労働組合の自主性の要件という。労組法は、労働組合の自主性を確保するために、組織面と資金面の両方から規制している。

まず、組織面の規制としては、①会社役員、②雇入れ、解雇、昇進または異動に関して直接の権限をもつ監督的地位にある労働者、③使用者の労働関係についての計画と方針とに関する機密の事項に接し、そのためにその職務上の義務と責任とが当該労働組合の組合員としての誠意と責任とに直接抵触する監督的地位にある労働者、④その他使用者の利益を代表する者の参加を許すものは、労働組合の自主性がないとされる（２条但書１号）。

次に、資金面では、団体の運営のための経費の支出につき使用者の経理上の援助を受けるものは、自主性を否定される。ただし、次のものは経費援助にあたらない。①労働時間中の労使協議・交渉を有給とすること、②労働組合の福利厚生基金への使用者からの寄付、③最小限の広さの組合事務所の供与（２号）。

組合民主主義　労働組合は、労働条件の維持改善その他経済的地位の向上を図るために、常に使用者との対抗関係を強いられている。このことから、組合内部において強固な団結力と連帯性が要求され、それを担保するために組合民主主義が要請される。組合民主主義は、組合活動を支える原理として重要であり、その根拠は憲法28条の団結権にあると解される。労組法も、労働組合に対して一定の民主主義を基礎とした組織であることを求めている（５条１項本文）。

労働組合の資格審査　労働者は団結の自由が保障され、なんらの規制を受けることなく労働組合を結成することができる（自由設立主義）。一方、労働組合が労働組合法上の手続に参与し、不当労働行為の救済を受けるためには「労働委員会に証拠を提出して第２条（自主性の要件）及び第２項の規定（民主性の要件）に適合することを立証」しなければならない（５条１項本文）。これを労働委員会による労働組合の資格審査という。

　資格審査をパスした労働組合は、労組法上の労働組合として同法の手続きに参与し、また救済を求めることができる（法内組合、資格組合、法適合組合などと呼ばれる）。労組法上の手続きとは、①労働組合の法人登記ができること（11条1項）、②労働委員会の労働者側委員の推薦人になれること（19条の3第2項、19条の12第3項）、③地域的一般的拘束力の申立てができること（18条1項）である。また労組法上の救済とは、労働委員会による不当労働行為の救済をさす（7条、27条1項）。

　資格審査を受けていない労働組合や資格審査にパスしなかった労働組合は、これらの手続に参与できず、また救済を受けられないことになるが、そのような労働組合であっても憲法上の団結権、団体交渉権、争議権は保障され、民事刑事免責も認められる（法外組合、法不適合組合、憲法組合などと呼ばれる）。

民主性の要件　　民主性の要件とは、組合規約の中に民主的手続に関する事項（労組5条2項）を定めることである。組合規約に記載すべき事項は、①労働組合の名称、②組合事務所の所在地、③組合員の参与権および均等取扱い、④人種、宗教、性別、門地または身分を理由とする組合員資格の差別禁止、⑤組合役員選挙における直接無記名投票、⑥毎年1回の総会の開催、⑦公認会計士等による毎年1回の会計報告、⑧直接無記名投票の過半数によるストライキ開始手続、⑨直接無記名投票の過半数による規約改正手続である（5条2項1～9号）。これらのうち③～⑨までが、労働組合の民主性の要件となる。

5　組合活動と労働組合の統制権

就業時間中の組合活動　　憲法28条は、日常的な組合活動を行う権利もまた保障している。わが国労働組合の多くは企業別組合の形態をとっているため、組合活動は、主に就業時間中に、かつ企業内で行わざるをえない。一方、使用者は、営業の自由（憲22条1項）および財産権（29条）が保障されている。組合活動の権利は、使用者の権限との調整が必要となる。

　例えば、一定の組合員が就業時間中に組合活動に専念することができる在籍専従制度が、労働協約や労使慣行で認められている場合がある。大企業の労働

組合にとって、在籍専従制度の必要性は大きい。また、労組法は、就業時間中に有給で労使協議・交渉を行うことは自主性を損なうものではなく（2条但書2号但書）、不当労働行為としての経費援助にも当たらない（7条3号但書）と注意的に規定している。

　しかし、それ以外の組合活動は、原則として就業時間外に行わなければならない。例えば、就業時間中に組合活動としてリボン・ワッペン等を着用することは、職務専念義務、誠実労働義務に違反し違法とされている（大成観光事件：最判昭57・4・13民集36巻4号659頁）。このほか、就業時間中の組合活動に関するルールは労使自治に委ねられている。なお、休憩時間中の組合活動については、他の労働者の休憩自由利用の原則（労基34条3項）を侵害しない態様のものであれば許される。

組 合 活 動 と 施 設 管 理 権　わが国の企業別組合は、その性質上企業施設を利用することが多く、組合活動権と使用者の施設管理権との調整が問題となる。具体的には、組合事務所の供与、組合掲示板の設置、会議室の利用、企業施設へのビラ貼りなどが問題となりうる。

　判例は、使用者の企業秩序を定立する権限を重視して、労働組合が組合活動として企業施設を利用する際には、原則として使用者の許諾が必要であるとしている。

判例14-3　国鉄札幌運転区事件〈最判昭54・10・31民集33巻6号647頁〉

事実　国労札幌地本は、昭和44年春闘において、賃上げ等を要求して支部・分会にビラ貼りを指令し、組合員4名（Xら）は、札幌駅構内にある詰所内のロッカー約300個にセロテープでビラを貼付した。助役らはビラ貼りの中止を命じたが、組合員らはこれを無視したため、国鉄（Y）は、Xらを戒告処分にした。Xらは処分無効を主張。

判旨　（処分有効）労働組合またはその組合員が、使用者の許諾を得ないで企業の物的施設を利用して組合活動を行うことは「その利用を許さないことが当該物的施設につき使用者が有する権利の濫用であると認められるような特段の事情がある場合を除いては…当該物的施設を管理利用する使用者の権限を侵し、企業秩序を乱すものであって、正当な組合活動として許容されるところであるということはできない。」

ユニオン・ショップ　労働組合への加入に関連して、労使間でユニオン・ショップ協定（ユシ協定）が結ばれることがある。これは「従業員は組合員とする」「組合資格を失ったものは解雇する」という2つの内容を含む（完全ユニオン）。前段は、新規に雇い入れた従業員は本人の意思にかかわらず労働組合に加入しなければならないということを意味する。また後段は、労働組合による除名処分や脱退により組合員の資格を失った者は、使用者が解雇するというものである（ユシ解雇という）。もっとも、現実には解雇条項を設けないユシ協定が多い（不完全ユニオン）。

ユシ協定は、労働者を労働組合に強制加入させ、また解雇の脅威をもって組合員の脱退の自由を間接的に規制することから、組織強制と呼ばれる。ユシ協定は「間接的に労働組合の組織の拡大強化を図ろうとする制度」であり、そのような正当な機能を果たす限りにおいて法的効力が承認される（日本食塩製造事件：最判昭50・4・25民集29巻4号456頁）。脱退者ないし被除名者が、他の労働組合に加入したり新たな労働組合を結成したりした場合、それらの者に対してユシ解雇することは、団結権の侵害となり許されない（ 判例14-4 ）。

判例14-4 　**三井倉庫港運事件〈最判平元・12・14民集43巻12号2051頁〉**

事実　Y会社とA組合との間には、解雇条項を含むユニオン・ショップ協定が存在していたところ、Aの組合員2名（Xら）が脱退し、即刻B組合に加入した。Y会社は、ユニオン・ショップ協定に基づきXらを解雇した。Xらは、地位確認を請求。

判旨　（解雇無効）「ユニオン・ショップ協定は、労働者が労働組合の組合員たる資格を取得せず又はこれを失った場合に、使用者をして当該労働者との雇用関係を終了させることにより間接的に労働組合の組織の拡大を図ろうとするものであるが、他方、労働者には…労働組合を選択する自由があり、また…他の労働組合の団結権も等しく尊重されるべきであるから、ユニオン・ショップ協定によって、労働者に対し、解雇の威嚇の下に特定の労働組合への加入を強制することは、それが労働者の組合選択の自由及び他の労働組合の団結権を侵害する場合には許されないものというべきである。」

チェック・オフ　チェック・オフとは、労働組合と使用者との協定に基づき、使用者が個々の組合員の賃金から組合費を控除

し、まとめて労働組合に渡すという制度である。組合費は、労働組合の活動資金として重要であり、労働組合は、チェック・オフによって確実に組合財政を支えることができるというメリットがある。

　チェック・オフは、労基法上の賃金全額払いの原則（24条1項）に抵触する恐れがあり、同項の定める過半数代表との労使協定の要件を満たす必要がある（済生会中央病院事件：最判平元・12・11民集43巻12号1786頁）。また、この労使協定とは別に、使用者は、個々の組合員の委任を受けることが必要であって、チェック・オフ開始後も、組合員はいつでもチェック・オフの中止を申し入れることができる（エッソ石油事件：最判平5・3・25労判650号6頁）。

労働組合の統制権

労働組合は、一般市民団体とは異なり、個々の組合員の行動を規制し団結意思に従わない者に対しては、除名、権利停止、罰金、戒告等の統制処分を行う権限を有する。これを労働組合の統制権という。

　統制権の根拠は、組合民主主義と同様憲法28条の団結権に求めることができる（団結権説）。判例も「憲法28条による労働者の団結権保障の効果として、労働組合は、その目的を達成するために必要であり、かつ、合理的な範囲内において、その組合員に対する統制権を有するものと解すべきである」としている（前掲・三井美唄炭鉱労組事件）。

　統制権の行使は、労働組合の目的達成に必要な範囲で許される。したがって、労働組合の主たる目的である「労働条件の維持改善その他経済的地位の向上」（労組2条本文）のほか、政治的・社会的・文化的活動であっても、それが「広く組合員の生活利益の擁護と向上に直接間接に関係する事項」であれば労働組合の目的の範囲に含まれる。これらに関する決議や指令に反する組合員の言動は、統制処分の対象とすることができる（国労広島地本事件：最判昭50・11・28労判240号22頁）。これに対し、純粋の政治的課題にかかわる個々の組合員の市民的政治活動については、統制権は及ばない。

　一部組合員による執行部批判活動は、組合民主主義の観点から原則として自由であるが、その時期や方法により組合の団結維持に重大な影響が生じる場合には、統制の対象となりうる。なお、統制手続に関しては、組合民主主義の要請から、統制事由と制裁の種類、処分対象者の弁明機会の提供、処分の最終決

定機関と決定方法など、組合規約の中に適正手続が保障されていなければならない。これらの手続きに違反する統制処分は、統制権の濫用として無効となる。

6　不当労働行為制度の意義と沿革

**不当労働行為制度の
意　　　義**

不当労働行為（unfair labor practice）とは、使用者が、労働組合に対し不当かつ不公正な妨害活動を行うことである。アメリカでは、ワグナー法（1935年）で不当労働行為制度が確立され、その後、タフト・ハートレー法（1947年）において、労使間の勢力均衡を図るために、労働組合の不当労働行為を導入した。いわば、スポーツにおける反則行為であり、これを禁止することによって、正常な労使関係が回復され、団体交渉がスムーズに機能するとされる。その判定は、行政機関としての全国労働関係局（NLRB）が行っている。

　戦後のわが国でも、憲法28条の団結権保障のもとで、不当労働行為制度が導入された（労組７条）。当初は科罰主義を採用していたが（旧労組33条）、1949（昭和24）年改正で原状回復主義に改め、さらに労組法７条４号の類型を追加し（1952（昭和27）年）、労働委員会の審査手続きの迅速化のための規定を設けるなどの改正を経て（2004（平成16）年）現在に至っている。

　わが国の不当労働行為制度は、使用者からの団結権侵害行為に対し、労働者または労働組合が、独立した行政機関である労働委員会（都道府県労働委員会と中央労働委員会がある）に救済を申し立て、労働委員会が、労使双方の主張を審査したうえで、不当労働行為の成立を認めた場合には、救済命令を発するというものである。その目的は、労使紛争の専門集団である労働委員会の判断を尊重して、集団的労使関係の不均衡を是正し、正常な労使関係秩序を迅速に回復することにある（**判例 14 - 5**）。

　なお、わが国では、アメリカと異なり、憲法28条の団結権保障および労組法７条本文の文言から、法的概念として労働組合の不当労働行為なるものは認められない。しかし、例えば、団体交渉が進展しない原因の一端が労働組合の態度にあると認められるような場合には、その事実を不当労働行為の成否の判断

の際に考慮することは許されると解される。

判例 14 - 5　第二鳩タクシー事件〈最大判昭52・2・23民集31巻1号93頁〉

事実　昭和38年4月頃、X会社は、労働組合に加入した従業員6名を解雇した。労働組合及び被解雇者らは、当該解雇は、労組法7条1号の不当労働行為であるとしてY労働委員会に救済を申し立てた。YはX会社に対し、被解雇者らの原職復帰と解雇期間中の賃金相当額の支払いを命じる救済命令を発した。X会社は、Yの救済命令の取消しを求めた。

判旨　（救済命令を取消し）労働委員会の救済命令制度は「正常な集団的労使関係秩序の迅速な回復、確保を図るとともに…労使関係について専門的知識経験を有する労働委員会に対し、その裁量により、個々の事案に応じた適切な是正措置を決定し、これを命ずる権限をゆだねる趣旨に出たものと解される。」「裁判所は、労働委員会の右裁量権を尊重し、その行為が右の趣旨、目的に照らして是認される範囲を超え、又は著しく不合理であって濫用にわたると認められるものでない限り、当該命令を違法とすべきではないのである。」本件救済命令は、裁量権の限度を超え違法。

7　不当労働行為の類型

労組法7条の構造　労組法7条が禁止するのは、使用者の次の行為である。

①労働者または組合員に対する不利益取扱い（1号）。

②団交拒否（2号）。

③労働組合に対する支配介入（3号）。

④不当労働行為の申立てを理由とする報復的不利益取扱い（4号）。

このうち、①④が労働者個人に対する不当労働行為、②④が労働組合という団体に対する不当労働行為である。特に、③の支配介入が、ワグナー法以来の典型的な不当労働行為であり、4類型の中で総則的規定といえる。また、4類型は、相互に排他的なものではなく、例えば、組合員個人に対する解雇（①）が同時に労働組合の弱体化ともなりうる（③）。このように、1個の使用者の行為によって複数の不当労働行為が成立する場合がありうる。

不当労働行為意思　労組法7条では「故をもって」（1号）「理由として」（4号）の文言が用いられていることから、使用者が不当労働行為意思（反組合的意思）を有していることが、不当労働行為の成否の判断にとって必要な要件となるかどうかが問題となる。支配介入事案における使用者の言動（3号）についても、しばしば不当労働行為意思の存否が問われる。

　この問題は、大別して、不当労働行為意思必要説と不要説に分かれるが、必要説が学説・判例の多数説といってよい。不当労働行為が、使用者の行為（作為または不作為）である以上、そこに何らかの意思が介在していることは否定できないからである。一方、意思不要説は「あれなければこれなし」という相当因果関係の考え方に基づいて、例えば「組合員でなかったならば不利益取扱いもなされなかったであろう」という関係が認められれば、不当労働行為の成立を肯定するというものである。

　しかし、両説は、かならずしも対立するのではない。組合活動等と不利益取扱いとの間に相当因果関係が認められれば、労働委員会が「専門的知識経験」（ 判例 14 - 5 ）に基づいて、その裁量により不当労働行為意思を推定することによって、両説に大きな違いはなくなると思われる。

不利益取扱いの禁止　使用者は、労働者が労働組合の組合員であること、労働組合に加入し、もしくはこれを結成しようとしたこと、もしくは労働組合の正当な行為をしたことの「故をもって」その労働者に対し解雇その他の不利益な取扱いをしてはならない（労組7条1号）。「故をもって」の意義は、上述のとおりである。

　不利益な取扱いとは、解雇、昇進昇格差別、懲戒処分など一見して不利益性が明らかなものばかりでなく、日常的ないじめ、嫌がらせなどの組合員ハラスメントを含む。また、いわゆる栄転であっても、それが労働者にとって組合活動上の不利益となるならば、1号の不利益取扱いに当たる（関東醸造事件：東京高判昭34・4・28労民集10巻2号257頁）。複数組合間の不利益性の認定については後述する（第8節）。

　1号が禁止するもう1つの不当労働行為は「労働者が労働組合に加入せず、若しくは労働組合から脱退することを雇用条件とすること」である。これは、

黄犬契約（yellow dog contract）と呼ばれ、1920年代のアメリカでしばしば行われていた。もともとは、産業別労働組合の存在を前提としたものであるが、わが国の企業別組合でも問題となりうる。近時の地域ユニオン型労働組合は、企業の外部に存在するため「脱退することを雇用条件とする」ケースは、十分に想定される。

　なお、過半数労働組合が、その労働組合の組合員であることを雇用条件とする旨の労働協約を締結すること（ユニオン・ショップ協定）は、差し支えない（1号但書）。これは、黄犬契約とは異なり、団結の擁護（労組1条1項）という立法目的に反するものではないからである。

団 交 拒 否　使用者は、使用者が雇用する労働者の代表者と団体交渉をすることを正当な理由がなく拒否してはならない（労組7条2号）。団体交渉は、憲法28条の団交権保障を頂点として、団体交渉の助成（労組1条1項）および交渉権限の規定（6条）にみられるように、集団的労使関係において中核的な役割を果たすものである。団交拒否は、使用者による典型的な団結否認行為にほかならない。

　「使用者が雇用する労働者の代表者」とは、現に雇用関係にある従業員に限定する趣旨ではなく、その「代表者」という点に意義がある。したがって、被解雇者、退職者、上部団体や地域ユニオンの活動家、弁護士、社労士など「労働組合の委任を受けた者」（6条）が参加していても差し支えない。誰を交渉担当者にするかは、組合自治の問題と解される。

　次に「正当な理由」とは何かが問題となる。使用者は、様々な理由をつけて、団体交渉を回避・拒否しようとする。例えば、①交渉主体・当事者（「組合員名簿を出せ」）、②交渉方式（「メールや文書でやりとりしよう」）、③交渉事項（「管理運営事項だから団交になじまない」）、④交渉ルール（「日時・場所が都合が悪い」）、⑤労働組合の態度（「抗議活動をやめなければ団交に応じられない」）などの理由が考えられる。これらのほとんどは、判例等において団交拒否の正当な理由とは認められていない。使用者は、団交応諾義務があるため、団交拒否に正当な理由があるといえるのは、例えば労働組合の要求が明らかに過大であるとか無理難題であるなど、それが著しく不合理と認められるような例外的な場合に限られると解される。

　団体交渉の「拒否」とは、初めから団体交渉に応じないことだけでなく、一応交渉のテーブルに着いた後でも、のらりくらりと結論を先延ばしするような不誠実な態度に終始するような場合も含まれる。使用者には誠実交渉義務がある。具体的には「労働組合の要求や主張に対する回答や自己の主張の根拠を具体的に説明したり、必要な資料を提示するなどし、また、結局において労働組合の要求に対し譲歩することができないとしても、その論拠を示して反論するなどの努力をすべき義務」とされている（カール・ツアイス事件：東京地判平元・9・22労判548号64頁）。したがって、例えば「就業規則で決まっているから」という一点張りで、それ以上の解決の糸口を見いだせない状態は、不誠実な態度といえる。もっとも、組合側にも自己の要求に固執して合意を模索する態度がみられないような場合には、使用者の不誠実性の判断は、相対的に軽減されることがありうる。

支　配　介　入　使用者は、労働者が労働組合を結成したり、運営したりすることを支配介入してはならない（労組7条3号）。前述のとおり、3号は不当労働行為制度の中でも総則的な規定と位置付けられる。なお「支配」と「介入」を区別する実益はない。

　支配介入の典型例は、組合結成・加入の妨害、あるいは組合脱退勧奨である。これは、直接に団結権を侵害する行為といえる。同様に、組合員資格に難癖をつけること、組合の組織構成に口出しすること、組合役員選挙にを妨害することは、支配介入に当たる。これらは、組合自治の範囲内で組合が自由に決定できる事柄だからである。

　就業時間中あるいは企業内において、日常的組合活動を一切禁止することを就業規則で定めることは、使用者の反組合的態度の表明にほかならず、支配介入といえる。わが国の労働組合は企業別組合であり、機関誌の発行やビラ配布などの日常的な組合活動を企業内で行わざるをえないからである。もっとも、労働組合は、企業施設を使用者の許諾なしに自由に使えるわけではない（**判例14-3**）。組合活動のルールは、労使が労働協約等で定めておくのが望ましい。

　問題は、使用者の反組合的な言論が支配介入に当たるかどうかである。使用者には言論の自由が保障されているが（憲21条1項）、その言論が、労働組合や

組合員に対する批判を含む場合には、支配介入となりうる。わが国の企業別組合は、使用者の発言の影響を受けやすい。特に、暴力や報復等の威嚇および利益誘導（いわゆるプラス・ファクター）を含む内容の言論は、組合活動を抑制する効果が認められ、支配介入となる。なお、この不当労働行為は、使用者の発言が労働組合の運営に影響を及ぼした事実があればよく、組合活動を抑制しようという使用者の主観的意思は必ずしも必要ではない（山岡内燃機事件：最判昭29・5・28民集8巻5号990頁）。

次に、使用者が「労働組合の運営のための経費の支払いにつき経理上の援助を与えること」も、支配介入として禁止されている（労組7条3号）。いわゆる経費援助の禁止であり、使用者が、金銭または便宜供与を通じて労働組合を自らの支配下におこうとする行為を禁止するものである。ただし、例外として、①賃金カットすることなく就業時間中の協議・交渉を許すこと、②福利厚生を目的とした組合の基金に寄付をすること、③最小限の広さの事務所を供与することは、経費援助に該当しない（3号但書）。

報復的不利益取扱い　使用者は、労働者が労働委員会に対し不当労働行為の申立てをしたこと等を理由として、解雇その他の不利益取扱いをしてはならない（労組7条4号）。これは、組合活動を擁護すると同時に、労働委員会を中心とした不当労働行為制度の円滑な運用を確保することを目的とするものである。本号違反の事案はそれほど多くない。

8　不当労働行為の救済制度

行政救済と司法救済　労働委員会は、労使関係を不当労働行為のない状態に原状回復し、正常な労使関係の「迅速な回復、確保を図る」（判例14-5）ための行政機関である。都道府県労働委員会は、調査、審問の手続きを経て、救済命令を発する。この救済命令に不服のある使用者は、中央労働委員会に再審査を申し立てることができる（労組27条の15第1項）。さらに再審査命令に不服の場合には、当該命令の取消訴訟を提起することができる（27条の19第1項）。このように、不当労働行為の救済命令が確定するには、最長で労働委員会で2段階、裁判所で3段階を経ることがありうる（五審制）。

以上を、不当労働行為の行政救済という。

　一方、司法救済とは、労組法7条各号の不当労働行為禁止規定を強行法規と解し、裁判規範としての私法的効力を認めて（通説判例）、民事訴訟を提起する方法である。例えば、組合員であることを理由として解雇された労働者は、労組法7条1号違反を理由に、解雇権の濫用（労契16条）による解雇無効を主張することが可能である。また、労働組合は、使用者の団交拒否（労組7条2号）や支配介入（3号）に対し、団結権侵害の不法行為を理由に損害賠償を請求することができる。行政救済と並んで司法救済が認められているのは、団結権保障（憲28条）の大きな効果の1つである。

大 量 観 察 方 式

　1号の不利益取扱いの認定で困難なのが、複数組合における特定組合に対する賃金、昇格、昇進差別である。この場合は、同職種、同期、同学歴の他組合員と比較して、特定組合員に対する差別の有無を認定する。これを大量観察方式といい、労働委員会実務および判例の立場となっている（紅屋商事事件：最判昭61・1・24労判467号7頁）。しかし近年、成果主義賃金や職能資格制度など、複雑な査定システムが導入される傾向にあり、大量観察方式も一定の修正を迫られている。いずれにしても、組合間差別においては、集団的な差別の有無が問題になるのであるから、大量観察方式そのものを放棄することはできない。事案の相違に応じて、比較対象や比較要素を検討するほかはないと思われる。なお、組合間差別事案においては、特定組合に対する支配介入（3号）も同時に問題となる。

継 続 す る 行 為

　労働委員会は、不当労働行為のあった日から1年を経過した事件については、救済の申立てを受けることができない。ただし、継続する行為にあってはその終了した日から1年とされている（労組27条2項）。賃金差別の場合「終了した日」はいつかが問題となる。賃金は、査定に基づいて支払われるものであるから、1個の差別的査定に基づいて月々の賃金が支払われている限り、査定と賃金支払は1個の継続する行為とみなされ、その最後の支給日が行為の「終了した日」となる（前掲・紅屋商事事件）。

より深く学ぶための道案内

労働組合法の体系書として、西谷敏『労働組合法（第3版）』（有斐閣、2012年）がある。また、逐条解説として、西谷敏編『新基本法コンメンタール労働組合法』（日本評論社、2011年）がある。

不当労働行為制度については、道幸哲也『労働組合法の基礎と活用――労働組合のワークルール』（日本評論社、2018年）が、最新の判例と論点を網羅的に叙述しており、現行制度の問題点を指摘している。

第**15**章　団体交渉権・労働協約・争議権

1　団体交渉権

団体交渉の意義　団体交渉とは、労働組合を初めとする労働者団結と使用者または使用者団体が、相互に交渉代表を通じて、賃金・労働時間などの基準設定やその他の組合活動など労働者の地位向上にとり必要な事項をめぐって交渉・協議し集団的に決定を行うことを意味する。労使間の意思疎通機関としては、その他に、労使協議制や苦情処理制度などがある。

団体交渉権の法的性格　憲法28条は、団体交渉が正当なものであれば、労働者およびその団結は、刑事免責（労組1条2項）、民事免責（労組8条）を享受し、くわえて、不当労働行為救済（団交拒否の禁止：労組7条2号）の保護も与えられている。同時にこのことは、これら法的権利が侵害された場合の法的救済のあり方を結果として意味する。

　第1に、私法上の権利救済の保全の是非に関する論点がある。まず、労組法6条、7条2号および27条の規定を根拠に、労働組合に使用者に対する私法上の団交・同妨害排除・同妨害予防請求をを認め、これを被保全権利として団交応諾仮処分と履行強制（間接強制）が可能であるとする説（福井放送事件：福井地決昭40・6・26労民集16巻3号555頁）、次いで、労組法7条2号は、行政救済規定であって、使用者に公法上の義務を課すのみであるとする説が主張された（新聞之新聞社事件：東京高決昭50・9・25労民集26巻5号723頁）。

　しかし、最高裁は、これら両者の見解に代わり、私法上団交請求権は、認められないものの、労組法7条2号や憲法28条および団交と協約に関する労組法

の諸規定（1条1項、6条、14条、16条）を総合すると私法上労働組合が使用者に対して団交を求めうる地位を認めることができ、これを被保全権利として地位確認の請求が可能であるとする見解（一部肯定説）を採用した。（国鉄事件：東京高判昭62・1・27労民集38巻1号1頁、最判・ 判例14-2 ）。

　第2に、団交権侵害に関する損害賠償請求権の問題である。団交拒否が同時に民法709条の要件を充足した場合に、労働組合などは、損害賠償（無形損害に対する慰藉料）請求をすることが可能であるか否かの問題である。判例・前掲新聞之新聞社事件は、私法上の団交請求権を否定しながらも、公法上の公序違反説を採用しこれを肯定する。学説も同じである。

　第3に、特定組合とのみ交渉するという合意は、無効（民90条違反）となるか否かである。判例は、見解が割れるが、他労組の団交権を侵害する法効果を考慮すると無効と解すべきである。そして第4に、使用者の団交拒否に対する労働組合の救済申立（労組7条2号）がある（行政救済）。

団体交渉権と団交拒否の正当性　団体交渉に関する法的問題の大部分は、使用者の団交拒否理由に正当性を認めうるかどうかである。拒否理由は、主体、客体、方法、過程などにおいてその正当性が問題とされる。

団体交渉の当事者と担当者　団体交渉の当事者とは、団体交渉権を有し、当該団体交渉の妥結結果（例えば労働協約等）の締結主体となる法主体のことをいう。団体交渉の担当者とは、団体交渉の当事者から授権ないし委任を受けて、具体的に交渉席上に臨む自然人のことである。

労働者側の当事者と担当者　労働者側の正当な団交の当事者または担当者とは、以下のような者であり、これらの者からの団交申し入れないし団交着席をもって、使用者は当該団交を拒否することはできない。

(1)　当事者　　通例、企業別の「単位労働組合」である。この労働組合は、労組法2条の法内組合要件を備えることを必要とされない。憲法28条の団体交渉権保障の趣旨から見て、労働者の自主的団結（例・争議団）も、団体交渉の当事者となりうる。また、労働組合の下部組織（支部・分会）も、独自の規約、組織財政基盤などを有し、労働組合の実体を具備している場合には、団体交渉権の主体たりえる。

　その他、以下の労働者側の当事者がある。

①上部団体（単位組合の連合の上部組織）は、単なる連絡機関ではなく、加盟組合に対して統制力を有する限り、当事者でありうる。

②正社員以外のパート等の非正規労働者が、労組を結成した場合には、団体交渉当事者となりうる。労働者が企業別ではなく一定地域において横断的に組織する合同労組や地域ユニオンも、団交の当事者としての資格が認められる。また、混合組合（非現業公務員と労組法適用労働者の組合）も、労組法適用労働者の労働条件については、団体交渉権の当事者である。

③雇用関係にない自由労働者は、異論はあるものの要求項目や交渉の相手方からみて団体交渉権が認められる場合がある（小松製作所事件：名古屋高金沢支判昭25・6・30刑集7巻1号166頁）。

④被解雇者の団結も、被解雇者が解雇の効力を争い、また未払い賃金、退職金などを要求している限り、団体交渉権が保障される（日本鋼管鶴見造船所事件：最判昭61・7・15労判484号21頁）。

⑤業務委託契約の場合の受託業者に雇用されている労働者も、労働者の基本的な労働条件等について、部分的雇用主であれば、その団結体は委託業者に対する団交当事者の資格がある（朝日放送事件・ 判例2-6 ）。その他、派遣労働者の団結体は、派遣先会社に、子会社の労働者の団結体は、親会社に対して、同じく団体交渉当事者となりうる場合がある。

(2)　担当者　　「労働組合の代表者（委員長、書記長など）」（労組12条）または「労働組合の委任を受けた者（弁護士、上部団体役員など）」（労組6条）が交渉担当者である。

使用者側の当事者と担当者　使用者側の正当な当事者あるいは担当者とは、原則として、以下のような当事者が団交応諾義務（誠実交渉義務を含む）を負い、これら担当者の団交出席が誠実交渉の指標とされる。

(1)　当事者　　個々の使用者またはその団体である。なお、当事者としての使用者は、業務委託や労働者派遣にみられるように、労働者と労働契約を締結している者に限られるべきではない。朝日放送事件・ 判例2-6 は、業務委託の場合であるが「労働者の基本的な労働条件等について、雇用主と部分的とはいえ同視できる程度に現実的かつ具体的に支配、決定することができる地位」にあれば、委託業者は、受託業者の労働者に対し団体交渉の当事者となりうると

する。

　なお、日本では、使用者団体（含・事業者団体）が団体交渉の当事者となるためには、その旨が定款に記載されているか、構成員である使用者から委任を受けていなければならないが、企業別労使関係が支配的である日本では、数は限られている。

(2)　**担当者**　団体交渉事項に関し、処分権限を持つ者（個人事業主の事業主本人、法人企業の代表者など）でなければならない。その他、事業所長、支店長、工場長等がどの程度の交渉権限を持つかは、当該企業側の者の地位・権限に係わるのでケースごとの判断が求められる。

　義務的団交事項　法的に問題が生じるのは、使用者が団交の対象事項として申し入れられた事項を理由に団交を拒否した場合である。団交対象には、使用者が団交を原則拒否できない「義務的団交事項」と使用者が団交義務を負わない「任意的団交事項」とがある。義務的団交事項の範囲は、労働組合が要求すれば使用者がその問題に関し、交渉に応ずることが法的に義務を負う場合である。これは、使用者が処分権限を有する労働関係についての事項を指すが、一般的には労働条件や労働者の地位・身分など労働者の経済的地位に関するもの（賃金、労働時間、安全衛生、人事異動、解雇の基準・手続きなど）および集団的労使関係に関する事項（組合活動や便宜供与等）である。これら原則に対し、労働契約締結前後の問題も含まれるという見解もある（住友ゴム工業事件：大阪高判平21・12・22労判994号81頁、最決平23・11・10別冊中労時1418号46頁で上告不受理。ニチアス事件：東京地判平24・5・16労経速2149号3頁等は、退職後長期間経過後に顕在化した石綿疾病につき義務的団交事項とした）。

　また、一般的には、非組合員の労働条件は、義務的団交事項にはならないが、非組合員の初任給額が、将来にわたり組合員の労働条件に影響をもたらす場合には、義務的団交事項に当たるとされる（根岸病院事件：東京高判平19・7・31労判946号58頁、最決・ 判例15-1 ）。なお、この場合、義務的団交事項は、使用者に対し労働組合の要求の応諾義務までは課せられていない。また、使用者側から経営権の専権事項あるいは管理運営事項（例・生産計画、営業譲渡など）も、労働者の労働条件や組合活動に関わる限りで、義務的団交事項となる。

誠実交渉義務　団体交渉は、使用者側が、労働組合の要求を呑む義務までないとしても、合意達成意思のないことを最初から明確にした交渉態度、交渉権限のない者による見せ掛けだけの団体交渉、拒否回答や一般論のみで、議題に実質的に入らない交渉態度、組合の要求・主張に対する回答・資料提示などの不足、締結にされるに至った協定への署名または記名押印拒否など、使用者が一見団交に誠実に対応していると思わせるが、実質的にそうでない場合がある。これは、正当な理由のない団交拒否（労組7条2項）に当たる（カール・ツアイス事件：東京地判平元・9・22労判548号64頁）。

判例15－1　**根岸病院事件**〈最決平20・3・27労判959号186頁〉

事実　X病院の常勤職員の賃金（基本給と諸手当）中、基本給は、初任給額をベースに加算して決定されていた。Xは、この初任給額を社内唯一の労組Aに通知を行っていた。Xは、平成11年3月1日以降の採用者の初任給額を数日前に引き下げる旨をAに通知し、実際大きく引き下げた。Aは、団交を申し込み、団交がなされたが、Xは団交に不誠実であった。このためAは、不当労働行為の救済申立を行った。地労委は救済命令を下す。Xは、中労委Yに再審査を申立てるも、Yは、一部取消、一部変更決定を下すものの棄却。XおよびAともに取消請求の訴に出た。第一審は、Xの請求認容し、A請求棄却。A控訴。原審東京高判平19・7・31労判946号58頁は、「非組合員である労働者の労働条件に関する問題は―（義務的）団交事項にあたるものではないが、それが将来にわたり組合員の労働条件、権利等に影響を及ぼす可能性が大きく、組合員の労働条件との関わり強い事項については―（義務的）団交事項に当たる」とX主張を認容。X上告。

判旨　上告棄却・上告不受理。

2　労働協約

労働協約の意義　労働協約とは、労働組合またはその団体と使用者または使用者団体との間で個別的労使関係事項および労使の集団的労働関係事項に関して定めた約定を指す。確認書、協定などと称される場合もある。また、拘束力のある仲裁裁定によっても成立する（労調34条）。日本の労働協約は、原則企業別労働協約であり、対象事項は原則各企業の「正規従業員」であって、非正規労働者を自らのメンバーとしていないことが一般

的である。このため、非正規労働者は、労働協約による労働条件の保護ネット
対象に含まれていない傾向にある。

協　約　能　力　労働協約の当事者となりうる地位もしくは資格を協約
能力という。この能力は、後述の規範的効力等の特別
な効力を労働協約は有するので、一般私法の権利能力・行為能力とは異なる特
別な権利能力である。つまり、すべての人が有するのではなく、使用者たる資
格の者だけが持ち、法人・団体においても、労働者の団体および使用者の団体
だけが有する。権利能力なき社団も有する。

　法人・団体の協約能力取得の要件については、後述の規範的効力に関し、労
組法16条によって創設的に付与されたとする労組法創設的効力（授権）説は、
厳格に解し、労組法2条の要件を充たさない法外組合の協約能力を原則認めな
い。これに対して、社会自主法としての協約から認められるとする説（社会自
法説）あるいは、憲法28条の労働基本権保障の結果から論理必然的に導かれる
とする（憲法28条説）は、協約能力の有無に関しては、法内組合要件を求める
ものではないゆえ、緩やかな立場をとる。これら見解の共通項は、自主性、統
一意思の存在、一定の統制力、組織的継続性の充足を求めており（労組2条本
文要件）、これらの基準でもって判断すべきとされる。この判断の基準は、使
用者団体についても妥当する。

労 働 協 約 の 要 式　労働協約は、特別な効力（規範的効力・労組16条）、一
般的（事業場内）拘束力（労組17条）および地域的一般
的拘束力（労組18条）を有するため、また流動的な労使間の交渉経緯から後日
の紛争防止のために、要式性（文書化、当事者の署名または押印）を求められて
いる（労組14条）。逆に、要式性を欠く労働協約の効力をどのように解するかと
いう問題がある。労組法創設的効力説以外は、書面化抜きでも、規範的効力は
生ずる（社会自主法説）あるいは契約としての効力はある（契約説）あるいは規
範的効力を承認しても、一般的拘束力のみを否定する見解もある。判例・都南
自動車事件（最判平13・3・13労判805号23頁）は、要式性を欠く労使合意に、規
範的効力を認めていない。

労働協約の有効期間　協約当事者は協約期間の設定は当事者の自由である
が、三年を超える期間を定めることはできず、もし定

めるとその有効期間は、「三年」とみなされる（労組15条1、2項）。期間満了時に当事者が合意をして労働協約を更新または延長することが可能である（「自動更新」および「自動延長」規定）。ただし、期間を定めないで自動延長された場合には、当該協約は、「期間の定めのない協約」となる（労組15条3項後段）。

労働協約の規範的効力　労組法16条は、労働協約に定める「労働条件その他の労働者の待遇に関する基準」（規範的部分）は、それに違反する労働契約の部分を無効とする（強行的効力）。この「基準」には、賃金・賞与・退職金、労働時間などが含まれる。労働契約締結前の採用については、含まれないとする見解が支配的である。基準に反し無効となった部分をその基準で置き換え、労働契約に定めがない部分については、その基準によるとする（補充的ないし直律的効力）。この労働協約に反する労働契約の効力を否定し（強行的効力）、そして労働条件基準が、労働協約により決定されること（補充的ないし直律的効力）を、あわせて、労働協約の規範的効力という。

　労働協約の規範的効力を法的にいかに説明するかについては、労働協約が定める基準が個々の労働契約の内容となる見解（化体説あるいは内容説）と、労働契約を労働協約が外部から規律するに過ぎないという見解（外部規律説）とがある。これは、余後効（協約失効後の規範的効力と労働契約との関係）でも議論される。 **判例15-3** は、どちらかというと外部規律説に拠った。

　規範的効力に関連しては、協約の基準を上回る労働契約内容には協約の効力が及ばないこと（有利性原則・協約の片面的効力論）を認めるか否かの問題がある。通説判例は有利原則を否定しているが、この点の詳細は、第7章を参照されたい。

　また、労働者の私的領域に属する事項や労働者個人に留保される事項（例・支払い時期が到来している賃金に関する請求権）に関して、協約に規定を設けても規範的効力は認められない。かつては著名な判例（松崎建設事件：東京高判昭28・3・23労民集4巻3号26頁）があったが、近時、賃金債権に関しても以下の最高裁判例が下された（ **判例15-2** ）。これを協約自治の限界という。

判例15-2　平尾事件〈最判平31・4・25労判1208号5頁〉
事実　Xは、Yに雇用され、生コン運転手として勤務。Yの労働者は、合同労組甲

または乙に所属している。Ｙは、経営改善のため、甲乙との間で、発効日時は異なるが、内容はほぼ同旨の賃金カット協約２件（第１および第２協約）を締結し、所属組合員の賃金をカットした（未払賃金第一および未払賃金第二）。留意すべきは、これらの協約にはカット後の取扱いにつき、Ｙは、労使双方協議の上、合意をもって決定するという条項が付された（その後、Ｙと甲乙間でカット賃金の放棄条項が合意〔第３協約〕された）。しかし、Ｙの経営状態は改善せず、甲乙組合員の賃金をカット。これに納得しないＸは、平成26年12月、本件未払賃金第一および第二（総称して、本件各未払賃金）およびこれに対する遅延損害金の支払いを求めた。そして、その後ＸはＹを定年退職。第一審および第二審はＸの請求を破棄。Ｘ上告。

判旨　「（本件各協約）によりＸの本件各未払賃金に係る債権が消滅したとした（原審判示）部分は是認することができない。」「具体的に発生した未払いの賃金債権を事後に締結された労働協約の遡及適用により処分または変更することは許されない。」「（具体的に発生した賃金債権は）Ｘの特別な授権がない限り労働協約により支払いを猶予することはできない。」

　労働協約による労働条件の不利益変更については第７章が扱う。

**労働協約の
債務的効力**　労働組合と使用者の関係を定めた部分を労働協約の債務的部分という。非組合員の範囲（ショップ協定など）、便宜供与（在籍専従、組合事務所など）、団体交渉のルール（団体交渉の時間など）平和義務および争議行為等の約束事項を定めた部分がこれに当たる。これらは、労使の契約内容であるので、労使ともに誠実に履行する遵守義務がある。協約違反は、債務不履行を構成し、違反当事者に対し他方当事者からの損害賠償、解除等の契約上の対抗手段が、可能となりうる場合がある。

　弘南バス事件（最判昭43・12・24民集22巻13号3194頁）は、平和義務違反の争議行為は、債務不履行違反の効果が生ずるが、組合役員の懲戒解雇事由を生じさせないとした。なお、平和義務条項には、協約有効期間中に限って、協約内事項の改廃を目的として争議行為を行わないこと（相対的）およびこの期間一切の争議行為を行わないこと（絶対的）を義務付けるものとがある。後者の法的効力については、憲法28条の労働基本権保障の意義から賛否が分かれる。

**労働協約の
一般的拘束力**　協約基準は、一定の要件のもとに、協約の効力を組合構成員以外の者までに及ぼそうとするのが、一般的拘束力（拡張適用）制度といわれるものである。これには、以下の二種類がある。

(1)　**事業場単位の労働協約の一般的拘束力**（労組17条）　　この立法目的に関しては種々の見解があるが、判例は「（労組法17条）の趣旨は一労働条件によって当該事業場の労働条件を統一し、労働組合の団結権の維持強化と当該事業場における公正妥当な労働条件の実現を図ることにある」（朝日火災海上保険（高田）事件・ 判例 7 - 3 ）とする。

　この拘束力の留意点は以下のとおりである。①３対１の比率は、一つの工場事業場単位で考えられ、会社単位ではない。②「常時使用される」労働者には、労働契約に期間の定めがない者だけではなく、期間の定めがあっても、これが反復更新され実質上常時使用される者とみなされる者も含まれる。③「同種の労働者」であるかどうかは、原則、職種もしくは作業態様が同一あるかどうかによって判断される。企業別労組が主体のわが国では、これを厳格に解する必要はない。職務・責任や配置・異動範囲などを考慮して、職種や作業態様が同一であれば、非正規労働者も、「同種」の労働者と解すべきである。

　以上の要件が充足されると４分の１未満の同種労者である非組合員の労働契約に対しても、協約基準が強行的に適用される。なお、拡張適用されるのは、労働協約の「規範的部分」と呼ばれる労働者の待遇に関する部分である。また、少数派労組員に対するこの効力に関しては見解が賛否分かれる。

(2)　**地域単位の一般的拘束力**（労組18条）　　「一の地域」については、一の労働市場としてまとまりを見せているか否か、「大部分」については、労働協約が当該地域において支配的な地位を占めているか否かに応じて判断される。この制度が適用された事例は、少ない。

労 働 協 約 の 終 了　労働協約の終了原因には、期間満了、解約告知、合意解約および当事者の消滅（例・労働組合の解散）がある。これらの内、解約告知には、当事者の署名または記名押印した文書での90日前の予告が求められる（労組15条３、４項）。また、期間の定めのある協約の解約告知は、重大な協約違反など「やむを得ない事由」が求められる。

判例 15 - 3　鈴蘭交通事件〈札幌地判平 11・8・30 労判779号69頁〉

事実　Ｙタクシー会社の労働者であるＸら（原告）がメンバーである訴外Ａ労組とＹとの間で、組合員の賃金などに関して平成５年３月に「運賃改定にともなう協約

改定条項付協約」が結ばれた。同年 6 月の運賃改定にさいしＹＡ間で団交を行うが合意に至らなかった。約 2 年後、一時金をめぐる紛議が生じ、Ｙは、同 7 年11月Ａに対し、前記協約の失効と解約通告を行った。さらに、平成 9 年 4 月から週40時間体制実施に伴い、月間労働時間短縮が労使間で合意（労働時間が19時間減少）され、また、同年 4 月 1 日からの運賃改定が実施されたが、ＹＡ間の合意は成立しないまま、Ｙは減少した労働時間ベースでの支給歩合率による賃金を支給し、同時に一時金も上記平成 5 年協約に拠らないで支給。そこで、Ｘらが、未払い分の支払いを求めた。Ｘら勝訴。

判旨　「協約自体が失効しても、その後も存続するＸＹ間の労働契約の内容を規律する補充規範が必要で（中略）就業規則等の右補充規範たり得る合理的基準がない限り、従前（の）本件協約が一補充して労働契約関係を規律する」。

3　争議行為

争議行為の意義　労働組合法は、 1 条 2 項（刑事免責）、 7 条 1 号（不利益取扱の禁止）および 8 条（民事免責）により憲法28条による団体行動権（組合活動および争議行為）の保障を具体化している。争議行為が何を意味するかにつき、①労調法 7 条により業務の正常な運営を阻害するものとする（業務阻害説）、②争議権を労働者の労務不提供であるストライキを中心に、怠業、これらを維持・強化するためのピケッティング、職場占拠に限定する考え（限定説）。③さらに、争議行為は、争議宣言＝通告によって、労働組合が行うすべての行為が争議行為であるとする見解（争議意思説）などがある。

争議行為の正当性判断　争議行為が法的保護を受けるのは、それが「正当な」場合のみである。労組法は、正当性に関する定義を特に示していない。そこで、この「正当性」をどのように判断するかが問題とされる。判例・学説の立場は、争議行為の目的および手段・態様、さらには主体（労働組合、争議団、組合非公認の山猫スト等）、手続き（予告・通告・団交等）の諸点から判断する。

争議行為の目的　労働組合の主たる目的は、「労働条件の維持改善その他経済的地位の向上を図ること」（労組 2 条 1 項）である。したがって、組合員の経済的地位向上を目的とする争議行為が正当性を有

することは当然である。問題は、次のように、組合員の経済的地位向上と直接的な関係がない場合である。

(1)　**政治スト**　　国や地方公共団体に対し、労働組合が政治的要求を掲げて行うストライキをいう。これには、①団交外事項であるため違法とする見解、②労働者の経済的地位の向上に直接関わる政治的要求を掲げる「経済的政治スト」（通例・デモスト）は、合法であるとする見解および③労働者の経済的地位向上に直接関わらない政治的要求を掲げる「純粋政治スト」であっても、憲法28条から正当とする見解などがある（三菱重工業長崎造船所事件：最判平4・9・25労判618号14頁は、原子力船「むつ」の入港抗議ストを違法な政治ストとし、これを指導した組合幹部の懲戒処分を有効とした）。

(2)　**同情スト**　　ある企業の労働争議を他の企業の労働者の労働組合が支援する争議行為を指す。これには、同情スト一般を労働者の階級連帯から合法とする見解、支援者と被支援者との間に経済的利害につき関連性がある場合には、正当とする見解がある一方で、違法とする見解などがある。炭労杵島炭礦事件（東京地判昭50・10・21労民集26巻5号870頁）は、同情ストを争議権の濫用で違法とし、労働組合に対する使用者からの損害賠償請求を認めた。

(3)　**抗議スト**　　会社の不当労働行為や労安衛法違反の結果たる労働災害に対して抗議の意思表明するために行われる争議も正当である。判例・国鉄千葉動力車労働組合事件（千葉地判平12・7・14労判797号75頁）は、組合役員の会社構内立入拒否などに抗議するためのスト突入予告時前倒しストを違法とした。

(4)　**その他**　　会社の経営方針批判や管理職の人事などを目的する争議もあるが、労働者の労働条件の維持改善を目的のために必要とされた場合には正当とされる場合がある。

争議行為の手段・態様　　争議行為は、労使関係の流れの中で相手方との関係から流動的である。このため、固定的にその正当性を論ずることはできない。また、暴力の行使を伴うものであってはならないし（労組1条2項但書）あるいは使用者の法益（財産権や操業の自由など）から基本権の行使といえども、その限界につき種々の調整が迫られることに留意すべきである。

(1)　**ストライキ**（同盟罷業）　　労働者の集団的意思に基づく労務不提供（walk out）を意味する。労務不提供という消極的な行為であるために正当な行為で

あるとされる。組合員中、特定の職場あるいは職種の組合員のみが組合の指令により就労を拒否する部分スト、職場における特定の組合員（含・一人）を組合が指名してストライキに突入させる指名スト、時限スト、波状ストおよび出張・外勤拒否闘争などの態様があり、正当であることに変わりはない。

(2)　怠業（スローダウン）　　労働者が、労務提供を行うが、集団で通常どおりの作業を行わない（労務の不完全履行）で業務阻害をもたらす争議行為である。一般的に作業能率を低下させる消極的怠業（スローダウン）は正当な争議行為とされる（日本化薬厚狭工場事件：山口地判昭30・10・13労民集6巻6号916頁）。順法闘争も、この消極的怠業の一種である。ただし、積極的サボ（機械の破壊、故意に不良品の生産など）は、違法である。上部遮断スト（業務の内、上部への取次を拒否する争議行為）、納金スト（集金した代金を組合が保管して銀行に預金する争議行為・ユニバーサル・タクシー事件：大阪高判昭47・2・10労判153号21頁）なども怠業の一部である。

(3)　ピケッティング　　非組合員、使用者、取引先および顧客など見張り、争議を妨げる就労・取引をしないように、説得や働きかける行為を指す。通例は、ストライキに附随して、使用者側の利益代表者、取引先、非組合員あるいはスト破りに対して行われる場合が多い。最高裁は、平和的説得論の立場に立っており、スト脱落者に対して暴行や脅迫などによる就業を中止させることは、一般的に違法とする。かつては、スト反対派が運転するガソリン車前の座り込みという作為的な就業阻止行為を「諸般の事情」から違法なピケに当たらないとした三友炭礦事件（最判昭31・12・11刑集10巻12号1605頁）があった。その後、「諸般の事情」論に代わり、公企業労働者の争議手段であるピケにつき「法秩序全体の見地」（国鉄久留米駅事件：最大判昭48・4・25刑集27巻3号418頁）という判断基準から、消極的評価を下す事例が多く、事実、御國ハイヤー事件（最判平4・10・2労判619号8頁）は、車庫前座り込みの形のピケを違法と評価した。

(4)　職場占拠　　ストに際し、労働組合などが組合員を使用者の企業施設内に滞留・占拠することが行われる。これら行為は、企業施設に対する使用者の所有権等を侵害するが、使用者の占有を完全に排除せず、部分的占拠で、組合員以外の者の構内立ち入り、就業を妨害するものでない限り、この争議行為手段

は、原則正当とされる場合がある（群馬中央バス事件：前橋地判昭29・8・3労民集5巻4号369頁）。

⑸　**ボイコット**　　ボイコットは、労働組合が当該紛争企業の製品の不買、取引停止などの運動を組織して、使用者に圧力を掛ける行為である。争議の直接の相手方である使用者を標的とするボイコットは、正当とされている（福井新聞社事件：福井地判昭43・5・15労民集19巻3号714頁）。他方、第二次ボイコット（使用者の取引先など、第三者の製品・サービスの不買を訴えるのは、一般に正当性を認められていない。新聞の不買運動の是非が問題とされたもの（前掲・福井新聞社事件）や商品の不買の呼びかけの是非が問題とされたもの（岩田屋事件：福岡地判昭36・5・19労民集12巻3号347頁））などがある。

⑹　**争議行為中の組合の街宣活動**（二次的争議行為）　　労働組合が、労働争議のさなかに、取引先や人的・資本的に関係がある会社や役員の自宅などに、場合によっては、支援者とともに面会や取引停止を求めビラを撒いたり、拡声器で街頭宣伝活動（以下、街宣）を行う場合がある。人格権毀損や正当でない争議行為による営業権の侵害を理由に、使用者側から差止申請される場合が多い。地域合同労組の場合である眞壁組事件（大阪地決平4・1・13労経速1455号3頁）は、「（取引先は）組合員の労働条件に影響を及ぼさない」ので実質使用者でないとし、この街宣は「正当な争議行為」ではないとした。また、単位組合の場合である教育社事件（東京地判平25・2・5労判1073号65頁）は、街宣行動は、労働契約関係を基盤に保護される団体行動権の保護対象でないとした。労組法上の使用者性の判断あるいは表現の自由との関係で論議される余地が残されている。

　その他、裁判例上、正当性が否定された争議行為の例として、キー・車検査証および車両確保戦術がある（この車両確保戦術に関する判例・学説内には、これをピケッティングあるいは職場占拠とみるものもある・判例研究・辻村「争議中の使用者の操業の自由と業務命令権」（労働判例323号4頁）参照）。生産管理闘争（山田鋼業吹田工場事件：最大判昭25・11・15刑集4巻11号2257頁）、私金所持スト（那覇地判昭47・12・12判時705号107頁）、団交（予告時）を経ない争議行為（抜打ち的争議行為、山猫スト）および法規（公務員法制の争議行為禁止規定および労調法上の公益事業の争議予告義務付けなど）違反の争議行為等がある。

争議行為と賃金　争議行為に参加した組合員は、ノーワーク・ノーペイの原則にしたがって賃金がカットされる。では、諸手当もカットされるのだろうか。また、争議行為によって事業場が閉鎖に至った場合に、就労できなかった争議不参加者の賃金はどうなるのか。

(1)　**賃金カットの範囲**　労働契約は、労務の給付と報酬（賃金）との交換契約である（民623条、労契6条）。労働者の賃金請求権は、労務の給付が無い場合（ストライキなど）には、成立はしない（ノーワーク・ノーペイ原則）。したがって、本来の賃金額から、ストライキが行われた期間（日数あるいは時間数）分を減額して、使用者は支払うことができる（賃金カット）。また、通常支払われる賃金の全体について賃金カットがなされるか否かという問題がある。かつては、賃金二分説（労務提供に応ずる「交換的部分」と従業員の地位に応じて払われる「生活保障的部分」）に依拠し、後者はカットされないとの判例・見解もあったが現在は、むしろ協約、就業規則、慣行などからの労働契約の解釈により、カット対象を画定すべしという見解が有力である。三菱重工業長崎造船所事件（最判昭56・9・18民集35巻6号1028頁）もこの見解を採用した。また、怠業に関しては、労務の不完全履行（スローダウン）であるために、平常時の労働の量・質および時間と不完全な場合のそれとの関係の立証が使用者にとり困難な場合が多い。ただ、賃金の応量カットを認めた判例・東洋タクシー事件（釧路地帯広支判昭57・11・29労判404号67頁）がある。

(2)　**争議行為不参加者（部分スト・一部スト）の賃金**　部分ストとは、組合員の一部がストライキを行う場合である。問題は、使用者がスト不参加者の就労の申込を拒否し労務の受領をしない場合に、スト不参加組合員が賃金請求権を有するか否かである。賃金請求権を否定する見解と肯定する見解とがある。前者は、この就労不能をスト参加者とスト不参加者との組織的連帯関係から、民法536条2項の債権者（使用者）の責めに帰すべき事由による履行不能とはいえないとする。

　これに対し、後者は、部分スト不参加者の賃金請求権を否定することは、部分ストという争議戦術を労働者から奪うこととなる、あるいは、いったん労働力を使用者の指揮命令支配下に置いたことから、賃金請求権は、発生するとする。 判例15-4 は、部分スト不参加者の賃金請求を否定する。

　他方、一部ストとは、労組員がストに入ったが、組織的連帯関係のない者（他組合員や未組織労働者）がストに参加しないで就労不能になった場合、この労働者の賃金請求権は、どうなるかの問題がある。使用者に帰責事由なしとして、その賃金請求権を否定する説と使用者に帰責事由を肯定する説とがある。民法536条2項の危険負担の法理で解決することで判例法上は、結論が下されている（ 判例 15 - 4 ）。

判例 15 - 4　**ノース・ウエスト航空事件〈最判昭62・7・17民集41巻5号1350頁〉**

事実　Xらは、航空運輸会社Yの労働者で、訴外B労組の組合員でもあるが、Y沖縄および大阪営業所に勤務していた。Yは、東京の一部業務を訴外A社の労働者を混用して業務就かせていた。Bは、これは職安法44条違反であるとして、中止を求めた。これに対しY提案が改善策を提示するもBは承認せず、撤回を求め東京地区の組合員にストライキに突入させ、業務用機材を占拠させた。このため、東京一沖縄便、東京一大阪便が大幅に欠航。YはXらに休業を命じた。そこで、Xらは休業期間中の賃金および休業手当の支払いを請求。第一審・東京地判昭55・2・18労民集31巻1号199頁は、請求棄却。原審・東京高判昭57・7・19労民集33巻4号673頁は、休業手当の請求は認容。Xら上告。

判旨　（賃金請求部分のみの判旨・上告棄却）「企業ないし事業場の労働者の一部によるストライキが原因で、ストライキに参加をしなかった労働者が労働することが社会観念上不能又は無価値となり、その労働義務を履行することができなくなった場合、不参加労働者が賃金請求権を有するか否か（は）危険負担の問題として考察すべきである。」「労働者の一部によるストライキが原因でストライキ不参加者の労働義務の履行が不能になった場合は…民法536条2項の〔債権者の責めに帰すべき事由〕には当たらない。」

違法争議行為と責任　　正当でない争議行為は、労組法上の刑事・民事免責が与えられない。民事責任（契約違反責任および不法行為責任）は、労働組合および個人が問われる。ただし、労働組合は、近代刑法の個人責任原則から刑事責任は問題とならない。

⑴　**損害賠償責任**　　争議行為が正当でない場合、労働者および労働組合は、使用者に対して損害賠償責任を負う。しかし、違法な争議行為に参加をした労働者は、あくまでも集団的意思決定に基づく団体としての行動であって、組合

員としての個人の損害賠償責任を否定する見解が有力である（「争議行為の二面的集団的本質」説）。

　これに対し、民法の原則から、違法な争議行為について労働組合の不法行為に基づく損害賠償責任と個々の組合員の不法行為または債務不履行の基づく損害賠償責任とが不真正連帯債務の関係にあるとする（一般法人78条〔旧民法44条1項〕、民715条1項）見解がある。ただし、実際上、損害額の算定や因果関係の立証が困難である場合が多い。書泉事件（東京地判平4・5・6労民集43巻2・3号540頁）は、労働組合と組合員の共同不法行為責任を認めた。

⑵　**懲戒責任・幹部責任**　　正当性のない争議行為に対し、使用者は組合幹部や組合員に対して懲戒責任を問う場合が多い。一般的には就業規則の懲戒規定が適用される場合が多い。

　また、使用者は、解雇（含・整理解雇）や不当労働行為（不法行為）で組合員や組合に対し対抗する場合が多く、これらは不当労働行為や団結権侵害を構成する場合もあり、さらには、解雇無効の是非や団結権侵害でその損害賠償請求の可否が問題とされる場合もある。これらが総合的に問題とされた事件として岡惣事件（東京高判平13・11・8労判815号14頁）がある。

　判例では違法争議行為を指導した組合幹部の責任に対し、使用者は、就業規則の懲戒規定を適用する場合が多い。一般的には、違法な争議行為を指導した組合幹部が懲戒責任（しかも加重の責任の是非）を問われる場合が多いが、これが何故法的に可能か、その是非につき必ずしも明確な理論解明はなされていない。学説は、労働組合の団体意思のもとでの争議行為であることを理由に組合幹部の加重責任を認めない「否定説」と違法な争議行為の抑制懈怠を根拠にして加重責任を認める「肯定説」とがある。

　　争議行為と第三者　　⑴　**労働組合・組合員と第三者**　　労働組合の正当な争議行為の場合は、使用者以外の第三者が損害を被っても、争議権保障の趣旨から労働組合および組合員は、損害賠償責任を負わない（オーエス映画（京阪神急行労組）事件：大阪地決昭23・6・24労裁集1号80頁、川中島自動車労組事件：長野地判昭43・8・1判時555号84頁、東京急行電鉄（東急労働組合）事件：横浜地判昭47・8・16判タ286号274頁）。

　違法な争議行為に関して、取引先である対第三者との関係では、企業の「内

部の問題」である労働争議を理由に労働組合や組合員の不法行為責任を否定した判例（王子製紙苫小牧工場事件：札幌地室蘭支判昭 43・2・29 判時522号 6 頁）がある。しかし、直接の加害者である労働者・労働組合の不法行為責任まで否定できないとする見解もある。

⑵　**使用者と第三者**　　正当な争議行為であれば、実行行為者である労働者の不法行為責任が生じないので、第三者の被った損害に関して、使用者に損害賠償責任を負わせることはできない（前掲・東京急行電鉄事件）。争議行為が違法な場合には、労働者の不法行為責任が生ずるので、使用者は、第三者に対して使用者責任（民715条 1 項）が生ずる余地がある。上記王子製紙苫小牧工場事件は、違法な争議行為により第三者に損害賠償をした場合には、労働者・労働組合への求償権行使（民715条 3 項）の余地を認めている。

　また、使用者の第三者に対する債務不履行責任（労働組合の争議による納品遅滞など）としての損害賠償責任については、違法であるか否かに関係なく争議行為は使用者内部事情で不可抗力に該当しないので、取引先と争議免責約款を使用者が締結していない限り、債務不履行の責任を免れないとする見解が多かった。しかし、争議を行っている労働者を使用者の契約上の履行補助者と解するのは無理があることなどから争議行為が正当である限り、第三者は損害を甘受すべしとする見解も有力である。

使用者の争議行為（ロックアウト）　　⑴　**ロックアウトの意義**　　使用者が行う労務の集団的な受領拒否である。使用者が労働者の争議行為に対して行うことが可能な唯一の実効的な争議手段である。労務を拒否する方法としては、労働者を集団的に解雇する方法があるが、これは不当労働行為（労組 7 条 1 号、3 号）として許されない。

　判例の傾向は、①ロックアウトされた事業場への立入禁止（使用者側）仮処分および閉め出された労働者が事業場への立入妨害禁止（労働側）仮処分を求めたケースならびに②労働者がロックアウト期間中の賃金支払いを請求したケースが主である。現在、①の問題よりも、②の使用者の労務の受領拒否と賃金支払義務の有無が中心的争点となっている。

　これに関しては、第 1 に、正当な争議行為としてのロックアウトが行われた場合には、使用者は賃金支払義務を負わないとする見解がある。第 2 に憲法28

条から使用者には争議権を認める根拠はなく、ロックアウトが使用者による労務受領遅滞責任（民413条）を発生させるかどうか、あるいは労働者の履行不能が、使用者の責めに帰すべき事由に当たるかどうかという危険負担（民536条2項）の問題として考えるべきとする見解がある。最高裁は、「衡平原則」により労働者の争議対抗防衛手段としてのロックアウトを正当とすべしとして前者の見解（丸島水門製作所事件：最判昭50・4・25民集29巻4号481頁）を採用した。

(2)　**ロックアウトの成立要件と正当性**　　ロックアウトの成立は、通告のみならず労働者の事実上の締出しまで必要かという問題であるが、使用者の労務受領拒否通告で成立すると解すべきである。

　正当性判断に関しては、学説・判例は、先制的・攻撃的ロックアウト（例・労働者がいまだ業務阻害行為を行っていないのに、行うロックアウト、業務阻害行為が予想される段階でのロックアウトなど）は認めていない。受動的・防御的ロックアウトでも、正当性を認めるためには組合側の争議行為により使用者の受ける打撃が、通常受忍すべき範囲を超える異常な事態（例・労働者が怠業によって賃金を完全に失わないまま、完全な労務停止よりはるかに大きな損害が経営上生ずる場合）が発生していることが必要である（判例・第一小型ハイヤー事件：最判昭52・2・28労判278号61頁）。

　前掲・丸島水門製作裁判決は、「個々の具体的な争議行為における労使間の交渉態度、経過、組合側の争議行為の態様、それによって使用者側の受ける打撃の程度に関する具体的な諸事情に照らし、衡平の見地からみて労働者側の争議行為に対する対抗的防衛手段として相当と認めることができる」か否かで判断すべしとする。

(3)　**正当なロックアウトの法的効果**　　正当なロックアウトは、使用者の賃金支払義務を免れさせる。

　作業所閉鎖型のロックアウトが、労働者を職場から排除する妨害排除的効果を持つかについては、ロックアウト通告後の労働者の職場占拠、職場座り込みなどを違法とする判例と会社構内に労組事務所などがあることから、通告後直ちに違法とはならないとする判例とがある。

より深く学ぶための道案内

　労働三権の論点を団交権を基に構成する立場から展開する菅野和夫『労働法（第12版）』（弘文堂、2019年）および同じく団結権を基に行う西谷敏『労働法（第3版）』（日本評論社、2020年）とがある。また、道幸哲也『労働組合法の基礎と活用』（日本評論社、2018年）は、不当労働行為論を中心にこれらの論点を展開する。そして、雇用形態の多様化などの近時の労使関係の変貌から問題点を論じた書としては日本労働法学会編『講座労働法の再生第5巻　労使関係法の理論課題』（日本評論社、2017年）がある。その他、日本の労働三権を歴史的に知るためには、1931（昭和6）年の帝国議会で審議未了となった労働組合法案や敗戦直後の1945（昭和20）年12月に、制定・公布された旧労働組合法が参考となる。

判例索引

最高裁判所

高等裁判所

地方裁判所

事項索引

執筆者一覧

(執筆順、※は編者)

※本久洋一　國學院大學法学部教授　　　　　　　　第1章、第2章、第3章1、
　　　　　　　　　　　　　　　　　　　　　　　　第5章

國武英生　小樽商科大学商学部教授　　　　　　　　第3章2〜3、6〜7

中川　純　東京経済大学現代法学部教授　　　　　　第3章4、第13章

斉藤善久　神戸大学大学院国際協力研究科准教授　　第3章5

※小宮文人　元専修大学法科大学院教授　　　　　　第4章

戸谷義治　琉球大学人文社会学部教授　　　　　　　第6章

小山敬晴　大分大学経済学部准教授　　　　　　　　第7章

南　健悟　日本大学法学部教授　　　　　　　　　　第8章

古賀修平　宮崎産業経営大学法学部講師　　　　　　第9章

大石　玄　富山県立大学教養教育センター准教授　　第10章

※淺野高宏　弁護士、北海学園大学法学部教授　　　第11章、第12章6

北岡大介　東洋大学法学部准教授、特定社労士　　　第12章1〜5、7〜8

新谷眞人　日本大学大学院法務研究科講師　　　　　第14章

辻村昌昭　淑徳大学名誉教授　　　　　　　　　　　第15章

Horitsu Bunka Sha

労働法の基本〔第2版〕

2019年4月20日　初　版第1刷発行
2021年5月25日　第2版第1刷発行
2023年2月10日　第2版第2刷発行

編　者　　本久洋一・小宮文人・淺野高宏
　　　　　もとひさよういち　こみやふみと　あさのたかひろ

発行者　　畑　　　光

発行所　　株式会社　法律文化社

　　　　　〒603-8053
　　　　　京都市北区上賀茂岩ヶ垣内町71
　　　　　電話 075(791)7131　FAX 075(721)8400
　　　　　https://www.hou-bun.com/

印刷：㈱冨山房インターナショナル／製本：㈱藤沢製本
装幀：前田俊平

ISBN978-4-589-04155-5

©2021　Y. Motohisa, F. Komiya, T. Asano
Printed in Japan

乱丁など不良本がありましたら、ご連絡下さい。送料小社負担にて
お取り替えいたします。
本書についてのご意見・ご感想は、小社ウェブサイト、トップページの
「読者カード」にてお聞かせ下さい。

道幸哲也・加藤智章・國武英生編
〔〈18歳から〉シリーズ〕

18歳から考えるワークルール［第2版］

B5判・116頁・2530円

仕事を探し、働き、辞めるまでのさまざまな局面における基礎的知識と法的・論理的思考を習得する。法改正や新たな動向をふまえ補訂するとともに、各章末に理解度チェックQ&AをQRコードで添付。

河合塁・奥貫妃文編

リ ア ル 労 働 法

A5判・186頁・2310円

日々の労働現場で起こるリアルな出来事を題材に就活から退職までライフステージにそって労働者の権利を身につけることができる入門書。ネットゲームで知り合った若者を主人公にしたストーリー仕立てで楽しく学べる。

西谷敏著

労 働 法 の 基 礎 構 造

A5判・354頁・4400円

戦後労働法学の第二世代を理論的に牽引してきた著者の労働法基礎理論の集大成。「本質と発展」（1章）から「将来」（12章）まで12の問題をとりあげ、歴史的に形成されてきた構造を解明。基本的な価値と原則を確認する。

三柴丈典著

職場のメンタルヘルスと法
—比較法的・学際的アプローチ—

A5判・246頁・6380円

職場におけるメンタルヘルスの不調の予防策と、不調が生じた際に有効な処置および法制度について、6ヵ国の比較法制度調査をもとに解明。1次予防（問題の未然防止）、2次予防（早期発見・早期介入）、3次予防（事後的な介入と再発防止）という分類ごとに対応手段や法整備を実証的に考察。

名古道功・吉田美喜夫・根本到編［NJ叢書］

労 働 法 Ⅰ
—集団的労働関係法・雇用保障法—

A5判・290頁・3190円

集団的労働関係法および雇用保障法を詳細に概説した体系的教科書。初学者以外に労働者にも理解しやすく丁寧に叙述し、学説・判例は客観的に解説した。『労働法Ⅱ　個別的労働関係法』とあわせて労働法全体をカバーしている。

吉田美喜夫・名古道功・根本到編［NJ叢書］

労 働 法 Ⅱ［第3版］
—個別的労働関係法—

A5判・424頁・4070円

個別的労働関係法および労働紛争の解決手続に関する体系的教科書。基本事項はすべて網羅し、重要な判例・法理論は批判的な吟味も含め踏み込んで解説。第2版刊行（2013年）以降の新たな法改正や「働き方改革」に伴う立法動向をふまえ大幅に改訂。

━━━━━━法律文化社━━━━━━

表示価格は消費税10％を含んだ価格です